Réflexe BTS NRC

Exercices corrigés

Management et gestion d'activités commerciales

Norreddine Bouhamidi
Denis Detrivière

Nathan
TECHNIQUE

Édition : Camille Touyarot
Coordination artistique : Isabelle Jalfre
Conception intérieure : Domino
Composition : Laser Graphie
Fabrication : Maria Pauliat

ISBN 978-2-09-179941-4

Sommaire

Préparation à l'épreuve 5

Mercatique

1. La mercatique relationnelle 7
2. L'offre commerciale 9
3. La fixation du prix 13
4. La communication commerciale 17
5. Le réseau de vente 21
6. La connaissance de la demande 23
7. La segmentation 27
8. La connaissance du client 29

Gestion

9. Les séries statistiques 31
10. La fréquence, le mode, la moyenne et la médiane 33
11. La méthode des points extrêmes 35
12. Les moindres carrés, la double moyenne et la corrélation 37
13. Les variations saisonnières 39
14. L'analyse du portefeuille clients – prospects 41
15. La rentabilité du portefeuille clients 43
16. La valeur client 45
17. Maturité et pénétration 47
18. La rentabilité du client 49
19. Limiter le risque client 51
20. Le compte de résultat 53
21. Les soldes intermédiaires de gestion 55
22. La capacité d'autofinancement 57
23. Le bilan comptable 59
24. Le bilan fonctionnel, le fonds de roulement et le besoin en fonds de roulement . 61
25. Les ratios 63
26. Les documents commerciaux 65
27. La TVA, les marges et le coefficient multiplicateur 67
28. Les réductions 69
29. Les règlements 71
30. Le crédit client 73
31. Les calculs d'intérêts 75
32. Les remboursements d'emprunts 77

33. Le choix et le financement des investissements 79
34. Les amortissements 81
35. Les coûts commerciaux 83
36. Le seuil de rentabilité 85
37. Les budgets commerciaux 87

Management

38. L'équipe commerciale 89
39. Le manageur commercial 91
40. L'organisation de l'équipe 93
41. Le recrutement 95
42. Les objectifs commerciaux et le tableau de bord 97
43. La rémunération 99
44. L'organisation du travail du commercial 101
45. Le contrôle de l'équipe commerciale 103
46. Le travail collaboratif 105
47. Les techniques d'animation 107

Corrigés

109

Minicas d'entraînement

1. Carloni 213
2. Le projet Intex 217
3. La société DMF 219
4. Vêt 2000 221
5. La société RLD 223
6. Écojardin 225
7. Cintres Mode 227

Corrigés

229

Sujet d'examen

247

Corrigé

265

Nature de l'épreuve	Coefficient	Durée
Épreuve écrite portant sur un ou plusieurs cas concrets	4	5 heures

1. Les objectifs de l'épreuve

Le candidat doit être capable d'analyser des situations commerciales réelles, de mobiliser ses connaissances et de proposer des solutions aux problèmes énoncés. Il doit mobiliser ses connaissances en mercatique, gestion commerciale, management, communication – négociation et technologies commerciales, acquises dans les différents enseignements.

2. Les compétences évaluées

L'organisation, la planification et la gestion de l'activité commerciale et la prise de décision.

3. La composition de l'épreuve

L'épreuve comporte un ou plusieurs cas d'entreprises, accompagnés de documents à exploiter.

4. La préparation de l'épreuve au cours de la formation

1. Les connaissances à maîtriser : le programme de l'ensemble des unités d'enseignement sur les deux années du BTS NRC.

2. Les apports personnels :
– pensez à vos expériences en gestion de projet tels l'organisation du travail, les outils utilisés et les pratiques managériales observées ;
– tenez-vous au courant de l'actualité : commerciale, mercatique, économique et juridique.

3. L'entraînement à l'épreuve :
– soyez organisés : des fiches de synthèse vous aideront à mieux mémoriser le contenu de votre formation ;
– gérez bien votre temps d'épreuve en le respectant strictement lors des études de cas réalisées en classe ou chez vous ;
– multipliez les applications.

5. Les apports de cet ouvrage

Vous y trouverez de nombreuses applications corrigées.
Plusieurs cas d'entraînement et un sujet réel d'examen corrigé vous permettront de vous exercer à l'épreuve finale.

6. La réussite à l'épreuve

1. Comprendre les situations proposées :
– identifiez dans chaque cas le contexte et la problématique ;
– choisissez les méthodes et les outils adaptés : prévisions des ventes, ratios, statistiques, outils mercatiques… ;
– proposez des solutions réalistes et cohérentes. Faites preuve de synthèse et de clarté : phrases courtes, présentations sous forme de tableaux, utilisation d'une terminologie adaptée (vocabulaire technique appris lors de votre formation)…

2. Gérer le temps de l'épreuve :
– une première lecture rapide (15 à 20 minutes) vous permettra d'avoir une vision globale des travaux demandés ;
– une lecture analytique de chaque dossier vous permettra de repérer les connaissances à mobiliser et le temps à consacrer à chaque dossier ;
– la rédaction doit être claire, précise et soignée ; les titres des dossiers doivent être bien identifiables ;
– un temps de relecture est nécessaire à la fin de l'épreuve (10 à 15 minutes).

1 La mercatique relationnelle

Exercice 1

Corrigé p. 109

La rentabilité, le critère de réussite de la satisfaction client

Contenter ses clients est aujourd'hui primordial. En effet, le coût d'acquisition d'un acheteur est plus élevé que sa conservation. « La probabilité pour qu'il reste fidèle à son fournisseur varie de 70 % à 45 % selon qu'il est totalement ou relativement satisfait », analysent René Lefébure et Gilles Venturi dans leur ouvrage *Gestion de la relation client*. « S'il est mécontent, les chances de le voir migrer vers la concurrence sont élevées. » De tels constats poussent les entreprises à s'orienter vers un projet de satisfaction client. « La relation semble mécanique. Il suffit d'apporter un certain contentement, et les effets positifs ne tarderont pas à se faire sentir en termes de chiffre d'affaires et de bénéfices ». L'étude du spécialiste du marketing relationnel Everest confirme que « les entreprises font aujourd'hui preuve de plus de pragmatisme concernant leurs projets relationnels : leurs ambitions stratégiques doivent être matérialisées par un retour sur investissement tangible ». Néanmoins, toujours selon cette étude, « les objectifs financiers de réduction des coûts et de conquête de nouveaux acheteurs se placent loin derrière des objectifs plus qualitatifs, comme la fidélisation, le développement de la connaissance client et une meilleure réponse à leurs besoins. » La rentabilité peut également être en péril lorsqu'une démarche de "surqualité" est entreprise, c'est-à-dire lorsqu'un trop grand nombre de services est ajouté aux prestations de base. « Cette action conduit les sociétés à satisfaire le client en investissant au-dessus de leurs moyens », analyse Corinne Brouard, spécialiste de la relation client à la Cegos. « En effet, elles développent souvent cette surqualité sans penser à la facturer, ajoute Emmanuel Richard, manageur chez Activeo Business Consulting. Le commercial vend sa prestation avec des services supplémentaires pour le même prix, sans envisager le coût global et le potentiel de son entreprise en la matière. » Les acheteurs vont être de plus en plus nombreux à exiger cette qualité, alors que, peut-être, la société ne sera pas en mesure de la payer. Il existe donc des dangers à vouloir contenter à tout prix sans anticiper les questions de coût.

En revanche, avec des objectifs de retour sur investissement et un client prêt à payer un peu plus pour davantage de qualité, les comptes sont bons. « Une logique gagnant gagnant est alors entamée. Elle permet ainsi de facturer le surcroît d'effort et donc d'en assurer la rentabilité », poursuit Emmanuel Richard.

D'après : Isabelle de Chauliac, Action commerciale n° 251, avril 2005.

Travail à faire

1. Pour quelles raisons les entreprises s'orientent-elles vers un « projet de satisfaction client » ? Justifiez votre réponse.
2. Comment évoluent les approches stratégiques des entreprises en matière de relation client ? Comment expliquez-vous cette évolution ?
3. En quoi consiste le « retour sur investissement » ? Pour quelle(s) raison(s) les entreprises doivent-elles l'intégrer dans leur démarche de relation client ?

Exercice 2

Corrigé ➲ p. 109

L'inventeur de « la piscine pour tous » nage dans le succès

Avec une croissance annuelle de 15 % depuis 1998, Waterair affiche une santé insolente. Après avoir gagné son pari de doubler ses ventes en cinq ans, le spécialiste de la piscine en kit renouvelle aujourd'hui sa gageure, puisqu'il entend flirter avec les 100 millions d'euros de chiffre d'affaires à l'horizon 2008 (contre 47 millions d'euros en 2003). Les raisons de ce succès :

1. Un maillage serré du territoire et des recrutements inédits

Waterair possède son propre réseau d'agences régionales, qui emploient une cinquantaine de commerciaux. La PME alsacienne embauche chaque année vingt à vingt-cinq commerciaux « plutôt expérimentés », et s'efforce de sortir des sentiers battus en recrutant d'anciens clients. Chaque année, ce sont deux ou trois acheteurs de piscines Waterair qui rejoignent ainsi la force de vente. « Qui, mieux qu'une personne ayant acheté et installé une piscine Waterair peut défendre nos couleurs ? »

2. Un véritable marketing client

« Nous pourrions construire des *showrooms* afin de faire venir le client à nous, souligne Marc Spenlinhauer. Mais nous en avons décidé autrement : à notre sens, c'est à nous d'aller vers lui ! » Pour cela, le fabricant alsacien s'offre, chaque année, un ambitieux plan de communication dans la presse grand public consacrée à l'univers de la décoration et de la maison. L'objectif de ces investissements ? Générer un maximum de commandes de catalogues. En outre, l'entreprise déploie des mailings de prospection, sur des fichiers acquis à l'extérieur. Ensuite, les pistes commerciales sont transmises à la force de vente, qui relance les prospects par téléphone.

3. La piscine, un produit vivant

Mais Waterair ne compte pas seulement sur le recrutement de nouveaux clients. « Une piscine vit, note le directeur commercial. Elle doit être entretenue, nettoyée, et peut aussi être agrémentée d'équipements complémentaires de confort ou de sécurité. » Autant de produits et services périphériques qui représentent – tout de même – 15 % du chiffre d'affaires de l'entreprise. Pour maintenir le lien avec ses 32 000 clients et doper ces ventes complémentaires, cette dernière a créé un magazine, *Tremplin*. « Gratuit, il présente nos nouveautés, délivre un grand nombre de conseils liés à l'entretien et à la sécurité, et contient une rubrique "petites annonces", qui permet aux propriétaires de piscines Waterair d'échanger entre eux des accessoires. » Autre service offert aux clients Waterair : le centre d'appels, ouvert six jours sur sept, prend en charge l'ensemble des demandes techniques, « très nombreuses puisque 92 % des clients montent eux-mêmes leur piscine ». Ce centre de contacts emploie trente téléconseillers techniques capables de guider le client ou de déclencher la visite d'un technicien. « Pour rendre l'accueil plus performant et plus personnalisé, nous l'avons équipé, il y a deux ans, d'une solution de relation client qui permet à chaque téléacteur de visualiser des fiches clients détaillées. » Connaître le nom du client, son type de piscine, le matériel dont il dispose afin de la monter, et lui fournir un accueil chaleureux et un conseil adapté : c'est aussi cela, la proximité.

D'après : Stéfanie Moge-Masson, Action commerciale n° 239, mars 2004.

Travail à faire

1. Comment expliquez-vous le succès commercial des piscines Waterair ? Justifiez votre réponse.
2. Quels moyens l'entreprise Waterair met-elle en œuvre pour développer une approche de marketing relationnel ?
3. Montrez en quoi la stratégie de fidélisation mise en œuvre par Waterair s'inscrit dans une démarche de marketing relationnel. Sur quels éléments repose la réussite de cette démarche ?

2 L'offre commerciale

Exercice 1 Analyser une gamme

Corrigé ➲ p. 110

L'entreprise Procter & Gamble, géant américain spécialisé dans les produits de grande consommation, a lancé en 1994 en France la marque de chips Pringles. Elle a développé très rapidement plusieurs lignes de produits. On vous communique les informations suivantes relatives à cette gamme.

Lignes de produits	Produits	Commentaires
Versions principales	Original, Sour Cream et Onion (crème et oignons), Paprika, Hot & Spicy	Disponible dans la plupart des hyper- et supermarchés en boîtes de 50 g et 200 g
Références secondaires	Barbecue Sauce, Cheese &Onion, (fromage et oignons), Salt &Vinegar (sel et vinaigre), Bacon, Jalapeno	Disponible dans certains magasins (boîtes de 200 g)
Éditions limitées	Latin Pepper, Mexican Salsa, Feta&onion, Tomate&Mozarella, Thaï sweet Chili	Dans certains magasins (boîtes de 200 g)
Dipping	2 références de tuiles Dippers (Original et Pinch of Pepper) 4 sauces Pringles Dips : Salsa Heaven, Fiery Salsa, Sour cream& Chive et Sweet Thai	Produits à tremper dans des sauces (boîtes de 200 g et pots en verre)
Light	Light Original, Light Sour Cream& Onion, Fromage à la grecque, Spicy Thai, poivron rouge	33 % de matières grasses en moins (boîtes de 200 g)

Travail à faire

1. Que constatez-vous quant à la composition de cette gamme ? Quels sont les produits leaders dans chacune d'entre elles ?

2. Pour quelle(s) raison(s) la firme Procter & Gamble a-t-elle développé une telle stratégie ?

3. Déterminez :
– la largeur de la gamme des produits Pringles,
– la profondeur de la ligne « Références secondaires ».

4. En supposant, compte tenu des différentes références et conditionnements proposés, une profondeur moyenne de dix produits par famille, calculez la longueur de la gamme Pringles.

5. Quelle politique de marque a choisi le groupe Procter & Gamble ? Que pensez-vous de cette politique ?

Corrigé ▶ p. 110

Exercice 2 Le cycle de vie du produit

La société Gardenor, située à Dunkerque, fabrique et commercialise des tondeuses à gazon autoportées. Vous venez d'être recruté(e) en tant qu'attaché(e) commercial(e), chargé(e) plus particulièrement de la commercialisation du modèle Gardenor 2800, destiné à une clientèle de professionnels et collectivités.
Le responsable marketing souhaite que vous analysiez l'évolution des ventes, ainsi que la rentabilité de ce modèle. Á cet effet, les services comptables vous communiquent les informations suivantes.

	N–6	N–5	N–4	N–3	N–2	N–1	N
Investissements matériels (en €)	300 000	200 000					
Investissements en communication (publicité et promotion) (en €)	90 000	120 000	160 000	180 000	120 000	100 000	80 000
Quantités vendues	600	1 000	2 000	3 000	3 500	3 800	2 800
Prix de vente unitaire (en €)	6 000	6 000	5 800	5 700	5 600	5 500	5 200
Coût de production unitaire (en €)	5 500	4 700	3 600	3 600	3 580	3 550	3 600
Chiffre d'affaires	3,6 m	6m	1160m	17100			
Coût de revient	3,3m	4,7 m	720000	10800			
Résultat	-90000	98000	280	6120			
Taux de rentabilité	-2,5%	16,3%	24,14%	35,8%			

Travail à faire

1. Complétez le tableau précédent en calculant, pour chacune des années N–6 à N : le chiffre d'affaires, le coût de revient, le résultat, le taux de rentabilité.
2. Comment évoluent le chiffre d'affaires et la rentabilité de ce produit sur la période N–6 à N ? Comment expliquez-vous cette évolution ? (Vous pouvez vous aider d'un graphique pour répondre à cette question.)
3. Que conseilleriez-vous à l'entreprise Gardenor quand à la stratégie marketing à adopter en N pour ce produit ?

Exercice 3 — Analyser une marque

Corrigé ➲ p. 111

Clarion Co. Ltd., se positionne comme l'un des fabricants leaders internationaux de l'électronique embarquée. Dans une perspective d'harmonisation et de globalisation de la marque, Clarion redéfinit son image de marque et sa vision de l'avenir. Aussi, la marque Addzest, reconnue au Japon, deviendra au 1er janvier 2006 « Clarion », comme dans tous les autres pays. Le changement s'accompagne également d'un nouveau logo au design élégant et moderne, de la nouvelle couleur corporate Azzuro, et du nouveau slogan « Human Mobile Music Media Interface (Clarion HMI) » pour un nouveau mode de vie.

Bien plus qu'une stratégie, c'est une véritable philosophie qui est développée par la marque : « Clarion se doit d'améliorer la société en cherchant à développer la relation entre le son, l'information et l'interaction humaine, et en créant des produits pour répondre à ces besoins. » Dans un environnement « où l'information et le divertissement sont au cœur de la mobilité », Clarion crée des produits qui accentuent le « sentiment de sécurité, de pureté et de fraîcheur » afin d'offrir une émotion et une satisfaction aux consommateurs. La promesse de la marque, soulignée par le slogan « *Human Mobile Music Media Interface* (Clarion HMI) », exprime la volonté d'être le lien entre la musique, l'information et les environnements mobiles pour évoluer dans un espace beaucoup plus confortable et agréable.

Le nouveau logo corporate « Clarion », traité avec un dégradé de gris, représente la modernité, et la sophistication tout en maintenant la valeur d'authenticité fidèle à la marque. La couleur Azzuro* associée au logo, a été développée pour exprimer la transparence, la fiabilité et l'expertise pointue de la marque.

Le slogan de la marque « *Human Mobile Music Media Interface* (Clarion HMI) » est la signature de la marque définissant sa position par rapport aux différents univers technologiques. Clarion devient alors l'interface idéale qui relie les hommes à la mobilité, la musique, la vidéo et le divertissement. La combinaison de ces différents éléments permet alors d'offrir à l'homme un espace beaucoup plus confortable et appréciable.

Le nouveau visuel de la communication présente les différents univers de la marque : la mobilité, la musique, la vidéo, et le divertissement. Clarion est au cœur de ce nouveau style de vie idéale. Le ciel bleu, la mer et la planète sont les références que Clarion a souhaité emprunter pour donner un côté paisible et naturel à sa marque, et à la fois très vivant grâce à l'environnement animé dans lequel elle évolue. Avec Clarion, même la route que vous empruntez chaque jour prendra une toute autre dimension.

D'après : www.clarion-eu.com/fr/news_article.news

* *Azzuro* signifie bleu en italien.

Travail à faire

Á partir de ce texte et de vos connaissances, vous répondrez aux questions suivantes :

1. Qu'est ce qu'une marque ? Quelles sont les qualités d'une bonne marque ? Illustrez votre réponse à l'aide du texte.
2. Expliquez, en la justifiant, la stratégie de marque choisie par l'entreprise Clarion.
3. Quelle image la firme Clarion souhaite-t-elle véhiculer avec le lancement de son nouveau logo ?

Exercice 4 Le packaging

Corrigé ➲ p. 112

La mondialisation crée le besoin d'unicité

Le renforcement des marques globales annihile le sentiment d'individualité d'un consommateur qui, en réaction, ressent de plus en plus le besoin d'être différent et de se distinguer de son voisin. Face à cette poussée contestataire, nous assistons à deux phénomènes : le retour en force des marques locales et le lancement de plus en plus fréquent de packagings de grandes marques fabriqués en séries limitées. Dans les deux cas, le packaging devient un outil de différenciation et de proximité avec le consommateur.

Localement, il s'agit d'une véritable opportunité pour des PME qui relancent des marques délaissées ou qui osent en créer de nouvelles. La distribution regarde d'ailleurs toutes ses initiatives d'un œil conciliant car celles-ci lui permettent de mieux négocier avec les multinationales.

Histoire d'oublier l'impérialisme des marques...

De leur côté, les mégamarques n'hésitent plus à faire évoluer leur design packaging suivant le point de vente, le lieu de consommation et la période de l'année. Coca-cola, figure emblématique de la mondialisation, lance de plus en plus de séries limitées. Les technologies lui permettent aujourd'hui de produire et le conditionner des petites séries à des coûts tout à fait raisonnables.

Notamment, cette grande marque recourt régulièrement au manchon rétractable pour habiller ses bouteilles de décors originaux. Pour Éric Fresnel, directeur général de Sleever International, spécialiste en la matière, « l'utilisation intensive du packaging produit en série limité est le nouveau relais de croissance qu'ont trouvé les marques pour assurer leur développement ». Plus prosaïquement, il semble que ce soit un bon moyen pour une marque mondialement uniforme qui souhaite gommer son côté « impérialiste ». Sans aucun doute, c'est la preuve d'une attention particulière que le géant des *soft drinks* porte à ses clients pour mieux les garder et aussi une bonne occasion de leur raconter une nouvelle histoire afin d'enrichir son territoire.

Au rythme où vont les choses, il n'est pas interdit de penser que sous peu, le client d'une grande marque pourra choisir son décor sur le lieu de vente. Il lui sera même possible de le personnaliser et de le customiser sur place...

D'après : www.admirabledesign.com/serial-packaging, 30/05/2005.

Travail à faire

Á partir du texte et de vos connaissances, vous répondrez aux questions suivantes.

1. Expliquez la première phrase du texte.

2. Qu'est ce qu'un packaging ? Quelles sont ses fonctions traditionnelles ?

3. Quelles sont les nouvelles fonctions du packaging évoquées dans le texte ? Pour quelles raisons des firmes comme Coca-Cola développent-elles un packaging en série limitée ?

3 La fixation du prix

Exercice 1

Corrigé ○ p. 112

Coût de revient et marge unitaire

L'entreprise Armor Diffusion, située à Plougastel dans le Finistère, est spécialisée dans la collecte, le conditionnement, et la distribution de fraises en barquettes de 250 et 500 grammes. Sa clientèle se compose de petits détaillants spécialisés dans les fruits et légumes, ainsi que de centrales d'achat de la grande distribution. Le prix de vente des produits est variable d'une saison à l'autre, en fonction de la production, soumise à des aléas climatiques, de l'évolution des coûts de conditionnement et de distribution, ainsi que des tendances du marché.

Vous venez d'être recruté(e) par Armor Diffusion en tant que responsable des marchés avec la grande distribution. Afin de préparer votre négociation avec les acheteurs fruits et légumes, vous déterminez les prix de vente prévisionnels de vos produits pour la prochaine saison. Á cet effet, les services comptables vous ont communiqué les différents coûts relatifs à vos produits constatés la saison précédente. Vous avez estimé leur évolution pour la saison à venir.

Éléments de coût	Saison N–1	Estimation Saison N
Achats de fraises au producteur	800 € la tonne	Augmentation probable de 30 % 1040 €/T
Charges de personnel	0,25 € par barquette 250 g 0,50 € par barquette 500 g	Augmentation de 8 % 0,27 0,54
Frais de transport	0,15 € par barquette 250 g 0,30 € par barquette 500 g	Diminution de 20 % 0,12 0,24
Emballages, conditionnements	0,04 € par barquette 250 g 0,06 € par barquette 500 g	Pas de changement 0,04 0,06
Frais fixes	150 000 €	160 000 €
Quantités vendues Barquette 250 g Barquette 500 g	200 000 300 000	220 000 350 000
Prix de vente Barquette 250 g Barquette 500 g	1,27 € 1,95 €	

N.B. Les frais fixes sont répartis entre les deux produits en proportion des barquettes vendues.

Travail à faire

1. Calculez le coût de revient unitaire des deux produits pour la saison N–1, puis le coût de revient unitaire prévisionnel de l'année N. Quel est le pourcentage d'évolution d'une année sur l'autre ? Concluez.
2. Calculez, pour l'année N–1, la marge unitaire pour chacun des deux produits.
3. Déterminez, pour l'année N–1 le taux de marge pour chaque produit. Concluez.
4. L'entreprise Armor Diffusion souhaite mieux rentabiliser son activité fraises, en appliquant un taux de marge de 40 % sur chacun des produits. Déterminez les prix de vente prévisionnels des barquettes de 250 g et de 500 g en N.

Exercice 2 Le prix psychologique

Corrigé ▶ p. 114

La société Jardimeuble, spécialisé dans la fabrication et la commercialisation de mobilier de jardin, souhaite lancer sur le marché un nouveau store dépliant de terrasse. Elle vous communique les résultats d'une enquête réalisée sur un échantillon de 300 clients potentiels :

Prix en euros	Nombre de réponses Question prix excessif	Nombre de réponses Question qualité insuffisante
2 100	0	30
2 300	14	114
2 500	24	68
2 700	54	52
2 900	72	20
3 100	90	16
3 300	46	0

Travail à faire

1. Déterminez le prix psychologique par un tableau ou un graphique.

2. L'entreprise Jardimeuble a estimé son marché potentiel à 10 000 stores pour l'année N. Elle souhaite appliquer un taux de marque de 35 % sur ce produit. Déterminez :
- le chiffre d'affaires prévisionnel de l'année N,
- la marge commerciale à réaliser,
- le taux de marge.

Exercice 3 Le *yield management*

Corrigé ➲ p. 115

Compagnies aériennes *low cost* : la recette des bas prix

Pour pouvoir proposer des prix défiant la concurrence, il n'y a pas de petites économies. Les compagnies à bas coût exploitent un système bien rodé.

Pas de risque d'oublier son billet, il n'y en a pas. Pour éviter les frais d'émission, de distribution et de contrôle, les compagnies se contentent d'attribuer un numéro de confirmation, à préciser lors de l'enregistrement. Il n'existe qu'une seule classe, les services à bord sont réduits au minimum et sont généralement proposés en option. Pas de plateau-repas ni de collation offerte, il faut prévoir son casse-croûte ou bien l'acheter dans l'avion. Les sièges ne sont pas non plus attribués à l'avance, les passagers se débrouillent une fois à bord : si chacun reste civil, cela doit en principe se passer sans encombre…

Les tracas de la paperasserie sont évités par le recours quasi exclusif à Internet. Chez EasyJet, la gestion interne de l'entreprise se fait entièrement par informatique, pas de papiers pour encombrer les bureaux ! Les voyageurs, quant à eux, sont encouragés à réserver leur billet en ligne, afin de réduire au minimum les commissions (pensez donc, un billet émis par agence coûte 10 dollars à la compagnie, contre 1 dollar sur Internet !). Chez EasyJet toujours, il est tout simplement impossible de réserver son billet autrement qu'en ligne si l'on s'y prend plus d'un mois à l'avance. La compagnie n'utilise pas non plus les services des agences de voyages. Ceux qui ne peuvent ou ne veulent pas passer par le Web appelleront les centrales de réservation des compagnies, mais attention, les offres ne seront pas forcément aussi alléchantes que sur le Net... Les résultats sont probants : Ryanair effectue 95 % de ses ventes en ligne, et EasyJet, 90 %.

Le choix des aéroports est également stratégique. Ils sont la plupart du temps excentrés et plus petits que les principales plates-formes aériennes. Si Beauvais, par exemple, attire les compagnies qui desservent Paris, c'est parce que les aéroports secondaires imposent moins de taxes et qu'ils sont moins saturés. Ils permettent ainsi de plus nombreuses rotations aériennes, donc un meilleur rendement, soit une plus grande rentabilité… C'est *a fortiori* moins rentable pour le voyageur, qui, lui, doit prévoir un budget de transport supplémentaire pour rallier l'aéroport (un aller Paris-Beauvais en navette autobus coûte 10 euros).

Enfin, la flotte des compagnies est uniformisée, ce qui évite notamment de former différents équipages en fonction de l'appareil. C'est Boeing qui est content, car la plupart des avions sont des 737, et, avec le succès croissant des *low cost*, les commandes affluent !

D'après : www.routard.com

Fixer le prix d'un billet

Prenez un avion de 400 places, et amusez-vous à demander à chaque passager combien il a payé son billet. Les réponses que vous obtiendrez vous laisseront abasourdi. En effet, dans une même classe, les passagers ne paient pas tous un tarif identique, et les variations du prix de billet peuvent aller du simple au triple.

La fixation du prix d'un billet est le résultat d'une technique appliquée par toutes les compagnies, le *yield management*. Le principe est de tirer le maximum d'argent de chaque siège. Pour arriver à cela, il est donc nécessaire de faire varier le prix du billet en fonction du taux de remplissage. Chaque vol est analysé, scruté à la loupe (combien de passagers en classe affaire, où en sont les réservations, etc.). Les compagnies doivent pouvoir établir des prévisions de remplissage sur chaque vol. Telles dates sur telle destination sont très demandées, il y donc fort peu de chances pour que vous réussissiez à obtenir une place à tarif préférentiel, hormis si vous vous y êtes pris six mois à l'avance, et encore. Par contre, sur d'autres dates et/ou sur d'autres destinations, les vols auront un taux de remplissage très bas, ce qui incitera la compagnie à revoir ses tarifs à la baisse. De plus, les compagnies n'hésitent pas à vendre la même place plusieurs fois (principe du *surbooking* ou surréservation), sachant qu'il y a toujours un pourcentage de désistement, les places laissées ne devant pas rester vides.

Le carburant est également un facteur de variation du prix d'un billet. Un dollar à la hausse, et vous pourrez être certain que le prix du billet augmentera lui aussi. Á votre avis, pourquoi autant de compagnies font des escales dans les pays du Golfe sur certains de leurs trajets ? Probablement pas pour les deux ou trois passagers qui descendront à l'escale, mais pour le prix du kérosène, qui est beaucoup moins cher dans cette région. Quant on sait qu'Airbus A340 peut emporter plus de 200 000 litres de carburant, même avec une différence de prix de 0,50 centimes, la compagnie aura économisé 100 000 euros.

D'après : www.muskadia.com

Travail à faire

1. En quoi consiste le *yield management* ? Pour quelles raisons les compagnies aériennes pratiquent-elles ce type de tarification ? Á quel(s) problème(s) ce système se heurte-t-il ?

2. Quelle autre méthode les compagnies aériennes emploient-elles pour optimiser leur taux de remplissage ?

3. Comment les compagnies aériennes *low cost* arrivent-elles à proposer des prix bas ?

4 La communication commerciale

Exercice 1 Les campagnes de communication média de Léon de Bruxelles

Corrigé ➲ p. 115

Léon de Bruxelles : il fait bon !
Après avoir restauré la qualité générale de l'assiette, Léon de Bruxelles le fait savoir à ses clients. En 2003, l'enseigne a conjugué habilement actions promotionnelles et campagnes média dans Paris, des opérations de marketing direct sur ses principales cibles clients… Un mix qui fait recette. Léon de Bruxelles note une augmentation de la fréquentation des restaurants de 3 % avec 3,5 millions de clients et +3 % pour le ticket moyen à 18,21 euros.

2003, Léon met en appétit
En 2003, Léon de Bruxelles prend la parole à travers quatre campagnes d'affichage métro avec un ton clair et des visuels parlants pour valoriser le produit phare de l'enseigne : la cocotte de moules. Léon de Bruxelles affiche un bon rapport qualité/prix, une variété produits avec l'opération moules de bouchot ou saumon d'Écosse. L'impact positif des campagnes sur les restaurants se traduit en 2003 par une hausse très sensible du trafic en restaurant et une progression significative du chiffre d'affaires pendant toute la durée des campagnes.

2004, les recettes du succès
Au 1er semestre 2004, Léon de Bruxelles décline son « festival Léon » par une campagne d'affichage métro colorée et deux vagues de campagne radio. Et pour la première fois, Léon de Bruxelles prend la parole au cinéma avec deux petits films chocs, parodies de films cultes, qui ne laisseront pas insensibles les cinéphiles.
Á la radio(1), Léon de Bruxelles fait aussi son festival et nous met l'eau à la bouche. Á travers quatre spots gourmands, on apprend presque tout de ses meilleures recettes : moules à la provençale, à l'ardennaise, à la crème, au roquefort…

Fidéliser les clients
Chez Léon de Bruxelles, les restaurants sont animés à chaque occasion : Saint-Valentin, Fête des mères et des grands-mères, Pâques, Noël… Léon de Bruxelles ne manque pas une occasion de partager son sens de l'accueil.
Parallèlement, l'enseigne met en place des opérations de marketing direct(2) destinées à ses clients, adultes et enfants, à qui elle offre de nombreux avantages.

(1) Campagne radio de quatre spots de 25 secondes, diffusées en deux temps (du 15 au 18 mars et du 22 au 25 mars 2004) sur NRJ, Chérie FM, Oui FM, Europe 2, RFM.
(2) Opérations menées pour les restaurants de région parisienne et de province uniquement.

D'après : www.observatoiredela franchise.fr

Travail à faire

1. Quels sont les médias choisis par Léon de Bruxelles pour ses campagnes de communication ? Justifiez leur choix par la chaîne de restaurants.
2. Quels sont les moyens mis en œuvre par l'entreprise pour dynamiser les ventes et fidéliser sa clientèle ? Quels sont les buts poursuivis par l'enseigne ?

Exercice 2 — Internet, le média de référence des jeunes

Corrigé ➲ p. 116

Universal McCann Connections, entité dédiée à l'expertise de la relation entre les consommateurs, les marques et les médias, réalise depuis septembre dernier une étude qualitative sur les différents médias. Une première synthèse vient de paraître, consacrée aux « Français et Internet ». Au sein de cette étude, un focus a été réalisé sur les jeunes de 12 et 20 ans. Pour mener cette enquête, l'équipe d'UM Connections a rencontré chaque semaine des groupes de jeunes (répartis en trois tranches d'âges : 12-14 ans, 15-17 ans et 18-20 ans) afin d'observer les interactions entre cette population, les médias et la publicité.

Premier enseignement : Internet est consommé par les jeunes majoritairement à domicile ou dans les salles de jeux en réseau, plus rarement à l'école. Chez les jeunes qui disposent d'un accès à domicile, la consommation est quotidienne (deux heures en moyenne pour les « accros »). Les connexions ont lieu majoritairement le soir. Les garçons sont les plus gros consommateurs. Mais quel que soit le sexe, ce sont les pratiques ludiques qui sont privilégiées et notamment le téléchargement, les jeux en ligne et les *chats* (surtout pour les filles).

D'une manière générale, l'aspect « communication » est le plus apprécié par les jeunes. Les mails, le *chat*, les forums ou les messageries instantanées sont ainsi les principaux modes d'utilisation du Web des 12-20 ans. Le *chat* apparaît surtout comme la porte d'entrée des jeunes sur Internet. C'est la première activité en ligne qu'ils apprennent à maîtriser avant de découvrir les autres ressources que propose le Web.

Côté navigation, les sites les plus consultés sont les portails donnant accès aux services « communicationnels », les sites dont le contenu varie au quotidien (journaux en ligne, sites liés à l'actualité, etc.) et, enfin, les passages obligés du Web comme les moteurs de recherche ou les portails de jeux.

Pour les jeunes, Internet représente une image très positive. Contrairement aux cibles plus âgées, l'étude ne fait apparaître aucune critique réelle du média. Les jeunes apprécient tout particulièrement le dynamisme lié au média, Internet n'étant pas considéré comme « passif » ou « subi ».

L'enquête d'UM Connections démontre qu'Internet a d'ailleurs profondément changé le rapport des jeunes avec les autres médias. Certes, la télévision reste un média de référence mais les jeunes (les garçons principalement) n'hésitent plus à éteindre leur poste quand aucun programme ne les intéresse et à se rabattre sur le Web. Mais, note le rapport, Internet ne remplace pas les autres médias. Il s'additionne à eux, en créant de nouveaux besoins (*chat*, création de sites, recherche d'infos, etc.).

Concernant les contenus, Internet n'est pas perçu comme un média corrompu grâce aux espaces d'expression accessibles à tous. Pour les jeunes, le Net n'entretient donc par un rapport de "pouvoir distant" mais permet, au contraire, de se forger une opinion personnelle.

Finalement, seule la publicité est jugée sévèrement par les jeunes. Selon les entretiens menés par UM Connections, les formats publicitaires sont surtout en cause. Les pop-up sont par exemple jugés trop intrusifs et nocifs pour l'image du média. En revanche, dès que la publicité est intégrée à la page de façon cohérente, elle est assimilée à un lien permettant de passer d'une page à une autre en fonction des centres d'intérêt. Les jeunes sont surtout réceptifs aux publicités mettant en avant des gains (argents, cadeaux, etc.) ou aux publicités liées à des univers qui leur sont proches : le sport, la téléphonie mobile, la musique, le cinéma.

Enfin, UM Connections a demandé à ces groupes de jeunes de s'exprimer sur l'avenir d'Internet. Pour eux, le Web représente incontestablement un média d'avenir, capable de fusionner les fonctions de tous les autres médias. Internet est d'ores et déjà perçu comme un « métamédia », une fenêtre d'accès aux autres médias, à même d'en exploiter tous les potentiels, la souplesse en sus.

Internet et les adultes

Universal McCann Connections a mené les mêmes entretiens avec des adultes de 25 à 60 ans. Il en ressort que le Web est moins idéalisé que chez les jeunes, même s'il demeure un enthousiasme réel envers ce nouveau média. Concernant les usages, l'étude montre que le Net est principalement consommé par les adultes depuis leur lieu de travail. La plupart des personnes interrogées le consomment de manière quotidienne, environ une heure par jour. Á domicile, la consommation se fait vers 22-23 heures, après le film du soir, quand les enfants sont couchés ou ont libéré l'ordinateur. Le Web est principalement utilisé pour communiquer, notamment *via* e-mails. Viennent ensuite la gestion des comptes bancaires et l'utilisation des sites d'administration. Enfin, l'achat en ligne entre peu à peu dans les mœurs, même si une certaine méfiance subsiste. Pour plus de sûreté, les adultes utilisent d'ailleurs principalement des sites marchands de référence (SNCF, Fnac, Amazon, etc.).

D'après : Florence Santrot, www.journaldunet.com

Travail à faire

1. Quelle image les jeunes ont-ils d'Internet ? Que pensent-ils de la publicité sur Internet ?

2. Quels avantages Internet possède-t-il par rapport aux médias traditionnels pour toucher la cible des jeunes ?

3. Le média Internet est-il en passe de détrôner les médias traditionnels ? Justifiez votre réponse.

4. L'opinion des adultes concernant Internet diffère-t-elle de celle des jeunes ? Comment l'utilisent-ils ?

Exercice 3 — L'e mailing, idéal pour fidéliser en B to B

Corrigé ▶ p. 117

Il y a un essoufflement de l'efficacité des campagnes de marketing direct classiques. Et le nouvel outil que constitue l'e-mailing est précisément un moyen d'y pallier. David Dietrich, l'un des responsables marketing de l'agence Regenere, spécialisée dans l'e-marketing direct sur la cible des jeunes, dresse un constat sans appel. Il n'est d'ailleurs pas le seul. Pour Nick Hayes, directeur et fondateur d'E-Mail Vision, l'e-mail est un média complémentaire qu'il convient d'intégrer dans son mix marketing. C'est ce que l'on a très bien compris chez France Loisirs, le club de distribution de produits culturels, où l'e-mailing est pratiqué assidûment depuis deux ans. « Selon le type de campagne que nous menons, nous obtenons entre 8 et 30 % de taux de clics, donc de retour. C'est évidemment bien plus faible pour des campagnes papier », affirme Isabelle Martin, responsable du marketing Internet. Ce qui explique ces résultats hors pair. Par l'e-mail, on peut s'adresser de manière plus personnalisée aux clients, en fonction de ses centres d'intérêt. Lorsque France Loisirs envoie un e-mail annonçant la sortie du dernier livre de Christian Jacques à des clients qui ont acheté les précédents ouvrages du même auteur, le message publicitaire n'est pas ressenti comme une intrusion, mais comme une information. Et, bien souvent, cela déclenche un achat…

Du mass marketing au « solo marketing »

« Avec l'e-mailing, explique Nick Hayes, on sait précisément qui a cliqué sur quels produits au cours des six derniers mois, et l'on peut, de surcroît, envoyer des messages personnalisés parce que le coût de fabrication et d'envoi des messages est très faible. » Plus l'entreprise a l'habitude de mener des campagnes d'e-mailing, plus elle possède un « historique » complet des réactions du client, et mieux elle peut adapter les messages qu'elle envoie. Meilleurs sont, alors, les retours et les rendements. « En poussant un produit en particulier, en faisant du "solo marketing", on s'assure la réussite d'une campagne », reprend Nick Hayes.

D'après : Action commerciale n° 222, septembre 2002.

Travail à faire

1. En quoi consiste l'e-mailing ? Quels sont ses principaux avantages par rapport à un mailing classique ?

2. En quoi l'e-mailing contribue-t-il à augmenter la connaissance du client ? Comment l'entreprise peut elle utiliser l'information client ainsi collectée ?

3. Quelles sont les perspectives d'avenir de ce nouvel outil de communication ? Quels sont les freins actuels à son développement ?

5 Le réseau de vente

Exercice 1 La distribution sélective

Corrigé ➲ p. 117

Pourquoi ne peut-on pas acheter certains parfums de marque en ligne ?
Vous vous êtes souvent demandé pourquoi on ne trouve toujours pas certaines grandes marques de parfum sur le net ? Chanel, Dior, Guerlain... Toutes répondent à un principe marketing bien connu dans le milieu du commerce : la distribution sélective.

La distribution sélective, qu'est-ce que c'est exactement ?
Le principe de la distribution sélective autorise, comme son nom l'indique, un producteur (le plus souvent une grande marque qui souhaite se protéger) à choisir un nombre limité de distributeurs habilités à vendre ses produits. Autrement dit, la stratégie commerciale de la marque consiste à délivrer des autorisations de vente de ses parfums au compte-goutte. Pourquoi ? D'abord, pour contrôler son image. La distribution de ces produits doit répondre à des codes stricts de présentation et leur vente s'accompagne de conseils personnalisés. Ces services qualitatifs font partie de la stratégie de la marque. Pour autoriser un site Internet à vendre leurs produits, les parfumeurs peuvent leur imposer ainsi d'avoir un point de vente réel. C'est le cas de Marionnaud, par exemple. Car sans ce point de vente réel, le service qualitatif, qui fait partie de la renommée des grandes marques, tombe à l'eau. Naturellement, cette réglementation est aussi une manière de « tenir » le marché et les prix et d'éviter que ne s'installent des braderies incontrôlées ou un Amazon de la parfumerie...
Même les professionnels s'y laissent prendre : Sephora a ouvert sa boutique en ligne française fin 98... pour quelques semaines à peine. Sous la pression des marques, elle a fermé illico. Un franc-tireur, parfumsnet.com, a lui aussi tenté l'aventure de la vente de parfums sur Internet en 2000. Mais, croulant sous les procédures judiciaires, il a dû se résoudre à fermer après avoir essayé de vendre ses parfums depuis l'Espagne. La distribution sélective permet aussi de limiter la contrefaçon et la mise en place d'un marché parallèle, qui frappent de plein fouet les professionnels du luxe. Un marché qui semble pourtant bien implanté sur Internet, à en juger le nombre de sites, pour la plupart américains, qui vendent des parfums de marque.

La parfumerie en ligne sous conditions
Aujourd'hui, très peu de distributeurs français sur le Net possèdent l'autorisation de vendre des grandes marques. Ils ne sont en fait que deux ! Il s'agit de Marionnaud et des Galeries Lafayette. Le site e-commerce de l'enseigne Marionnaud, par exemple, permet d'acheter en ligne des parfums de quelques grandes marques. Mais si vous ne trouvez pas de parfums Chanel, par exemple, c'est tout simplement parce que le distributeur est encore en négociation avec la marque ou qu'il s'est fait refuser le droit à cette vente.
En effet, si l'assortiment du site est bien moindre à celui des magasins de la chaîne, c'est parce que l'autorisation de la vente de parfums est délivrée par la marque elle-même et sous certaines conditions. Autrement dit, Marionnaud, comme les autres, doit négocier marque après marque des accords de vente. À l'heure actuelle, 93 marques de parfums sont présentes, pour le plus grand bonheur de ses dames... et messieurs !

D'après : Diane Mottez, www.linternaute.com

Travail à faire

1. Qu'est ce que la distribution sélective ? Quelles sont ses principales caractéristiques ?

2. La distribution sélective est-elle compatible avec la vente sur Internet ? À quelles conditions ?

Exercice 2 — La stratégie « multicanal » : à chacun son rôle

Corrigé ➲ p. 118

Plutôt que de réaliser 100 % de leur chiffre d'affaires grâce à leur force de vente intégrée, nombreuses sont les entreprises qui choisissent de multiplier les modes de distribution. « On distingue trois grands canaux de commercialisation : la vente directe *via* des collaborateurs, la vente indirecte *via* des distributeurs, et la vente à distance. Passer à une approche multicanal permet de jouer la carte de la complémentarité, donc de toucher davantage de clients et de zones géographiques, bref, de démultiplier les cibles intermédiaires et finales. »

Opter pour une stratégie commerciale

La contrepartie ? Des situations complexes et délicates à gérer, dues au risque d'interconnexion, voire de concurrence, entre les canaux. Une première question s'impose : à quels canaux affecter sa force de vente ? « Tout dépend de la taille de ses clients. Une entreprise qui a de très gros clients pourra orienter une partie de sa force de vente vers son activité "grands comptes" et une deuxième vers les revendeurs. » Il est également envisageable de raisonner par secteurs géographiques en dédiant une équipe commerciale à un département. « L'important est de définir clairement les cibles de chaque canal. Lorsqu'on opte pour le schéma grands comptes/distributeurs, il est conseillé de spécialiser un commercial par famille de distributeurs. » Une solution choisie par Jean-Michel Puech, directeur général de Spit, fabricant de systèmes de fixation pour le bâtiment. « En 1999, nous avons repensé notre stratégie commerciale et séparé notre force de vente en deux. Nous avons conservé une partie de nos commerciaux pour la gestion des grands comptes, et les cent vingts commerciaux restants ont été regroupés en équipes de vente dédiées à un métier : électriciens, plombiers, maçons-plaquistes, métalliers-serruriers, et menuisiers-charpentiers-couvreurs. Leur fonction ? Mettre en place et animer un réseau de distributeurs spécialisés : négoce électrique au service des électriciens, négoce matériaux pour servir les maçons et les plaquistes, fournitures industrielles pour les métalliers, négoces sanitaires pour les plombiers, etc. »

Établir un diagnostic de sa force de vente

Pour préparer ses vendeurs à ces changements et leur attribuer des missions qui leur correspondent, il est conseillé d'établir un diagnostic précis des compétences de chacun d'entre eux. « Axé sur la connaissance du produit, l'expérience et la motivation du commercial, ce diagnostic permettra à l'entreprise d'orienter ses commerciaux vers leurs futures missions. Mais le plus difficile reste à faire : les préparer au changement. » En effet, les changements de cap sont souvent source d'angoisse, pour les commerciaux. « Leur crainte, ce sont les licenciements. Ils sont pourtant rares. Les irréductibles au changement conservent la clientèle directe. Pour les autres, animer un réseau de distribution représente des responsabilités accrues, donc une promotion, car ils coordonneront désormais les plans d'action des forces de vente des distributeurs. »

Rassurer et former son équipe commerciale

Pour cela, il est important de former sa force de vente à ses nouvelles missions. La Cegos propose, par exemple, aux futurs responsables de réseaux, un stage de trois jours, dont l'enseignement s'articule autour d'une initiation aux différents types de réseaux, à leurs systèmes d'analyse, aux relations distributeur/client final et fabricant/distributeur.

D'après : Caroline Thiévent, Action commerciale n° 212, octobre 2001.

Travail à faire

1. En quoi consiste la stratégie « multicanal » ? Quel intérêt présente-t-elle pour une entreprise ?

2. Á quel(s) risque(s) s'expose une entreprise qui opte pour le multicanal ? Quelles solutions doit-elle adopter ?

3. À quelles difficultés sont confrontées les entreprises qui cherchent à mettre en place un canal indirect ?

6 La connaissance de la demande

Exercice 1 Bien communiquer avec les prescripteurs

Corrigé ▶ p. 118

Quel est le point commun entre un médecin, un architecte et un responsable de crèche ? Tous trois sont prescripteurs. Autrement dit, à la croisée des chemins entre les clients finaux – consommateurs ou entreprises – et les industriels, fournisseurs de produits et services. Mais attention, à la différence des revendeurs, ils n'achètent rien, ne revendent rien. Certes, leur activité professionnelle les amène à conseiller un produit ou un service plutôt qu'un autre. Mais ils laissent au client le soin de prendre la décision finale. Un conseil de "pro" néanmoins très lourd de conséquences. En effet, quel patient remettra en question la prescription d'une crème conseillée par son dermatologue ? Quel chef d'entreprise mettra en doute la parole de son expert-comptable qui lui conseille d'externaliser sa paie auprès de tel prestataire plutôt que de tel autre ? Quelle est la proportion de couples qui vont, au moment de faire construire leur maison, étudier le marché des chaudières et ainsi contrecarrer l'avis de leur architecte ?
Les prescripteurs jouent, bien souvent, un rôle clé dans la décision finale. Un maillon essentiel pour l'industriel qui ne peut pourtant pas travailler avec eux comme il le fait avec un réseau de revendeurs. Ces professionnels sont libres et totalement indépendants des marques. Toute démarche vis-à-vis d'eux se rapprochera donc du *lobbying*. Il s'agit de se faire connaître et d'éviter le pire : tomber dans l'oubli. L'objectif de l'entreprise est clair : faire en sorte que, demain, les prescripteurs conseillent ses produits plutôt que ceux de la concurrence. Les laboratoires pharmaceutiques font école, en la matière, avec leurs régiments de visiteurs médicaux qui vont de cabinet médical en cabinet médical. Mais ce travail de *lobbying* n'est pas réservé au secteur du bâtiment ou à celui des laboratoires pharmaceutiques. BSA, fabricant de la marque de chaussures Babybotte (pour enfants de 0 à 3 ans), a ainsi mis sur pied, à la fin des années 90, un vaste programme d'information auprès des podologues, pédiatres et médecins généralistes, du personnel des crèches ou des haltes-garderies. L'opération – baptisée "Bien chaussé, je grandis mieux" – a permis de distribuer un livre blanc à près de 6 000 exemplaires. Une opération qui a été étendue et reconduite. L'objectif ? Que ces professionnels n'oublient jamais la marque et sa spécificité : l'accompagnement des plus petits dans l'apprentissage de la marche.

L'image de marque

Pour ce travail d'« évangélisation » auprès des prescripteurs, quels qu'ils soient, l'entreprise dispose de divers leviers. Elle doit, tout d'abord, savoir entretenir un relationnel fort. Les visites sur le terrain sont, à ce titre, indispensables. « Avec les prescripteurs, le relationnel est la base de tout », confirme Claude Barthès, directeur commercial de l'agence Promotique Bâtiment, société qui approche les prescripteurs du bâtiment pour le compte des industriels du secteur. Un travail qui sera relayé par divers outils : documentations techniques détaillées, échantillons, ou encore mailings, lettres d'information, etc. « Dans la prescription comme dans la vente, c'est toujours le dernier passé qui a raison ! affirme Claude Barthès. Alors, pour gagner des affaires, la présence, y compris sur le terrain, est primordiale. »
« Nous rencontrons régulièrement les prescripteurs, de deux à quatre fois par an environ, explique pour sa part Romy Hilden, chef du département Prescription nationale chez Seigneurie, spécialisée dans la peinture pour professionnels. De plus, nous nous tenons au courant de ce qui se passe sur le marché, notamment des concours gagnés par les architectes. » Chez Seigneurie, les collaborateurs en charge des relations avec les prescripteurs (architectes, bureaux d'étude et maîtres d'œuvre) ont un rôle très complet : ils les aident à répondre aux cahiers des charges des projets en leur apportant une expertise sur des points techniques et esthétiques, les tiennent au courant des nouveautés produits et mettent à leur disposition les fournitures nécessaires pour la réalisation de leurs maquettes. « Nous répondons, en moyenne, à quatre cents demandes par mois de nuanciers ou de documentation sur des produits décoratifs, souligne Romy Hilden. Des demandes qui viennent alimenter notre base de données prescripteurs. » Seigneurie propose même des essais personnalisés.

Au-delà de la communication sur les nouveautés, les collaborateurs en charge de ces prescripteurs doivent véhiculer l'image et le positionnement de la marque : qualité produit, esthétique, prix, facilité de pause. Ce travail relationnel peut également prendre d'autres formes, comme une participation à un salon ou la visite de l'usine.

Cellule dédiée ou pas ?

Ce *lobbying* – on est en effet plus proche des relations publiques que du commercial – est confié à la force de vente ou à une structure dédiée. « Chez les majors du bâtiment (Lafarge, Saint-Gobain, etc.), il y a, la plupart du temps, une force de vente terrain et une cellule dédiées à la prescription », indique Claude Barthès (Promotique Bâtiment). C'est également le choix de Seigneurie. Trois à cinq personnes y travaillent au siège, à temps plein, épaulées par une dizaine de collaborateurs en région. Une situation qui peut, toutefois, engendrer des tensions : les commerciaux et les collaborateurs en charge des relations avec les prescripteurs ont tendance à se renvoyer la balle lorsqu'une affaire échoue. « Chez nous, le réseau commercial reprend l'affaire à partir du moment où le marché nous est attribué, explique Romy Hilden. Par ailleurs, afin de faciliter la circulation et l'accès à l'information entre les deux services, nous allons mettre en place une base de données commune. » La seconde solution consiste à confier cette tâche aux commerciaux.

Mais attention ! Le risque qu'ils négligent le travail avec les prescripteurs pour se concentrer sur le *business* immédiat existe. Un danger toutefois minimisé par le simple fait que les prescripteurs constituent un maillon souvent essentiel au développement de leur activité. Un passage obligé. Sans compter que la direction commerciale peut fixer des objectifs de visites auprès des prescripteurs, par exemple. Enfin, l'entreprise peut confier cette activité de *lobbying* à une société spécialisée.

Au-delà du choix d'organisation, le succès de ce travail relationnel avec les prescripteurs repose, en grande partie, sur les hommes et les femmes qui en ont la charge. Ceux-ci doivent connaître à fond leur marché, leurs produits et ceux de la concurrence, être de bons techniciens et disposer d'un sens aigu de l'observation et de l'écoute. On trouve rarement des débutants à ces postes, qui requièrent une bonne capacité d'analyse et beaucoup de recul. L'âge moyen se situe entre 30 et 45 ans. Une maturité indispensable pour une mission stratégique, voire politique.

D'après : Anne-Françoise Rabaud, Action commerciale n° 237, janvier 2004.

Travail à faire

1. Qu'est ce qu'un prescripteur ? Quel rôle joue-t-il dans la décision d'achat du client ?

2. Connaissez-vous d'autres « influenceurs » de la demande ?

3. Quelles sont les principales caractéristiques des prescripteurs ?

4. Comment l'entreprise doit -elle communiquer avec la cible des prescripteurs ?

5. Quelles peuvent être les méthodes d'approche de la cible des prescripteurs ?

Exercice 2 — L'analyse de la demande potentielle

Corrigé ➲ p. 119

Á l'aide de vos connaissances, pour chaque produit cité, vous compléterez le tableau ci-dessous en donnant des exemples pour chaque catégorie de consommateurs indiquée.

Catégories	Carte bancaire	Téléphone portable
Non-consommateurs absolus		
Non-consommateurs relatifs « volontaires » (1)		
Non-consommateurs relatifs « involontaires » (2)		
Consommateurs de produits substituables (3)		

(1) Incapacité temporaire à consommer un produit pour des raisons culturelles, sociales ou psychologiques.
(2) Incapacité de consommer certains produits pour des raisons économiques, géographiques ou commerciales.
(3) Consommateurs de produits différents satisfaisant le même besoin.

Exercice 3

Corrigé ➲ p. 119

Le marché potentiel des nouilles chinoises

L'entreprise Waï Thaï commercialise dans le monde entier des nouilles chinoises à cuisson instantanée. Une étude du marché français de ce type de produit a donné les résultats suivants pour l'année N :
- nombre de ménages français : 17,3 millions ;
- nombre de personnes par ménage : 3,2 ;
- non-consommateurs absolus : 10 % des ménages français ;
- non-consommateurs relatifs : 30 % des ménages français ;
- consommation actuelle par personne : 2 paquets par an ;
- prix moyen d'un paquet : 0,19 € ;
- parts de marché des concurrents : 85 %.

Travail à faire

1. Déterminez le marché potentiel théorique en nombre de paquets.

2. Déterminez le marché actuel en nombre de paquets et en valeur.

3. Calculez le marché potentiel de l'entreprise Waï Thaï en volume et en valeur pour l'année N.

4. Compte tenu des actions commerciales et du plan de communication envisagés pour l'année N+1, l'entreprise Waï Thaï prévoit une augmentation de sa part de marché de 2 %. La consommation par personne des produits de sa marque devrait passer à 2,5 paquets par an. En revanche, compte tenu de la concurrence, le prix moyen d'un paquet devrait s'établir à 0,15 €.

a) Déterminez le marché potentiel en volume et en valeur pour N+1.

b) Calculez le taux d'évolution du chiffre d'affaires de N+1 par rapport à N.

7 La segmentation

Exercice 1

Corrigé ➲ p. 120

Les 15-25 ans sont à l'affût

« On parle des "15-25 ans" comme on parle de la "ménagère de moins de 50 ans" », observe Florent Mariotti, directeur d'une agence de conseil en marketing relationnel. Pourtant, la catégorie des 15-25, à l'inverse de la seconde, n'a rien d'une cible homogène. Beaucoup de marques qui l'ont abordée comme un tout indissociable se sont cassé les dents. Car on ne peut pas tenir le même discours à une fille et à un garçon, à un lycéen et à un étudiant, à un provincial et à un Parisien. » D'où la nécessité absolue de segmenter la cible selon des critères comportementaux. « Si vous optez pour un seul et unique message, vous obtiendrez un résultat moyen, car les juniors, extrêmement sollicités par les annonceurs de tous ordres, constituent un public ultra-exigeant, mature et averti. » Cette cible est à scinder en deux groupes : les 15-18 ans et les 19-25 ans. Autrement dit, les lycéens et les étudiants. Toutefois, si la segmentation augmente considérablement l'impact du message, et donc le taux de retour de la campagne, il ne faut pas oublier qu'elle a aussi un coût. La segmentation implique, en effet, de bâtir des offres dédiées à chaque segment de clientèle et, ensuite, de réaliser plusieurs créations correspondant à chaque famille homogène de clients.

Autre postulat, l'offre doit être légitime. Et les « bons plans » proposés doivent être proches de l'univers de l'entreprise et répondre à un besoin avéré. Autre point sensible : le choix des canaux de communication. Sur le sujet, les avis divergent. Pour Florent Mariotti, « les mailings papier, brochures, consumers magazines, etc., sont tout à fait actuels et, qui plus est, offrent l'avantage de pouvoir toucher tout le monde ». Ils sont toutefois de plus en plus concurrencés par les nouveaux médias – e-mailing et SMS-mailing – qui créent un lien de complicité et offrent, à ce titre, une plus grande proximité entre la marque et les jeunes. « Ces supports valorisent le message, estime Émilie Darlet, directrice générale d'Avedia, fournisseur de solutions technologiques mobiles. Ils sont précis, pointus et leur appropriation par les jeunes est de plus en plus forte. »

Des médias qui permettent, par ailleurs, d'instaurer une communication régulière et interactive. Ce mode de communication ouvert permet aux jeunes de donner leur avis et, ainsi, d'orienter efficacement les offres de la marque Pour autant, ces médias innovants ont, eux aussi, leurs limites. Tout d'abord parce que si le taux d'équipement des 15-25 ans progresse à vitesse grand V (le taux de pénétration du téléphone portable atteindrait 80 % pour cette tranche d'âge), il n'est pas de 100 % pour autant : le SMS et l'e-mailing ne sont donc pas des médias exhaustifs. Par ailleurs, le SMS-mailing ne se prête qu'à des messages assez courts (160 caractères maximum). Autre limite : la rareté – et donc la cherté – des bases de données *opt-in*. Enfin, dernier défaut et non des moindres : « Le SMS est un média hautement intrusif qui doit être manipulé avec beaucoup de précaution et de professionnalisme, en respectant des plages horaires de diffusion strictes, de 9 heures à 20 heures environ. »

D'après : Anne-Françoise Rabaud, Action commerciale n° 244, septembre 2004.

Travail à faire

1. Peut-on dire que la clientèle des 15-25 ans a un comportement d'achat homogène ? Pourquoi ?

2. Quels sont les critères de segmentation couramment utilisés par les entreprises pour segmenter leur marché ? Quels sont ceux à privilégier avec la clientèle des jeunes ?

3. Quel intérêt présente la segmentation pour l'entreprise ? Quelle limite est évoquée dans le texte ?

4. Quels canaux de contact les 18-25 ans apprécient-ils particulièrement ? Quelles limites leur utilisation rencontre-t-elle ?

Exercice 2 Le CRM décisionnel

Corrigé ➲ p. 121

Le *datamining* est un processus d'exploration informatique permettant d'extraire d'une base de données des informations pertinentes, qui vont aider la direction commerciale à orienter sa stratégie. « La définition de Marie-Claude Santon, directrice de la communication et des partenariats chez l'éditeur de *datamining* SAS, est claire. Les outils d'aide à la décision – aussi appelés *datamining* ou informatique décisionnelle – offrent un décryptage intelligent et tactique des informations. Les données collectées sur les clients, au sein des services de l'entreprise et à l'extérieur – notamment grâce à l'achat ou à la location de fichiers d'analyse comportementale –, concernent le chiffre d'affaires, la fréquence et le montant des achats, etc. « Avant de mettre en place un logiciel d'analyses statistiques, la direction commerciale doit posséder une base de données nettoyée et organisée », prévient Toufic-Pascal Naccache, senior manageur chez KPMG Consulting.

Analyse descriptive et prédictive

Elle doit également disposer d'un ficher clients recensant, au minimum, plusieurs centaines de noms. « Au-dessous de ce chiffre, l'utilisation d'un outil de *datamining* n'est pas justifiée, affirme Hervé Mignot, responsable *datamining* chez SPSS, éditeur de solutions d'analyses prédictives. En effet, la force de vente "maison" est capable, dans ce cas, de maîtriser l'information et de déduire les actions à mettre en place. »
La seconde étape consiste, pour la direction, à déterminer ses attentes (en fonction de ses clients, de l'état de son marché, des opérations commerciales programmées dans l'année), afin de paramétrer l'outil de *datamining*. Très concrètement, tout logiciel d'aide à la décision présente deux fonctionnalités clés. *Primo* : l'analyse descriptive. *Secundo* : l'analyse prédictive. La première va permettre d'étudier de près le comportement d'achat des clients d'une entreprise et d'en déduire, par exemple, le profil des entreprises à fort potentiel ou d'identifier les clients susceptibles de passer à la concurrence. Cela permet à la direction commerciale d'opérer une meilleure segmentation de son fichier clients et prospects. La seconde va se nourrir de ces observations et permettre à la cellule commerciale d'anticiper l'avenir, en mettant en place des actions correctives visant à retenir les candidats au départ.
Reste à choisir le logiciel adapté : « Ils couvrent l'ensemble du champ d'application de l'aide décisionnelle, observe l'expert de KPMG Consulting. De la description à la segmentation, en passant par la prédiction et la classification. Grâce au logiciel Clémentine, le directeur commercial va prévoir l'évolution de son chiffre d'affaires et évaluer l'intérêt futur des clients X pour une gamme Y. » Ce type de logiciel haut de gamme est parfaitement adapté aux entreprises des secteurs de la banque, des télécoms ou de la pharmacie, qui gèrent une problématique clients complexe. Seuls des statisticiens – ou *datamanagers* – possédant de solides compétences techniques peuvent manier ces solutions. Le budget s'élèvera à 50 000 euros par poste utilisateur pour acquérir le logiciel Clémentine. SAS, lui, propose une formule à la location, soit 30 000 euros par poste utilisateur (incluant les droits d'entrée) pour la première année. Ce tarif est ramené à 10 000 euros les années suivantes.

D'après : Emmanuelle Sampers, Action commerciale n° 229, avril 2003.

Travail à faire

1. En quoi consistent le CRM, le *datamining*, l'analyse descriptive, et l'analyse prédictive ?

2. À quelles conditions ces nouvelles méthodes permettent-elles d'affiner la segmentation des clients ?

8 La connaissance du client

Exercice 1

Corrigé ➲ p. 121

Identifier ses clients pour mieux les cibler

Avant d'entreprendre une opération de marketing, il convient de délimiter le public cible. Pour cela, un lourd travail sur les fichiers clients et sur la détection de projets s'impose.

Il existe bel et bien ; il est là, quelque part, caché dans une quelconque catégorie socioprofessionnelle (CSP) ou dans une zone géographique précise. Lui, c'est le prospect, bien sûr ! Celui à qui vous allez envoyer un mailing ou passer un coup de téléphone pour présenter votre offre, celui à qui vous allez donner envie d'acheter votre produit, ou bien encore celui que vous allez convertir en client fidèle. Mais encore faut-il savoir qui est ce prospect.
« Le préalable indispensable à toute opération de marketing direct est la définition d'une cible, d'un profil type », conseille François Jouniaux, directeur de clientèle et responsable des études et des bases de données chez Eccla. Ce dernier cite l'exemple de Mercedes-Benz Véhicules utilitaires, qui a fait appel à l'agence pour réaliser une opération de ciblage. Il s'agissait de fournir aux commerciaux une liste de contacts dont la moitié avait une réelle intention d'achat dans les six mois. Un travail minutieux sur les fichiers clients est donc la première étape de ce que l'on appelle aujourd'hui le *profiling*. « Cette technique est basée sur le vieil adage "qui se ressemble s'assemble". Cela signifie qu'il y a de fortes chances pour que vos prospects ressemblent à vos clients », affirme Jean-Marc Pichery, chef de produit marketing chez Claritas. En clair, pour repérer les personnes qui peuvent être les plus réceptives à vos opérations de prospection, il faut se pencher sur ses clients, et donc qualifier son fichier existant.

Enrichir son fichier
« Aujourd'hui, encore peu d'entreprises françaises possèdent un fichier de bonne qualité », affirme Raphaël Arenou, consultant chez Advertech, société qui réalise, entre autres, des opérations de détection de projets. Dans la majorité des cas, et plus particulièrement dans les petites entreprises, les renseignements livrés par la base de données clients sont des informations de gestion, du type historique. Malheureusement, ce sont rarement des informations comportementales, nécessaires à la définition d'un profil. « Les outils d'enrichissement vont permettre de détecter des potentiels mais également d'affiner les connaissances sur les prospects », explique Jean-Marc Pichery. Pour ce faire, deux grandes méthodes. D'abord, l'enrichissement individuel, dont l'objectif est l'étude des enregistrements communs entre le fichier de l'entreprise et les bases des loueurs, voire les mégabases, telles que celles de Consodata ou Claritas. Ces dernières offrent quelque 150 critères comportementaux ; on obtient en général entre 15 et 20 % de contacts en commun. Il suffit, ensuite, de compléter cette base avec des données propres à l'entreprise, en organisant, par exemple, une enquête sous forme de questionnaire écrit, qui permet de mieux connaître les clients et leurs projets.
Autre type de qualification de fichier : l'enrichissement géographique. Celui-ci permet de toucher un maximum de foyers en qualifiant leur environnement. « On réalise un découpage géographique comprenant à peu près 700 foyers, pour lesquels on dispose d'environ 1 500 critères sociodémographiques », poursuit Jean-Marc Pichery.
En parallèle à ce travail de fourmi sur les fichiers, certaines entreprises, notamment en B to B, n'hésitent pas à se lancer dans la détection d'achats ou de projets, afin de fournir aux commerciaux des contacts extrêmement ciblés. « Cela permet de rentabiliser les visites des commerciaux, toujours très coûteuse. », argumente Raphaël Arenou.

D'après : Isabelle Condou-Sallard, Action commerciale n° 215, janvier 2002.

Travail à faire

1. En quoi consistent :
– le *profiling* ?
– la qualification du fichier ?

2. Pour quelles raisons est-il important pour une entreprise d'enrichir son fichier ? Quelles sont les informations à recueillir ?

3. Comment doit-on réaliser cet enrichissement ?

Exercice 2 Dopez vos campagnes grâce au géomarketing

Corrigé ▶ p. 122

Une grande surface spécialisée en bricolage veut organiser une campagne de mailing pour promouvoir son offre de tondeuses à gazon. Elle peut alors envisager d'arroser sa zone de chalandise supposée avec des imprimés sans adresse qui seront distribués dans les boîtes aux lettres. « Mais cette zone, explique Olivier Lamy, PDG de Géocible, société d'études spécialisée en géomarketing, comprend certainement des HLM, des immeubles résidentiels, des maisons avec un petit jardin et des propriétés avec plusieurs milliers de mètres carrés de terrain. La disparité de la zone de chalandise va alors entraîner une déperdition de l'efficacité de la campagne, car les foyers en appartement n'auront évidemment aucun besoin d'une tondeuse à gazon et les propriétaires d'une maison avec un jardinet ne seront intéressés que par les tondeuses électriques et non par celles fonctionnant à l'essence ! » Aucun intérêt donc à couvrir sa zone de chalandise indistinctement, sans la segmenter. « Avec l'aide du géomarketing, l'annonceur optimise la distribution de ses isa, affirme Christophe Girardier, PDG d'Asterop, fournisseur de solutions de géomarketing décisionnel. Il va ainsi réduire le nombre de prospectus distribués, tout en améliorant le taux de retour de sa campagne et en en diminuant le coût global. » De même, le géomarketing dope le taux de retour des campagnes de mailing adressé. « Le géomarketing permet de sélectionner ses prospects en mêlant des critères géographiques et socioprofessionnels, explique-t-on chez GeoConcept, société également spécialisée dans le géomarketing. Là encore, on peut réaliser de substantielles économies en évitant notamment d'acquérir des adresses inutiles. »

Faire appel à des prestataires

Pour parvenir à mieux cibler leurs prospects à fort potentiel, les annonceurs vont faire appel à des prestataires spécialisés qui peuvent leur fournir des études "sur étagère" (c'est-à-dire déjà prêtes pour telle zone ou telle famille de produits) ou des études *ad hoc* réalisées à la demande, ou bien encore un logiciel qui permettra de réaliser des études en interne.

Reste que le ticket d'entrée de ces données à très haute valeur ajoutée les rend encore inaccessibles à bon nombre d'annonceurs. Il est aujourd'hui difficile de trouver un logiciel performant à moins de 10 000 euros et une étude dédiée coûte au bas mot 15 000 euros. Un coût élevé qui fait du géomarketing l'apanage des grands comptes et des entreprises de distribution drainant un important trafic.

D'après : Frédéric Thibaud, Action commerciale n° 245, octobre 2004.

Travail à faire

1. En quoi consiste le géomarketing ? Quels avantages présente-t-il pour une entreprise ?

2. De quelles manières l'entreprise peut elle accéder à ce nouvel outil de la connaissance du client ? Quelles sont ses limites actuelles ?

3. Quelles sont les utilisations du géomarketing évoquées dans le texte ? En connaissez-vous d'autres ?

9 Les séries statistiques

Exercice 1 Identifier la nature des variables observées

Corrigé ➲ p. 123

L'entreprise Anger est spécialisée dans la vente de matériels de construction. Sa clientèle est composée de particuliers et de professionnels. Elle souhaite analyser ses ventes du mois de septembre et vous communique les informations suivantes.

Client	Profession	Montant des achats en €
Bercy	Commerçant	870
Bertrand	Artisan maçon	32 800
Blin	Commerçant	15 400
Boulay	Artisan charpentier	25 200
Compain	Agriculteur	2 900
Coutard	Ajusteur	1 895
Elouali	Artisan garagiste	18 600
Gallet	Directeur marketing	5 620
Grude	Notaire	3 430
Ilahiane	Boulanger	8 400
Inter Parc	Enseigne commerciale	42 940
Jacob	Professeur	1 120
Lecomte	Commerçant	4 500
Leriche	Cadre à la préfecture	990
Letord	Médecin	4 500
Lopez	Professeur	2 460
Maine Tech	Entreprise industrielle	22 600
Maleyrand	Promoteur immobilier	42 800
Minguet	Ouvrier dans le bâtiment	1 900
Moreau	Ouvrier menuisier	3 000
Narbonne	Artiste	8 570
Novac	Commerçant	16 900
Philippe	Ingénieur	5 350
Picard	Artisan carreleur	17 600
Sotrans	Entreprise de transport	2 300
Tessier	Contremaître	730
Veron	Instituteur	470
Vertech	Entreprise industrielle	24 360
Vouvian	Agriculteur	2 130

Travail à faire

1. Identifiez les variables observées.

2. S'agit-il de variables quantitatives ou qualitatives ?

Exercice 2 — Construire une série statistique

Corrigé ➲ p. 123

Vous disposez de la nomenclature des professions et catégories socioprofessionnelles (PCS) :
- Agriculteurs exploitants,
- Artisans, commerçants et chefs d'entreprise,
- Cadres et professions intellectuelles supérieures,
- Professions intermédiaires,
- Employés,
- Ouvriers,
- Retraités,
- Autres personnes sans activité professionnelle.

Travail à faire

Reprenez le tableau de l'exercice 1 (entreprise Anger) et construisez les deux séries statistiques suivantes.

1. Comptez le nombre d'observations (n_i) correspondant à chaque PCS et reportez vos résultats dans un tableau comportant deux colonnes.

PCS	Effectif (n_i)

2. Complétez le tableau suivant.

Montant des achats en €	Effectif (n_i)
[0 ; 15 000[*	
[15 000 ; 30 000[	
[30 000 ; 45 000[	

* De 0 € inclus à 15 000 € exclus.

3. Quelle est la nature de la variable dans chacune des séries ?

4. Présentez graphiquement la première série.

Exercice 3 — Présenter une série statistique

Corrigé ➲ p. 124

Le parc de loisirs Bal Air vous communique le relevé des entrées quotidiennes pendant le mois de juin :

	Lundi	Mardi	Mercredi	Jeudi	Vendredi	Samedi	Dimanche
Semaine 1	80	92	223	110	193	430	745
Semaine 2	92	85	240	115	210	480	810
Semaine 3	75	112	235	100	175	447	750
Semaine 4	101	75	150	91	230	471	735

Travail à faire

1. Construisez la série statistique présentant le nombre moyen d'entrées par jour de la semaine.

2. Représentez-la graphiquement.

10 La fréquence, le mode, la moyenne et la médiane

Exercice 1

Corrigé ▶ p. 124

Calculer les paramètres de position dans le cas d'une variable discrète

L'entreprise Arnould a réalisé les ventes suivantes au cours du mois de juin.

Ventes en €	Nombre de clients
400	48
650	52
800	34
950	26
1 200	15
1 500	11

Travail à faire

1. Calculez les fréquences, le mode, la moyenne et la médiane.

2. Commentez les résultats obtenus.

Exercice 2

Corrigé ▶ p. 125

Calculer les paramètres de position dans le cas d'une variable continue

Vous managez une équipe commerciale de la société Meziani. Vous souhaitez analyser les commandes obtenues par les membres de votre équipe au cours du trimestre écoulé. Le dépouillement de vos statistiques aboutit au résultat suivant.

Montants des commandes en €	Nombre de commandes
[500, 750[	12
[750, 1000[	18
[1000, 1250[	25
[1 250, 1 500[	36
[1 500, 1 750[	48
[1 750, 2 000[	54
[2 000, 2 250[	22
[2 250, 2 500[	20
[2 500, 2 750[	8

Travail à faire

1. Déterminez les fréquences, le mode, la moyenne et la médiane.

2. Précisez l'utilité de ces paramètres.

Exercice 3 — Calculer les paramètres de dispersion dans le cas d'une variable continue

Corrigé ➲ p. 126

Une agence bancaire souhaite améliorer la qualité de l'accueil de ses clients, notamment en réduisant le temps d'attente aux guichets. Voici le relevé des temps d'attente au cours d'une journée.

Temps d'attente en minutes	Nombre de clients
[0 à 2[	16
[2 à 4[	18
[4 à 6[	22
[6 à 8[	30
[8 à 10[	10

Travail à faire

1. Calculez le mode, la moyenne arithmétique et la médiane, en précisant la signification de cette dernière.

2. Calculez la variance et l'écart-type, et expliquez le sens de ce dernier.

Exercice 4 — Analyser une situation

Corrigé ➲ p. 127

La société Aswell est spécialisée dans la commercialisation de meubles. Toutes les factures adressées aux clients devraient être réglées sous huitaine. Un pointage des règlements des factures par les clients donne les résultats suivants.

Règlement en nombre de jours après l'envoi de la facture	Nombre de clients	Montant total perçu en €
De 1 à 6	72	26 000
De 7 à 12	91	35 200
De 13 à 18	104	52 040
De 19 à 22	109	28 900
De 23 à 26	43	15 530
De 27 à 30	21	12 300

Travail à faire

Que pensez-vous de la situation de cette entreprise ?

11 La méthode des points extrêmes

Exercice 1

Corrigé ➲ p. 128

La méthode des points extrêmes

Les Établissements Tremblaye distribuent des appareils électroménagers. Le responsable des ventes vous communique les statistiques suivantes.

1. Équipement de la cuisine

Année	Ventes en milliers d'euros
N	600
N+1	648
N+2	708
N+3	756
N+4	804
N+5	864

2. Autres équipements domestiques

Année	Ventes en milliers d'euros
N	985 000
N+1	1 120 000
N+2	1 023 560
N+3	875 900
N+4	1 345 000
N+5	1 325 010

Travail à faire

1. Représentez ces deux séries statistiques dans un graphique.

2. Quelles méthodes utiliseriez-vous pour effectuer les prévisions des ventes pour chaque type d'équipements ?

3. Prévoyez les ventes des équipements de la cuisine pour l'année N+6.

Exercice 2 — Déterminer le premier point de la droite de tendance

Corrigé ➔ p. 129

L'entreprise Alésia a enregistré les ventes suivantes au cours des dernières années.

Année	Ventes (en milliers d'€)
N	6 800
N+1	7 200
N+2	8 800
N+3	10 560
N+4	12 000
N+5	13 640

Travail à faire

1. Tracez un graphique de cette distribution. Que constatez -vous ?

2. Prévoyez les ventes pour l'année N+6 en utilisant la méthode des points extrêmes.

Exercice 3 — Analyser et prévoir les ventes

Corrigé ➔ p. 129

L'entreprise industrielle Dext propose quatre gammes de matériels de jardinage : Arrosage, Outils du jardinier, Entretien nettoyage et Rangement.
L'enrouleur Manex est un produit d'entrée de gamme, lancé au cours de l'année N–4 afin de compléter la ligne Arrosage. Des marques concurrentes l'ont imité depuis N–2 en lançant des produits similaires à un prix plus compétitif (inférieur de 10 %). Dext réalise une marge de 19 % sur ce produit.
Vous managez une équipe de quinze commerciaux chargés de proposer la ligne Arrosage aux détaillants spécialisés (petits distributeurs et GSS) dans douze régions de France et vous souhaitez analyser les ventes à partir des statistiques suivantes.

Nombre d'articles Arrosage vendus (en milliers)

Année	Ventes
N–5	50
N–4	52
N–3	65
N–2	67
N–1	80
N	85

Quantités vendues du modèle Manex

Année	Ventes
N–5	998
N–4	4 132
N–3	11 050
N–2	9 780
N–1	7 415
N	5 200

Travail à faire

1. Déterminez les ventes prévisionnelles pour l'année N+1 de la ligne Arrosage et du modèle Manex.

2. Commentez la courbe des ventes de Manex.

3. Que proposez-vous pour le produit Manex ?

12 Les moindres carrés, la double moyenne et la corrélation

Exercice 1

Corrigé ➲ p. 130

Choisir une méthode de prévision des ventes

La société Delmare commercialise des produits alimentaires exotiques. Vous disposez des statistiques suivantes.

Année (x_i)	Ventes en milliers d'€ (y_i)
Janvier	84
Février	127
Mars	115
Avril	120
Mai	140
Juin	118
Juillet	190
Août	195
Septembre	152
Octobre	200

Travail à faire

1. Tracez un graphique de cette série statistique. Que constatez-vous ?

2. Prévoyez les ventes pour novembre en utilisant la méthode appropriée. Justifiez votre choix.

3. Vérifiez l'exactitude de votre droite de tendance sur Excel.

Exercice 2

Corrigé ➲ p. 131

Prévoir les ventes par la méthode de la double moyenne (méthode da Mayer)

L'entreprise Guillevic fabrique du matériel de bricolage. Vous disposez des statistiques des ventes dans votre secteur.

Années	Ventes en millions d'€
N	5,2
N+1	7,3
N+2	9
N+3	8,5
N+4	6,7
N+5	6,8
N+6	8
N+7	10,1

Travail à faire

1. Tracez un graphique de cette série statistique. Que constatez-vous ?
2. Prévoyez les ventes de l'année N+8 en utilisant la méthode de la double moyenne. Justifiez l'utilisation de cette méthode.

Exercice 3 — Prévoir les ventes en fonction d'une variable explicative : la corrélation

Corrigé ➲ p. 132

Vous êtes commercial(e) à la société Polex qui commercialise des articles de sport. Le manageur de votre équipe vous demande d'analyser les ventes réalisées par celle-ci. Il vous communique les statistiques suivantes.

Année	Ventes en milliers d'€	Budget publicitaire en milliers d'€	Prospections effectuées (distributeurs, clubs...)	Population de la zone de chalandise
1	1 940	72	2 000	48 000
2	1 975	95	2 020	48 800
3	1 995	105	2 100	49 305
4	2 000	75	2 150	49 470
5	2 005	134	2 040	49 600
6	1 980	115	2 050	49 350
7	2 014	157	1 980	50 082
8	2 045	99	2 200	50 860
9	2 021	169	2 150	50 280
10	2 012	145	1 995	50 020
11	2 030	132	2 300	50 469
12	2 036	146	2 008	50 600

Travail à faire

1. Déterminez les coefficients de corrélation entre les ventes et le budget publicitaire, les prospections effectuées et la population.
2. Prévoyez les ventes de l'année 13 en fonction du facteur le plus pertinent, sachant que les prévisions pour cette année sont les suivantes :
   – budget publicitaire : 125 milliers d'€ ;
   – nombre de prospections : 2 100 ;
   – population de la zone de chalandise : 52 000.

13 Les variations saisonnières

Exercice 1

Corrigé ➲ p. 133

Repérer les variations saisonnières et prévoir les ventes

La société Rastel commercialise des articles de sport. Vous managez une équipe de dix commerciaux chargée du secteur sud-ouest de la France.
Voici un extrait des ventes réalisées par votre équipe au cours des années passées.

Ventes de chaussures (en milliers d'€)

Mois	Année N–2	Année N–1	Année N
1	42	53	35
2	53	45	45
3	38	46	49
4	40	55	68
5	28	43	62
6	36	48	46
7	61	46	29
8	39	48	27
9	29	39	24
10	38	31	47
11	46	34	52
12	43	9	54

Ventes d'articles de natation en (milliers d'€)

Mois	Année N–2	Année N–1	Année N
1	28	36	41
2	32	40	47
3	35	40	46
4	56	61	66
5	92	98	108
6	140	152	176
7	162	179	200
8	127	139	157
9	55	64	78
10	52	57	66
11	41	47	59
12	25	31	41

Travail à faire

1. Présentez dans deux graphiques différents les deux familles de ventes. Que constatez-vous ?
2. Déterminer les ventes prévisionnelles globales d'articles de natation pour N+1.
3. Déterminez les ventes prévisionnelles mensuelles d'articles de natation pour N+1 par la méthode appropriée.
4. Quelle est l'utilité de ces prévisions ?

Exercice 2 Connaître différentes méthodes de calcul

Corrigé ➲ p. 135

La société Gabillet produit des équipements de bureau. Vous êtes responsable des ventes en Ile-de-France, Picardie et Normandie. Vos commerciaux ont enregistré les chiffres d'affaires suivants (en milliers d'€).

Année	N	N+1	N+2	N+3
1er trimestre	1 625	2 000	2 300	2 600
2e trimestre	1 625	2 000	2 300	2 600
3e trimestre	1 300	1 600	1 840	2 080
4e trimestre	1 950	2 400	2 760	3 120
Total	6500	8000	9200	10400

Travail à faire

1. Complétez le tableau.

2. Prévoyez le chiffre d'affaires de l'année N+4 par la méthode appropriée.

3. Prévoyez les ventes trimestrielles pour l'année N+4 en utilisant les coefficients saisonniers.

4. Prévoyez les ventes trimestrielles pour l'année N+4 par la méthode des pourcentages.

Exercice 3 Utiliser la méthode des totaux mobiles

Corrigé ➲ p. 137

L'entreprise Belune est spécialisée dans la location de véhicules de tourisme. Elle a débuté son activité il y a deux ans. Le directeur commercial souhaite analyser les ventes et effectuer des prévisions afin de mettre en œuvre les moyens nécessaires à leur réalisation, tels les budgets.
Il vous communique les statistiques des ventes des deux années écoulées (en milliers d'€).

Mois	Année N–1	Année N
Janvier	150	177
Février	138	163
Mars	144	170
Avril	156	184
Mai	108	127
Juin	228	269
Juillet	246	290
Août	186	219
Septembre	84	99
Octobre	72	85
Novembre	110	130
Décembre	140	165

Travail à faire

1. Présentez ces données dans un graphique et commentez le résultat obtenu.

2. Déterminez les ventes annuelles prévisionnelles totales pour l'année N+1, sachant qu'elles évolueront au même rythme qu'au cours des deux premières années.

3. En utilisant la méthode des totaux mobiles, prévoyez les ventes mensuelles de l'année N+1.

4. Reportez vos résultats sur le graphique. Que constatez-vous ?

14 L'analyse du portefeuille clients – prospects

Exercice 1

Corrigé ➲ p. 139

Visite commerciale : réservez-la aux clients les plus rentables

Coûteuse, la visite client doit être préparée de façon rigoureuse pour être efficace. Observation, segmentation et écoute sont les piliers de votre stratégie.

Parmi les nombreux modes de contact entre l'entreprise et son client (e-mail, courrier, téléphone), la visite demeure le *nec plus ultra* en matière de relation commerciale. « La machine ne remplacera jamais la rencontre entre deux personnes. Le contact visuel direct, les expressions du visage et les postures du corps sont des éléments essentiels, explique René Moulinier, expert en conseil commercial. Les autres outils, tels que le téléphone, viennent en complément. »

La visite client est donc indispensable, mais elle a aussi un prix. « C'est le moyen de commercialisation le plus coûteux, entre 80 et 180 euros », affirme Francis Kaufmann, directeur associé de CAA, cabinet de conseil et de formation en développement commercial, management et communication. La visite inclut en effet les charges sociales, les frais de déplacement (entretien du véhicule, essence), d'hébergement, de restauration, d'encadrement, et le temps passé avec le client. Un investissement qu'il s'agit donc de rentabiliser au maximum, en mettant au point une stratégie de visite de ses clients.

Les trois questions essentielles à se poser

Francis Kaufmann conseille, dans un premier temps, de se poser trois questions essentielles, qu'il résume par une expression, les « 3 P » : quel est le potentiel de mon client ? Quels sont ses projets à court terme ? Quelle est actuellement ma participation dans son entreprise ? « Il ne peut y avoir de visite sans objectif, insiste-t-il. Un client régulier à potentiel moyen se verra proposer de nouveaux produits, un client irrégulier, une amorce de partenariat pour renforcer les liens. »

Segmentez ensuite vos partenaires commerciaux, en définissant des catégories. Un portefeuille de clients peut ainsi être divisé en plusieurs familles, selon trois grands critères : le potentiel des clients, le chiffre d'affaires qu'ils génèrent, la fréquence et le montant de leurs commandes. René Moulinier conseille, par exemple, de segmenter la clientèle par volume de chiffre d'affaires en numérotant chaque catégorie homogène de 1 à 4 : petits, moyens, intermédiaires et importants. « Le circuit de visites débutera par les clients de niveau 4, ceux dont le chiffre d'affaires actuel et potentiel à court terme est le plus élevé, et s'étendra aux clients secondaires, puis aux prospects, précise-t-il. Un client de niveau 4 sera visité tous les mois, celui de niveau 3, une fois tous les deux mois, et celui de niveau 1, une fois par an. »

Attention à ne pas délaisser les clients à fort potentiel

Reste enfin à combattre les mauvaises habitudes. « Le plus gros défaut des commerciaux est de passer trop de temps chez des clients acquis, par confort et par facilité, souligne Francis Kaufmann. En revanche, ils n'osent pas aller chez des clients dont le potentiel est à développer et qui sont, en général, moins disponibles. »

Le danger ? Céder la place à la concurrence. Faut-il, pour autant, surveiller ses commerciaux et leur imposer des quotas et des objectifs de visite ? « Surtout pas ! s'exclame-t-il. De nombreuses directions commerciales infantilisent leurs forces de vente en décidant de leur emploi du temps, et leur demandent d'être autonomes et réactives à l'extérieur. C'est de la schizophrénie pure et simple ! » Il appartient donc au commercial de se prendre en main et d'élaborer son circuit de visite en collaboration avec son manageur. Et, pour savoir si le moment est opportun, inutile de se lancer dans des calculs compliqués ! Si votre commercial a suffisamment laissé s'exprimer votre client, il saura quand il peut se permettre de le déranger.

D'après : Caroline Thiévent, Action commerciale n° 215, janvier 2002.

Travail à faire

1. Le commercial doit-il visiter régulièrement tous les clients de son portefeuille ? Pourquoi ? Á quelles conditions la visite client peut-elle être efficace ?

2. Quels sont les grands principes évoqués dans l'article quant à l'organisation des visites clients en fonction de leur place dans le portefeuille ?

3. Quel défaut majeur présente la planification des visites des commerciaux ? Comment l'entreprise peut-elle y remédier ?

Exercice 2 Entreprise Météoconcept

Corrigé ➲ p. 140

Vous êtes en stage dans l'entreprise Météoconcept, créée il y a près d'un an. Située à Poitiers dans la Vienne, elle est spécialisée dans la fabrication de systèmes de climatisation, qu'elle commercialise à une clientèle très diversifiée : petites, moyennes et grandes entreprises de l'industrie et du commerce. Le responsable de l'entreprise, M. Dufrenne, souhaite mettre en place un plan d'action commerciale pour l'année à venir, afin de développer et fidéliser sa clientèle. Á cet effet, il vous confie l'analyse de son portefeuille clients, à partir des informations suivantes, extraites du fichier clients.

Numéro du client	Chiffre d'affaires réalisé en milliers d'euros	Numéro du client	Chiffre d'affaires réalisé en milliers d'euros
1	9 884	14	220
2	5 687	15	128
3	3 720	16	116
4	2 655	17	102
5	2 360	18	70
6	1 471	19	60
7	805	20	53
8	750	21	40
9	729	22	35
10	540	23	33
11	420	24	32
12	335	25	17
13	270	Total	30 532

Travail à faire

1. La loi des 20-80 s'applique-t-elle à la clientèle de cette entreprise ? Pourquoi ?

2. Peut-on classer les clients en trois catégories, suivant la méthode ABC ?

3. À partir des résultats obtenus à la question 1, calculez le chiffre d'affaires moyen réalisé par l'entreprise avec les petits clients, puis avec les gros clients.

4. M. Dufrenne estime pouvoir augmenter son chiffre d'affaires de 20 % en moyenne l'année suivante avec les gros clients, et de 50 % avec les petits clients. Compte tenu de la prospection réalisée, il prévoit une augmentation de 30 % du nombre de gros clients et de 45 % du nombre de petits clients. À quel chiffre d'affaires peut-il s'attendre pour l'année suivante ?

5. M. Dufrenne assure pour l'instant lui-même la commercialisation de ses produits. Il passe beaucoup de temps à visiter tous ses clients et prospects. Soucieux du développement de son entreprise, il souhaite consacrer en priorité ses visites aux clients à plus fort potentiel, sans pour autant délaisser les petits clients. Que pouvez-vous lui conseiller ?

15 La rentabilité du portefeuille clients

Exercice 1

Corrigé ➲ p. 141

Société Tradiéponge

La société Tradiéponge, située à Caudry dans le Nord, fabrique des draps de bain, des draps de plage et des peignoirs de bain en éponge, qu'elle commercialise principalement par les canaux traditionnels (grossistes revendeurs) de grandes entreprises de la vente à distance, ainsi que par un réseau régional de magasins d'usine en vente directe.

En stage dans cette entreprise, vous avez été chargé(e) de développer les ventes directes aux particuliers, par correspondance, à partir du fichier des clients actuels des magasins d'usine dans lesquels sont distribués vos produits (3 000 adresses) et d'un fichier de location d'adresses (2 000 adresses).

À l'occasion des fêtes de fin d'année, l'entreprise Tradiéponge vous a confié la commercialisation d'un coffret cadeau comportant un drap de plage où les enfants peuvent retrouver leur héros préféré : Winnie, Spiderman, Némo, Harry Potter, etc.

Ce produit était commercialisé au prix de 26,31 euros TTC, franco de port et d'emballage (TVA à 19,6 %).

Vous avez envoyé un publipostage comportant une lettre, un document d'information, un bon de commande et une enveloppe retour, aux 5 000 personnes constituant votre fichier.

Afin de mesurer la rentabilité de l'opération, vous avez recueilli les informations suivantes :

- coût de revient du produit, emballage cadeau compris : 12 € ;
- conception du publipostage : 1 600 € HT ;
- impression du publipostage : 175 € HT le mille ;
- location du fichier d'adresses : 0,30 € HT l'adresse ;
- frais d'affranchissement (envoi en nombre) : 0,31 € par envoi ;
- frais de suremballage et d'expédition, pour l'envoi des commandes : 3,50 € par commande ;
- nombre de commandes obtenues : 110.

Travail à faire

1. Déterminez :
   - le chiffre d'affaires HT réalisé avec cette campagne ;
   - la marge brute dégagée sur cette opération.

2. Après avoir déterminé le coût total de la campagne de publipostage, calculez la marge nette globale réalisée ainsi que la marge nette par client. Concluez.

3. Combien de commandes aurait-il fallu obtenir pour rentabiliser la campagne ?

4. Quelles peuvent être les causes de l'échec de cette campagne ?

Exercice 2 — Les Délices du Terroir

Corrigé ➲ p. 142

L'entreprise Les Délices du Terroir, implantée à Fampoux dans le Pas-de-Calais, fabrique des cidres, jus de fruit, et apéritifs à base de fruits. Vous venez d'être recruté(e) par cette entreprise pour commercialiser, dans la région Nord-Pas-de-Calais, la gamme de jus de fruit, composée principalement de jus de pomme, banane, cerise, fraise, framboise et mûre. Après quelques mois d'activité, vous souhaitez analyser la rentabilité des différentes catégories de clients constituant votre portefeuille, afin d'optimiser votre démarche. Á partir des informations suivantes, vous analyserez la rentabilité des différentes catégories de clients composant votre portefeuille.

Catégories de clients	Nombre de bouteilles vendues	Nombre de clients	Pourcentage moyen de remise accordé	Visites réalisées
Restaurateurs	27 000	300	30 %	Tous les 4 mois
Boutiques de produits régionaux	3 200	80	20 %	2 fois par an
Épiceries fines	5 000	100	25 %	Tous les mois
Charcutiers traiteurs	4 000	200	25 %	Tous les 2 mois
Comités d'entreprise	5 000	50	10 %	2 fois par an
Mairies	4 900	70	10 %	2 fois par an
Total	49 100	800		

Prix de vente public d'une bouteille de jus de fruit : 2,84 € HT.
Coût de revient d'une bouteille de jus de fruit : 0,84 €.
Coût d'une visite client : 30 €.

Travail à faire

1. Déterminez le chiffre d'affaires HT, en valeur, net de remise, par catégorie de clients, ainsi que le chiffre d'affaires total réalisé. Analysez la part de chaque catégorie de clients dans le portefeuille.

2. Calculez le chiffre d'affaires moyen par visite. Concluez.

3. Calculez la marge brute ainsi que la marge nette pour un client de chacune des catégories du portefeuille. À quelles conclusions vous amènent vos calculs ? Quelles solutions pouvez-vous proposer pour améliorer la rentabilité du portefeuille ?

16 La valeur client

Exercice 1 Calcul de la valeur client

Corrigé ➲ p. 143

La société Repro 3000, qui vous emploie, est située à Bordeaux dans la Gironde. Elle commercialise des photocopieurs, ainsi que des consommables et accessoires. Elle assure également la maintenance et les réparations chez les clients. Vous êtes chargé(e) de calculer la valeur actuelle et future d'un nouveau client : maître Corneille, notaire, à la tête d'une importante étude de la ville de Bordeaux. Vous lui avez vendu il y a quelques jours un photocopieur, ainsi que des consommables et un contrat de maintenance. La durée de vie d'un photocopieur est estimée à 5 ans. Vous avez déterminé les chiffres d'affaires réel et potentiel réalisés avec ce nouveau client, et estimé les coûts engagés pour sa conquête et sa fidélisation. Vos relevés et estimations sont résumés dans le tableau suivant.

Années	N	N+1	N+2	N+3	N+4
Chiffre d'affaires HT : – photocopieur – contrat de maintenance annuel – consommables, réparations	 37 000 1 800 8 000	 1 800 9 000	 1 800 11 000	 1 800 12 000	 1 800 13 000
Coût des produits et prestations en pourcentage du chiffre d'affaires HT	60 %	65 %	70 %	75 %	80 %
Coût de la relation (mailing, phoning, visites de la force de vente et techniciens, remises, etc.) en pourcentage du chiffre d'affaires HT	9 360	1 620	1 280	2 070	3 700
Frais de gestion (traitement des informations, gestion du compte client, facturations, etc.)	140	180	180	190	200
Quote-part frais de publicité, opérations promotionnelles	320	350	360	390	420

Travail à faire

1. Calculez la valeur d'acquisition du client, la valeur de fidélisation ainsi que la valeur globale de maître Corneille.
2. Comment évolue la valeur client de l'année N à l'année N+4 ? Que concluez-vous de ces calculs ?

Exercice 2 Le scorage

Corrigé ➲ p. 144

Vous effectuez votre stage dans une petite agence bancaire située à Chambéry en Savoie. Dans le cadre de votre projet, le responsable d'agence vous confie la mission de développer l'équipement des clients en crédits *revolving*. Encore appelé crédit permanent, il constitue, pour le client, une réserve d'argent utilisable à tout moment, dont le montant disponible se reconstitue au fur et à mesure des remboursements. Afin de sélectionner les clients de l'agence à qui vous allez proposer ce produit, votre tuteur vous recommande d'utiliser une méthode de scorage. Une notation des clients suivant certains critères permet de déterminer la cible prioritaire, en minimisant le risque financier pour la banque. Les critères retenus sont les suivants.

Critères de scorage retenus	Critères de notation (en points)	Coefficients de pondération
Situation professionnelle : ancienneté dans l'emploi	Moins d'un an : 0 De 1 à 3 ans : 2 De 3 à 6 ans : 4 Plus de 6 ans : 8	3
Découvert autorisé	Non : 0 Oui et inférieur à 300 € : 2 Oui et supérieur à 300 € : 4	4
Capacité de remboursement du client : part des remboursements d'emprunts dans les revenus en pourcentage	Plus de 30 % : 0 De 20 % à moins de 30 % : 1 De 10 % à moins de 20 % : 4 Moins de 10 % : 8	6
Budget mensuel (salaires + revenus de transfert)	Inférieur à 1 500 € : 0 Entre 1 500 et 2 000 € : 2 Supérieur à 2 000 € : 4	4
Ancienneté dans la relation bancaire	Inférieure à 6 mois : 0 Comprise entre 6 mois et 2 ans : 2 Supérieure à 2 ans : 4	3

En fonction du score obtenu par le client, trois types de situations peuvent se présenter :

Score obtenu	Décision
Note pondérée supérieure à 60	Accord automatique pour la proposition du produit
Note pondérée inférieure à 40	Refus de proposition du produit
Note pondérée comprise entre 40 et 60	Accord avec autorisation préalable du gestionnaire des risques

Vous souhaitez contacter les clients suivants :

Clients	Ancienneté dans l'emploi	Découvert autorisé (en €)	Capacité de remboursement	Budget	Ancienneté dans la relation bancaire
Dubus	2 ans	200	15 %	1 100	5 mois
Rollet	8 mois	non	5 %	1 250	18 mois
Gayart	12 ans	500	25 %	2 250	8 ans
Cornu	25 ans	400	10 %	1 980	22 ans
Loubiac	4 ans	250	33 %	1 654	3 ans

Travail à faire

1. Calculez le score de chacun des clients que vous souhaitez contacter.

2. Quels sont les clients auxquels vous allez proposer le produit ? Justifiez votre réponse.

3. Que pensez-vous des critères de notation retenus ? Proposez d'autres critères susceptibles d'être retenus pour « scorer » les clients sur ce type de produit.

17 Maturité et pénétration

Exercice 1 — Société Loconet

Corrigé ➲ p. 145

La société Loconet, créée il y a quelques années, est spécialisée dans la distribution de matériel et fournitures de nettoyage à une clientèle d'entreprises et de collectivités. Le responsable de l'entreprise s'interroge sur les difficultés actuelles à développer le chiffre d'affaires, et à maintenir la part de marché. Il vous demande d'analyser le portefeuille clients du seul commercial de l'entreprise, M. Michel Deltour, et de lui proposer des solutions permettant une relance de l'activité. La clientèle de M. Deltour se répartit de la façon suivante, pour les années N à N–2, en fonction de son ancienneté.

Types de clients	Clients d'ancienneté inférieure à 2 ans		Clients d'ancienneté comprise entre 2 et 5 ans		Clients d'ancienneté comprise entre 5 et 10 ans		Clients d'ancienneté supérieure à 10 ans	
Années	N–2	N	N–2	N	N–2	N	N–2	N
Nombre de clients	75	45	60	85	50	90	35	100
Chiffre d'affaires annuel moyen réalisé (en milliers d'euros)	7	5	9	7	11	8	3	2

Travail à faire

1. Comment évoluent le nombre total de clients du portefeuille ainsi que le chiffre d'affaires total de l'année N par rapport à l'année N–2 ?

2. Analysez l'évolution du nombre de clients et du chiffre d'affaires réalisé, en fonction de leur ancienneté dans le portefeuille. Á quelles conclusions vous amènent vos calculs ?

3. Quels conseils pourriez-vous donner à M. Deltour pour développer son chiffre d'affaires et relancer son activité ?

N-2 = 30 – 220
N = 22 _ 320

Exercice 2 — Société Alpage

Corrigé ➲ p. 146

Vous êtes responsable de secteur de la société Alpage, qui fabrique et distribue une gamme importante de produits laitiers (beurre, lait, fromages, crème fraîche, yaourts, etc.). La clientèle de votre secteur, qui couvre les départements de Savoie, Haute-Savoie et Isère, est exclusivement composée de commerces de la grande distribution : supérettes, supermarchés, hypermarchés. Afin de mieux définir les efforts commerciaux à entreprendre, et optimiser votre relation client, vous analysez les ventes de produits laitiers réalisées l'année précédente par votre société et ses principaux concurrents. Trois magasins, que vous devez visiter prochainement, ont été retenus.

Magasins	Chiffre d'affaires potentiel (en milliers d'euros)	Chiffre d'affaires société Alpage (en milliers d'euros)	Chiffre d'affaires société Vert Pâturage (en milliers d'euros)	Chiffre d'affaires société Distrifrais (en milliers d'euros)
A	400	150	40	60
B	100	10	35	45
C	150	20	30	40

Travail à faire

1. Calculez le taux de pénétration de votre entreprise et de ses concurrents pour les trois magasins. Concluez.

2. Quel potentiel des clients A, B, C reste-t-il à exploiter ? Sur quel(s) client(s) doivent plus particulièrement porter vos efforts ?

3. Le taux global de pénétration de l'ensemble des clients de votre portefeuille est de 25 %. Calculez, pour chacun des clients, l'écart de pénétration, puis l'indice de pénétration. Concluez.

4. Le client C vient de doubler la surface de vente de son magasin. Vous évaluez un développement de son potentiel de distribution de produits laitiers de 50 % pour l'année prochaine, qui ferait passer votre taux de pénétration à 20 %. Quel objectif de chiffre d'affaires devez-vous vous fixer ?

18 La rentabilité du client

Exercice 1 Entreprise Clim3000

Corrigé ➲ p. 147

L'entreprise Clim3000 est spécialisée dans la fourniture et l'installation de systèmes de climatisation à une clientèle de particuliers. Profitant d'une forte demande à la suite des années de sécheresse, elle est actuellement en plein développement. Elle s'est implantée il y a environ un an à Saint-Claude, en région Jura-Franche-Comté. La prospection est réalisée par deux commerciaux rattachés au responsable de l'agence. Afin de pouvoir développer son marché sur cette région, l'entreprise a créé une base de données prospects, qu'elle a constituée en mettant en œuvre les moyens suivants :

– envoi d'un mailing comportant une proposition de rendez-vous à l'agence : celui-ci a nécessité l'acquisition d'un fichier qualifié de 20 000 adresses à 0,40 euro l'adresse. Les coûts de conception et d'expédition sont estimés à 0,85 euro par envoi ;
– deux parutions par mois, pendant 8 mois, d'annonces avec coupon-réponse dans une revue comportant des programmes de télévision : 750 euros par parution ;
– participation à quatre salons de l'habitat et du confort ménager : coût estimé à 8 500 euros par salon ;
– prospection en porte-à-porte par les deux commerciaux : leur coût annuel est estimé à 22 000 euros par vendeur (salaires, charges sociales, frais de prospection et de déplacement compris) ;
– l'entreprise a en outre dû supporter 85 000 euros de frais de structure pour le fonctionnement de sa nouvelle agence, les frais de documentation et de publicité pour les plaquettes, les documentations produits, la publicité réalisée, les imprimés sans adresse distribués, etc.

L'activité de la première année a donné les résultats suivants.

	Nombre de prospects contactés	Nombre de commandes réalisées	
Opération de publipostage	20 000 envois	100	10365
Annonces avec coupon-réponse	1 200 retours de coupons-réponses	120	12439
Salons	2 000 fiches contact	300	31098
Prospection en porte-à-porte	16 000	300	31098

820

Travail à faire

1. Calculez, pour chacun des canaux de contact utilisés, le coût d'acquisition d'un client (les frais de structure se répartissent entre le coût des différents canaux en fonction du nombre de commandes). Commentez.
2. Calculez le coût global d'acquisition d'un client.
3. Sachant que la marge dégagée par client s'élève en moyenne à 240 euros, que pensez-vous de la rentabilité de ces différents canaux ?

Exercice 2 Banque Cabusel

Corrigé ▶ p. 148

Vous venez d'être recruté(e) en tant que conseiller clientèle par la banque Cabusel, qui vous confie un portefeuille de 900 clients à développer. Vous allez rencontrer M. Germain, client de la banque depuis 6 ans, qui n'a pas eu de contact avec son conseiller depuis plus d'un an. Le tableau de bord du client vous fournit les informations suivantes, concernant l'historique des relations qu'il a pu avoir avec la banque.

Année	Ouverture de compte	Nombre d'appels téléphoniques centre d'appels	Nombre d'appels téléphoniques agence	Nombre de publipostages envoyés	Nombre de rendez-vous agence	PNB annuel réalisé par l'agence (1)
N–5	7 février N–5	2	3	4	2	130
N–4		3	3	4	3	160
N–3		3	2	6	3	175
N–2		4	2	6	4	280
N–1		4	1	8	2	190
N		6	0	8	0	100

(1) Le PNB (produit net bancaire) [= marge d'intermédiation + commissions nettes] représente la marge brute de la banque.

Le coût des contacts a été évalué par le service contrôle de gestion :
– coût d'acquisition à l'ouverture de compte (coûts marketing, communication, entrée en relation, etc.) évalué forfaitairement à 220 € par client ;
– appel téléphonique centre d'appels : 2,15 € ;
– appel téléphonique agence : 4,78 € ;
– publipostage : 3,45 € ;
– rendez-vous agence : 27,50 €.

Travail à faire

1. Calculez le montant investi par la banque, de N–5 à N, pour conquérir et fidéliser ce client.

2. Présentez, dans un tableau, pour chacune des années N–5 à N, la marge nette du client, ainsi que la marge nette cumulée. Quelle est, en fin d'année N, la marge nette globale dégagée par la banque sur son client ? Commentez les résultats obtenus.

3. En retenant un taux d'actualisation de 4 %, calculez la marge nette globale actualisée réalisée avec le client Germain. Quel intérêt présente ce dernier calcul ?

19 Limiter le risque client

Exercice 1 Entreprise Dijon Matériaux

Corrigé ➲ p. 149

Vous êtes commercial(e) dans l'entreprise Dijon Matériaux, située en Côte-d'Or, qui commercialise tous types de matériaux : sable, gravier, ciment, carrelage, brique, parpaing, etc. Sa clientèle est composée exclusivement de professionnels du bâtiment et des travaux publics. Confrontée à un nombre croissant d'impayés et de défaillances de ses clients, votre entreprise vous recommande d'être vigilant(e) dans vos négociations en ce qui concerne les modalités de règlement, ainsi que l'accord et la durée du crédit client. Vous devez rencontrer aujourd'hui trois clients. Avant votre visite, vous examinez leur situation financière afin d'apprécier le risque couru avec chacun d'eux et envisager la conduite à tenir en négociation.

Clients	Encours autorisé en N–1 en milliers d'euros	Chiffre d'affaires TTC année N	Durée moyenne du crédit accordé année N	Probabilité de défaillance année N
Constructions Barré	400	3 600	60 jours	5 %
Dupuis Bâtiment	800	6 600	30 jours	30 %
SNTP (Société nouvelle de travaux publics)	1 400	5 600	90 jours	15 %

Travail à faire

1. Calculez le montant de l'encours moyen autorisé de l'année N pour chaque client. Comment l'encours a-t-il évolué d'une année sur l'autre ?

2. Compte tenu du taux de défaillance estimé, évaluez le risque encouru avec chacun de ces clients.

Le comptable de votre société vous a communiqué l'encours utilisé par chacun de ces clients à la date de négociation. De votre côté, vous avez estimé le montant de la commande que devrait normalement vous passer chaque client, compte tenu de besoins récurrents.

Clients	Encours client utilisé à la date de négociation (en milliers d'euros)	Montant estimé de la commande (en milliers d'euros)
Constructions Barré	500	120
Dupuis Bâtiment	500	200
SNTP (Société nouvelle de travaux publics)	1 200	150

3. L'encours client autorisé calculé pour l'année N va-t-il être respecté pour tous les clients ? Comment devez-vous envisager, dans chaque cas, la négociation des éléments financiers ?

Exercice 2 Établissements CAMA

Corrigé ▶ p. 150

Vous êtes commercial(e) aux Établissements CAMA (Carpentras Matériel Automobile), important revendeur de pièces, outillage, accessoires et consommables pour l'automobile, situé à Carpentras dans le Vaucluse. Votre clientèle est principalement constituée de professionnels de l'automobile (garages, agents et concessionnaires) et d'entreprises qui utilisent une flotte de véhicules (transporteurs routiers, de voyageurs, etc.). La concurrence importante qui règne sur votre marché, ainsi que les difficultés économiques ressenties par votre clientèle, ont entraîné une augmentation du risque client. Vous devez rencontrer prochainement deux clients, dont vous souhaitez au préalable étudier la situation.
L'historique de la relation commerciale s'établit ainsi avec ces clients pour les années N–2 à N :

Client Dutour

Client Dutour	Nombre moyen de références commandées	Chiffre d'affaires moyen par commande (en euros)	Nombre de commandes passées	Délai moyen de paiement en jours		Nombre d'incidents de paiement
				Accordé	Réel	
N	30	2 000	12	30	45	4
N–1	40	2 500	18	45	45	2
N–2	60	3 000	24	60	60	1

Client Noël

Client Noël	Nombre de références commandées	Chiffre d'affaires moyen par commande (en euros)	Nombre de commandes passées	Délai moyen de paiement		Nombre d'incidents de paiement
				Accordé	Réel	
N	142	4 000	24	90	85	0
N–1	13	3 500	20	75	70	1
N–2	12	3 000	16	60	60	2

Travail à faire

À l'aide des informations précédentes extraites des dossiers des clients Dutour et Noël, vous analyserez le risque couru par votre entreprise avec chacun d'eux, en proposant éventuellement des mesures permettant de le limiter.

20 Le compte de résultat

Exercice 1

Corrigé ▶ p. 151

Maîtriser le contenu du compte de résultat

Votre entreprise organise une session de formation des commerciaux. L'analyse des documents comptables des clients professionnels est, en effet, une tâche essentielle pour apprécier leurs potentialités, leur stabilité financière et leur solvabilité.
Vous êtes chargé d'expliquer le contenu du compte de résultat, l'un des principaux supports d'analyse financière, à un groupe de dix commerciaux. À cette fin, vous préparez le document suivant sur un logiciel de présentation (type Power Point).

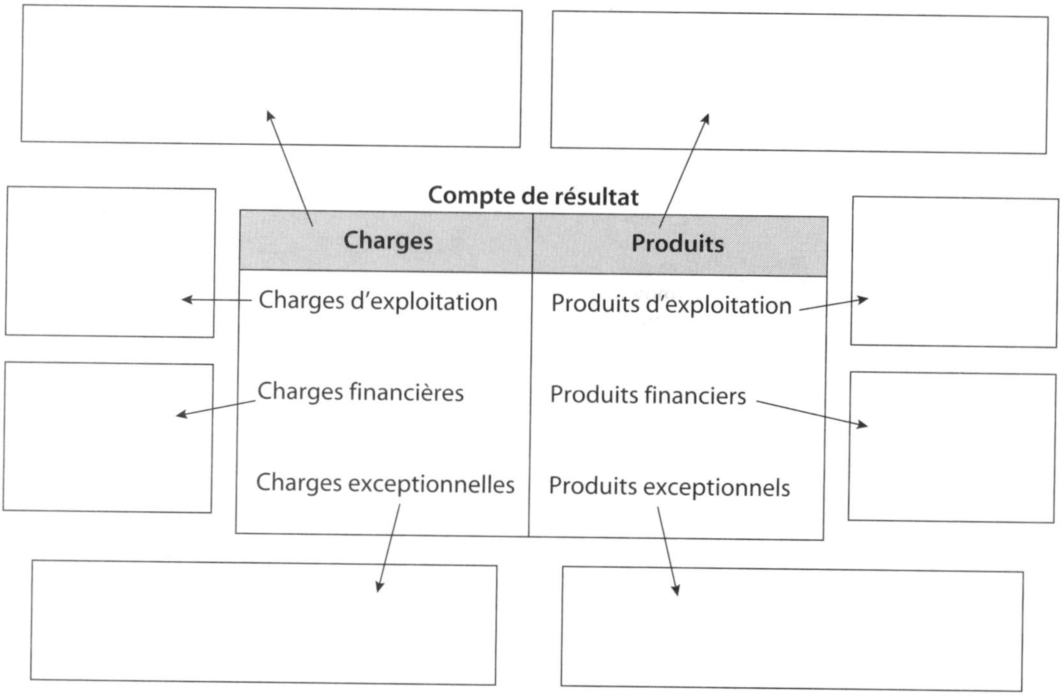

Travail à faire

1. Rédigez un petit texte de définition pour chaque composante du compte de résultat, dans les blancs laissés à cette intention.
2. Donnez des exemples de chaque type de charges et de produits.
3. Précisez comment on détermine le résultat.
4. Insérez le résultat à l'endroit où il doit apparaître.

Exercice 2 Établir un compte de résultat

Corrigé ➲ p. 151

Le client Buron demande un paiement échelonné sur un an pour l'achat de deux machines industrielles d'une valeur totale de 282 500 €. Afin de minimiser les risques, vous souhaitez analyser ses documents comptables. Il vous communique les documents de synthèse de l'année précédente (bilan et compte de résultat) ainsi que la balance établie à partir des écritures de l'année en cours.
Voici le contenu de cette balance.

N°	Comptes	Soldes débiteurs	Soldes créditeurs
601	Achats stockés – Matières premières	1 556 779,86	
6031	Variation des stocks de matières 1res	22 981,70	
607	Achats de marchandises	65 857 974,48	
6037	Variation des stocks de marchandises	35 800,00	
615	Entretiens et réparations	1 177 669,04	
616	Primes d'assurances	21 343,00	
622	Rémunérations d'intermédiaires et honoraires	80 493,08	
623	Publicité, publications, relations publiques	109 763,89	
624	Transports de biens et transports collectifs	41 161,24	
626	Frais postaux et de télécommunications	8 112,00	
627	Services bancaires et assimilés	14 863,78	
63	Impôts, taxes et versements assimilés	250 880,00	
64	Charges de personnel	574 408,23	
661	Charges d'intérêts	11 854,04	
665	Escomptes accordées	15 615,51	
6712	Pénalités, amendes fiscales et pénales	658,58	
6811	Dotations aux amortissements des immobilisations	45 734,70	
6815	Dotations aux provisions pour risques et charges	38 981,00	
701	Ventes de produits finis		3 153 240,00
707	Ventes de marchandises		1 248 380,00
765	Escomptes obtenus		8 121,72
775	Produits de cessions d'éléments d'actif		7 319,09

Travail à faire

1. Précisez la signification de la variation des stocks.

2. Établissez le compte de résultat.

3. Commentez le résultat obtenu par cette entreprise.

21 Les soldes intermédiaires de gestion

Exercice 1

Corrigé ➲ p. 153

Calculer les soldes intermédiaires de gestion dans une entreprise industrielle

Vous êtes fournisseur de la société Exec, entreprise industrielle qui produit des composants électroniques. Dans la perspective de la signature d'un contrat, vous procédez à une étude des équilibres financiers et des résultats de cette entreprise.
Son service comptabilité vous communique le compte de résultat de l'année N (montants en dizaines de milliers d'€).

Charges		Produits	
Charges d'exploitation :		**Produits d'exploitation :**	
Achats de matières premières et autres approvisionnements	1 500	Ventes de produits finis	4 800
Variation des stocks	88	Production stockée	308
Services extérieurs	452	Subventions d'exploitation	232
Autres services extérieurs	348	Autres produits de gestion courante	64
Impôts, taxes et versements assimilés	168	Total I	5 404
Charges de personnel	812		
Dotations aux amortissements et aux provisions (exploitation)	180		
Total I	3 548	**Produits financiers :**	
Charges financières :		Produits de participations	116
Charges d'intérêts	56	Escomptes obtenus	32
Escomptes accordés	76	Autres produits financiers	20
Total II	132	Total II	168
Charges exceptionnelles	60		
Total III	60	**Produits exceptionnels :**	
		Sur opérations de gestion	48
		Autres produits exceptionnels	112
Impôt sur les bénéfices (Total IV)	679	Total III	160
Total des charges (I+II+III+IV)	4 419	Total des produits (I+II+III)	5 732
Solde créditeur = bénéfice	1 313	Solde débiteur = perte	0
Total général	5 732	Total général	5 732

Travail à faire

1. Calculez les soldes intermédiaires de gestion.

2. De quelles autres informations devriez-vous disposer pour approfondir votre analyse de cette entreprise ?

Exercice 2 Analyser la situation d'une entreprise commerciale

Corrigé ➲ p. 154

La société Durand est spécialisée dans la production de meubles pour plusieurs grandes surfaces spécialisées (GSS). Elle distribue également ses produits dans ses propres magasins d'usine et par l'intermédiaire de petits détaillants spécialisés. Vous êtes représentant(e) de cette société dans les Pays de la Loire.

Un ameublier du Mans souhaite commercialiser vos produits et vous êtes chargé par M. Durand de négocier avec lui un contrat d'approvisionnement.

Afin de vous assurer de la situation de ce prospect, vous obtenez de lui le document suivant.

Charges		Produits	
Charges d'exploitation :		**Produits d'exploitation :**	
Achats de marchandises	270 777,60	Ventes de marchandises	483 514,19
Variation des stocks de marchandises	– 7 774,89	Autres produits de gestion courante	15 000,00
Services extérieurs	20 635,11	Total I	498 514,19
Autres services extérieurs	7 482,00		
Impôts et taxes	21128,46		
Charges de personnel	46 649,40		
Dotations aux amortissements et aux provisions (exploitation)	23 400,00		
Total I	382 297,68		
Charges financières :		**Produits financiers :**	7 500,48
Charges d'intérêts	2 515,41	Total II	7 500,48
Total II	2 515,41		
Charges exceptionnelles	418,47	**Produits exceptionnels :**	1 372,05
Total III	418,47	Total III	1 372,05
Impôt sur les bénéfices (Total IV)	30 613,29		
Total des charges I+II+III+IV	415 844,85	Total des produits I+II+III	507 386,72
Solde créditeur = bénéfice	91 541,87	Solde débiteur = perte	
Total général	**507 386,72**	**Total général**	**507 386,72**

Travail à faire

1. Précisez la nature de ce document.

2. Calculez le résultat d'exploitation, le résultat financier et le résultat exceptionnel.

3. Calculez les soldes intermédiaires et commentez-les.

4. Que pensez-vous de la situation de ce prospect ?

22 La capacité d'autofinancement

Exercice 1

Corrigé ➲ p. 155

Calculer la capacité d'autofinancement dans le cas d'un projet d'investissement

La société Xylon est spécialisée dans la production de matériels de bureau et la distribution de fournitures administratives. Vous y exercez les fonctions de responsable du service commercial. Dans le cadre d'un projet d'investissement, vous souhaitez apprécier la capacité d'autofinancement de votre entreprise. Vous disposez compte de résultat au 31/12 (en milliers d'€).

Charges		Produits	
Charges d'exploitation :		**Produits d'exploitation** :	
Achats de matières premières et autres approvisionnements	13 251	Ventes de marchandises	17 738
Variation des stocks	567	Production vendue	26 894
Achats de marchandises	13 755	Production stockée	2961
Variation des stocks de marchandises	– 273	Autres produits	2506
Services extérieurs	6 811	**Produits financiers :**	
Autres services extérieurs	4 235	Produits de participations	1 484
Impôts, taxes et versements assimilés	1 050	Escomptes obtenus	119
Charges de personnel	2 926	Gains de change	1 141
Dotations aux amortissements et aux provisions	1 050	Autres produits financiers	546
Charges financières :			
Charges d'intérêts	154	**Produits exceptionnels :**	
Escomptes accordés	189	Sur opérations de gestion	301
Dotations aux amortissements et aux provisions	21	Produits de cessions d'éléments d'actif	294
Charges exceptionnelles		Autres produits exceptionnels	49
Sur opérations de gestion	196	Reprises sur provisions	35
Valeurs comptables des éléments d'actif cédés	266		
Dotations aux amortissements et aux provisions	14		
Impôt sur les bénéfices (Total IV)	3 430		
Total des charges	47 642	Total des produits	54 068
Solde créditeur = bénéfice	6 426	Solde débiteur = perte	
Total général	54 068	Total général	54 068

Travail à faire

Calculez la CAF (capacité d'autofinancement) de Xylon par deux méthodes différentes.

Exercice 2 — Connaître la capacité d'autofinancement d'un client

Corrigé ➲ p. 155

Huart est une entreprise de gros dans le domaine du matériel de construction. Sa clientèle est exclusivement professionnelle, constituée de détaillants et d'entreprises du bâtiment. Elle est sur le point de conclure un contrat avec le prospect Artiplan SA. Vous êtes chargé(e) de préparer la négociation de ce contrat et vous obtenez le compte de résultat suivant d'Artiplan SA.

Charges	(€)	Produits	(€)
Charges d'exploitation :		**Produits d'exploitation :**	
Achats de marchandises	487 400	Ventes de marchandises	815 758
Variation des stocks de marchandises	– 13 995	Reprises sur amortissements et provisions	9 890
Services extérieurs	37 143	Autres produits de gestion courante	27 000
Autres services extérieurs	13 468		
Impôts et taxes	38 031		
Charges de personnel	83 969		
Dotations aux amortissements et aux provisions	42 120		
Charges financières :		**Produits financiers :**	13 501
Charges d'intérêts	4 528		
Charges exceptionnelles		**Produits exceptionnels :**	
Valeurs comptables d'éléments d'actif cédés	153	Reprises sur provisions	2 470
Dotations aux amortissements et aux provisions	600	Produits de cession d'éléments d'actif	1 248
Impôt sur les bénéfices	55 104		
Total des charges	748 520	Total des produits	869 867
Solde créditeur = bénéfice	121 346	Solde débiteur	
Total général	869 867	Total général	869 867

Travail à faire

1. Expliquez l'utilité pour le vendeur de connaître la capacité d'autofinancement de son client.

2. Calculez la capacité d'autofinancement d'Artiplan SA.

23 Le bilan comptable

Exercice 1 Maîtriser le contenu du bilan

Corrigé ➲ p. 156

Votre entreprise organise une session de formation des commerciaux. Vous êtes chargé(e) d'expliquer le contenu du bilan, principal support d'analyse financière, à un groupe de commerciaux. À cette fin, vous préparez le document suivant.

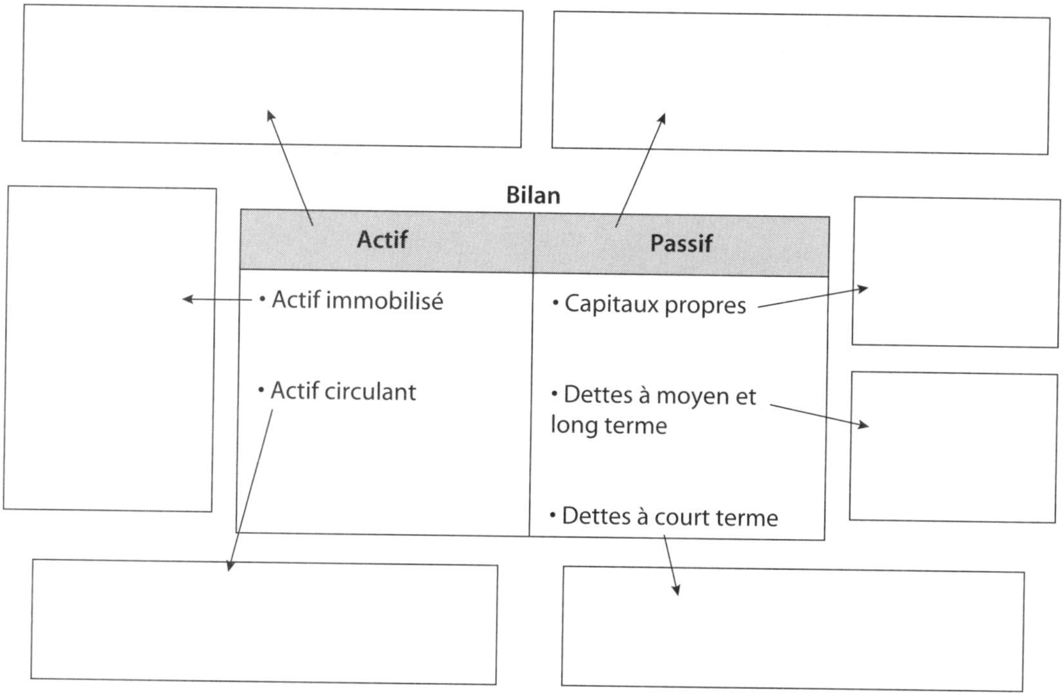

Travail à faire

1. Expliquez la signification de chaque composante (ou « grande masse ») du bilan, dans les zones de texte vierges.
2. Donnez des exemples pour chaque grande masse.
3. Insérez le résultat à l'endroit où il doit apparaître.

Exercice 2 Établir un bilan

Corrigé ➲ p. 156

Go Max commercialise des équipements de sport. La balance après inventaire se présente comme suit au 31 décembre de l'année N (en €).

	Comptes	Soldes débiteurs	Soldes créditeurs
1	Capital		73 176
2	Emprunts et dettes assimilées		24 392
3	Immobilisations incorporelles	121 288	
4	Installations techniques, matériels et outillages	45 371	
5	Matériel de transport	52 963	
6	Matériel de bureau et matériel informatique	32 364	
7	Mobilier	20 161	
8	Stocks de marchandises	66 000	
9	Fournisseurs		18 294
10	Clients	15 367	
11	Sécurité sociale et autres organismes sociaux		2 134
12	État et autres collectivités locales		23 379
13	Banque	34 575	
14	Caisse	2 756	
15	Achats de marchandises	974 800	
16	Variation des stocks de marchandises	6 876	
17	Services extérieurs	15 123	
18	Autres services extérieurs	11 761	
19	Impôts, taxes et versements assimilés	9 025	
20	Charges de personnel	32 929	
21	Charges financières	872	
22	Charges exceptionnelles	547	
23	Ventes de marchandises		1 267 240
24	Revenus des valeurs mobilières de placement		11 909
25	Escomptes obtenus		8 563
26	Produits de cessions d'éléments d'actif		
	Total	1 442 779	1 442 779

Travail à faire

1. Précisez à quel document de synthèse (compte de résultat ou bilan) appartient chacun des comptes de la balance.

2. Établissez le bilan au 31 décembre N.

3. Go Max réalise-t-elle un bénéfice ou une perte ? Justifiez votre réponse.

4. Vérifiez que le résultat que vous avez obtenu au bilan est exact.

24 Le bilan fonctionnel, le fonds de roulement et le besoin en fonds de roulement

Exercice 1 Élaborer un bilan fonctionnel

Corrigé ➲ p. 158

Vous êtes chargé(e) de clientèle professionnelle dans une agence bancaire. Un client qui connaît quelques difficultés de trésorerie souhaite contracter un emprunt. Il vous communique les informations suivantes pour vous permettre d'examiner sa situation financière.

• Bilan comptable au 31/12/N (en milliers d'€)

ACTIF	Brut	Amort. et provisions	Net	PASSIF	
Actif immobilisé				**Capitaux propres**	
Immobilisations incorporelles	280	210	70	Capital	40
Immobilisations corporelles	390	60	330	Réserves	115
Total	670	270	400	Résultat (bénéfice)	260
Actif circulant				Total	415
Stocks	475	70	405	**Provisions pour risques et charges**	170
Créances	560	120	440	Total	170
Disponibilités	115		115	**Dettes**	
Total	1 150		960	Emprunts dt concours	220
				Dettes fournisseurs	380
				Dettes fiscales et sociales	80
				Dettes diverses	95
				Total	775
Total général	**1 820**		1360	**Total général**	**1 360**

• Amortissements et provisions

Amortissements cumulés		Provisions	
Immobilisations corporelles	60	Risque de dépréciation des marchandises en stock	70
Immobilisations incorporelles	210	Créances douteuses	120

• Les emprunts comprennent 85 000 € de concours bancaires (passif de trésorerie).

Travail à faire

1. Complétez le bilan.

2. Élaborez le bilan fonctionnel.

3. Que pensez-vous de la situation de ce client ?

Exercice 2 Examiner le FRNG, le BFR et la trésorerie nette

Corrigé ▶ p. 159

Vous êtes conseiller clients dans un établissement de crédit. En janvier N, vous analysez les bilans comptables de deux clients : Plein'Air et Prestige SA. Le premier est une entreprise spécialisée dans la production d'équipement de jardin (outils et agréments), le second est un fabricant de vaisselle.

Bilan de Plein'Air au 31/12/N–1 (en milliers d'€)

ACTIF	Brut	Amort. et provisions	Net	PASSIF	
Actif immobilisé :				**Capitaux propres :**	
Immobilisations incorporelles	575	300	275	Capital	313
Immobilisations corporelles	1 875	645	1 230	Résultat de l'exercice	898
Immobilisations financières	300		300	Provisions réglementées	30
Actif circulant :				Provisions pour risques et charges	288
Stocks	463	100	363	**Dettes :**	
Créances	195	55	140	Emprunts (1)	543
Disponibilités	33		33	Dettes fournisseurs	230
				Dettes fiscales et sociales	40
Total général	**3 440**	**1 100**	**2 340**	**Total général**	**2 340**

(1) Dont concours bancaires : 465.

Bilan de Prestige SA au 31/12/N–1 (en milliers d'€)

ACTIF	Brut	Amort. et provisions	Net	PASSIF	
Actif immobilisé :				**Capitaux permanents :**	
Immobilisations incorporelles	406	16	390	Capitaux propres :	
Immobilisations corporelles	10 039	3 279	6 760	• Capital	2 600
Immobilisations financières	753		753	Réserves	422
Actif circulant :				• Résultat de l'exercice	978
Stocks	2 548	198	2 350	• Subventions d'investissement	371
Créances				Provisions réglementées	520
• Clients et comptes rattachés	2 551	341	2 210	**Provisions pour risques et charges**	1 300
• Autres	631		631	**Dettes**	
Disponibilités	221		221	Emprunts et dettes auprès des établissements de crédit (1)	3 981
				Dettes fournisseurs et comptes rattachés	2 698
				Dettes sociales et fiscales	130
				Autres dettes	315
Total général	**17 149**	**3 834**	**13 315**	**Total général**	**13 315**

(1) Dont concours bancaires : 1 190.

Travail à faire

1. Dressez les bilans fonctionnels de ces entreprises.

2. Calculez le fond de roulement (FRNG), le besoin en fonds de roulement (BFR) et la trésorerie nette.

3. Commentez les résultats obtenus.

25 Les ratios

Exercice 1 Établir un bilan financier et un bilan condensé

Corrigé ➲ p. 160

Vous êtes responsable des ventes à la société Aupied. Votre entreprise commercialise du matériel de bureau exclusivement auprès d'une clientèle professionnelle. Vous souhaitez analyser la situation financière du client Mezziani avec qui vous vous apprêtez à conclure un contrat. Son bilan comptable se présente comme suit au 31/12/N (chiffres en milliers d'euros).

ACTIF	Brut	Amort. et provisions	Net	PASSIF	
Actif immobilisé :				**Capitaux propres**	
Immobilisations incorporelles	120	24	96	Capital	184
Immobilisations corporelles [1]	1 616	496	1 120	Réserves	104
Immobilisations financières	432	88	344	Résultat de l'exercice [2]	600
Total I	2 168	608	1 560	Total I	888
Actif circulant :				**Provisions pour risques et charges** [3]	360
Stocks	720	120	600	Total II	360
Créances	160	24	136	**Dettes**	
Disponibilités	72		72	Emprunts [4]	664
Total II	952	144	808	Dettes d'exploitation	456
				Total III	1 120
Total général	**3 120**	**752**	**2 368**	**Total général**	**2 368**

(1) Un terrain d'une valeur de 320 000 € au bilan est estimé à 420 000 €.
(2) La totalité du bénéfice sera distribué aux associés.
(3) En raison d'un litige avec un gros client (une administration), l'entreprise avait constitué une provision pour risque de 56 000 €. Le tribunal ayant donné raison au client, elle devra lui verser 56 000 € de dommages et intérêts.
(4) Emprunts bancaires dont 136 000 € arrivent à échéance.

Travail à faire

1. Établissez le bilan financier.

2. Dressez le bilan condensé et commentez-le.

Exercice 2 Analyser la situation financière d'un prospect

Corrigé ➲ p. 161

L'entreprise industrielle Plex a publié un appel d'offres pour des achats d'équipement et de matières premières. Votre entreprise est intéressée par cet important contrat et vous charge de négocier avec Plex l'approvisionnement en matières premières.
L'analyse de la situation financière de ce prospect vous permettrait de vous assurer de sa qualité et de mieux négocier le contrat. Vous disposez des informations suivantes.

Bilan comptable de Plex au 31/12/N (en millions d'euros)

ACTIF	Brut	Amort. Provis	Net	PASSIF	
Actif immobilisé :				**Capitaux propres :**	
Immobilisations incorporelles	47	11	36	Capital	150
Immobilisations corporelles :				Réserves	95
Terrains	35		35	Résultat net	155
Constructions	119	27	92	Total I	400
Installations techniques, matériels et outillages	217	52	165	**Provisions pour risques et charges**	105
Autres immobilisations corporelles	81	18	63	Total II	105
Immobilisations financières :					
Prêts	42		42	**Dettes**	
Total I	540	108	433	Emprunts	110
Actif circulant :				Dettes fournisseurs	156
Stocks :				Dettes fiscales et sociales	10,5
Matières premières	103		103	Dettes diverses	7
Autres approvisionnements	19		19	Total III	284
Produits finis	66		66		
Créances clients	150	30	121		
Valeurs mobilières de placements	10	1	9		
Disponibilités	39		39		
Total II	388	31	356		
Total général	**928**	**139**	**789**	**Total général**	**789**

- En millions d'€ :

Stock de produits finis au 01/01/N : 72	Coût de production des produits vendus : 924
Ventes annuelles TTC : 1292 (TVA = 19,6 %)	Achats annuels de matières premières : 542 HT

- Les terrains sont estimés à 50 millions d'€.
- Un parc de machines industrielles obsolète subit une moins-value de 5 millions d'€.
- Des prêts de 8 millions d'€ arrivent à échéance en N+1 et 85 % des emprunts sont à plus d'un an.
- 80 % du bénéfice sera distribué aux actionnaires ; 10 % sera mis en réserves et le reste en provisions.

Travail à faire

1. Établissez le bilan financier.
2. Choisissez les ratios appropriés à l'analyse de la situation financière de cette entreprise et calculez-les. Commentez vos résultats.
3. Quel(s) autre(s) outil(s) pourriez-vous utiliser pour compléter votre analyse ?

26 Les documents commerciaux

Exercice 1 Réalisation d'un devis

Corrigé ➲ p. 163

Vous êtes commercial(e) dans la société Lucas Décoration, spécialisée en travaux de peinture et tapisserie, et pose de revêtements de sol. Un de vos clients, le Dr Mabuse, souhaite vous confier les travaux de remise en état de son cabinet. Lors de votre rencontre, il a souhaité refaire les peintures des portes, plinthes et plafonds, la tapisserie de son bureau, de la salle d'attente et du hall d'entrée, ainsi que poser un parquet flottant dans son bureau. Au cours de votre visite, vous avez négocié les fournitures choisies par le client et relevé les dimensions de ses pièces afin de pouvoir réaliser votre devis.
Voici ce que vous avez relevé sur votre bloc notes :

- Dimensions :
  - bureau : 5 mètres × 4 mètres
  - hall d'entrée : 2 mètres × 6 mètres
  - salle d'attente : 3 mètres × 3 mètres
- Tapisserie : fibre de verre laquée blanc cassé mat
- Peinture plafond : laque monocouche acrylique blanc mat
- 6 portes à peindre : peinture bois blanche brillante – 2 couches
- Parquet flottant pour le bureau 1er choix épaisseur 28 mm teinté chêne clair – grand passage

Remise 20 % sur les fournitures. Règlement 30 % à la commande, le reste à la fin du chantier.

À votre retour dans l'entreprise, vous procédez à la réalisation du devis. La consultation de vos catalogues fournisseurs et de vos conditions commerciales vous a permis de réunir les informations suivantes (tarifs hors taxes).

Fournitures :
- tapisserie fibre de verre : 14 € par rouleau (il faut compter un rouleau pour 2 mètres) ;
- peinture fibre de verre : 35 € les 25 kg (il faut un pot de 25 kg pour 5 rouleaux de tapisserie) ;
- colle fibre de verre : 8 € le paquet (un paquet pour 6 rouleaux) ;
- peinture plafond : 30 € le pot de 10 kg (il faut un pot de 10 kg pour 60^2 de plafond) ;
- peinture bois : 18 € le kg (il faut 1 kg par porte et environ 1 kg pour 25 mètres de plinthes) ;
- parquet flottant : 35 € par m^2, colle et petites fournitures comprises.

Main-d'œuvre :
- tapisserie : décollage de l'ancienne tapisserie, enduit, pose de la fibre de verre peinte : 35 € par mètre linéaire ;
- peinture : 8 € par m^2 pour le plafond, 45 € par porte et 3 € par mètre linéaire pour les plinthes ;
- pose parquet flottant : 15 € par m^2.

Travail à faire

Présentez le devis à envoyer à M. Mabuse.

Exercice 2 — Calcul du net à payer d'une facture

Corrigé ➔ p. 164

Vous êtes commercial(e) à la société Dubus, située à Marseille dans les Bouches-du-Rhône, qui distribue des fournitures de bureau. Vous allez rencontrer M. Stéfani, gérant de l'entreprise Corsica Tour, agence de voyages spécialisée dans les excursions et séjours en Corse. Son agence vous a passé une commande lors de votre dernière visite, le 18 mars dernier, et a reçu, le 2 avril, avec la livraison (conforme à la commande) une facture dont il conteste le montant.
Avant cette rencontre, vous reprenez les éléments de la commande et ceux de la facturation, afin d'envisager le règlement du différend qui vous oppose à votre client.
Vous trouverez ci-dessous en annexe les renseignements qui ont été repris pour réaliser ces deux documents.

Commande du 18 mars de M. Stefani :

– 10 rames de papier blanc format A4
– 5 boîtes de chemises cartonnées
– 8 paquets d'enveloppes format commercial
– 6 boîtes de 25 crayons bille – couleurs noir, bleu et rouge
Une remise de 5 % lui a été accordée sur les marchandises, ainsi qu'un règlement à 30 jours fin de mois – franco de port – TVA à 19,6 %.

Extrait de votre catalogue :

Rame de papier blanc format A4 – Prix unitaire HT : 4 €
Boîte de chemises cartonnées – Prix unitaire HT : 3,50 €
Paquet d'enveloppes – Prix unitaire HT : 2 €
Boîte crayons bille – Prix unitaire HT : 5 €

Facture reçue le 2 avril par M. Stefani – règlement par chèque à réception

Désignation	Quantité	Prix brut HT	Montant brut HT
Papier blanc format A4	12	4	48
Boîte de chemises cartonnées	5	3,50	17,50
Paquet d'enveloppes	10	2	20
Boîte crayons bille	3	10	30
TOTAL HT			115,50
Net commercial			
TVA à 19,6 %			22,64
Montant net TTC			138,14

Travail à faire

1. Présentez la commande de M. Stefani en date du 18 mars.
2. Quelles erreurs ont été commises sur la facture du 2 avril ? Quelle somme la société Dubus doit-elle rendre à son client Corsica Tour ?
3. Présentez la facture d'avoir correspondante.

27 La TVA, les marges et le coefficient multiplicateur

Exercice 1 Connaître les mécanismes de la TVA

Corrigé ▶ p. 164

L'entreprise Redureau confectionne des articles de prêt-à-porter. Dans la journée du 05/04/N, les ventes d'un modèle de vêtement se sont élevées à 872 articles, représentant un chiffre d'affaires total TTC de 41862,50 €. Les consommations nécessaires à leur fabrication sont les suivantes.

Éléments	Coût total TTC (€)
Tissus	19 620
Boutons et fils	1 308
Autres consommations intermédiaires	6 976

TVA : 19,6 %

Travail à faire

1. Calculez les coûts HT.

2. Déterminez la valeur ajoutée globale et unitaire.

3. Calculez le montant de la TVA collectée, le montant de la TVA déductible et déterminez le montant de TVA à décaisser au titre de ces ventes.

4. Quels sont les impacts de la TVA ?

Exercice 2 Calculer les marges

Corrigé ▶ p. 165

Vous représentez la société commerciale Les Meubles Authentiques. Voici l'extrait d'une grille établie par votre service de comptabilité à la demande de votre directeur commercial, et communiquée à tous les membres de l'équipe (montants en €).

Référence	A123	A142	E13	E18	T102	T104	T145
Désignation	Armoire Lafayette	Armoire Renaissance	Enfilade Prestige	Enfilade Lumières	Table Authentique	Table Classique	Table Prestige
Prix d'achat HT	643	892	750	843	546	762	980
Frais de port HT	34	34	34	40	25	25	25
Emballage HT	4	4	6	6	5	6	9
Frais de gestion commerciale HT	15	15	15	15	18	18	22
Prix de vente HT	1 212,18	1 655,4	1 216,6	1 369,06	835,2	1 149,85	1 470,3
Coût d'achat	681	930					
Marge brute	531,18	725,4					
Marge nette	516,18	710,4					
Taux de marge	78%	78%					
Taux de marque	43,82%	43,82%					

Travail à faire

1. Précisez les objectifs recherchés par le directeur commercial en faisant établir cette grille.
2. Complétez le tableau.

Exercice 3 Comprendre le rôle du commercial

Corrigé ➲ p. 166

Vous êtes commercial(e) chez Outitech. Votre entreprise commercialise des outils de bricolage auprès d'une clientèle professionnelle.
Vous disposez des informations suivantes (montants en €).

Éléments	Outil 1	Outil 2	Outil 3	Outil 4	Outil 5
Coût d'achat	26	37	32	47	18
Prix de vente TTC	47 39,3	62 51,84	56 46,82	82 68,56	29 24,25
Marge brute	13,3	14,84	14,82	21,56	
Taux de marge	51,15	40,11	46,31	45,87	

Vous accordez au client Arnould SA une réduction de 10 % pour la commande suivante.

Produit	Outil 1	Outil 2	Outil 3	Outil 4	Outil 5
Quantité	85	50	50	60	100

Travail à faire

1. Complétez le tableau.
2. Quelles sont les conséquences pour votre entreprise et pour vous de la réduction accordée au client Arnould SA ?

Exercice 4 Déterminer un coefficient multiplicateur

Corrigé ➲ p. 167

Le chef de rayon d'un magasin reçoit les produits suivants (montants en €).

Produit	Prix d'achat HT	Frais de port	Taux de TVA	Taux de marque	Taux de marge
Paquet de lessive	2,30	0,00	Normal	25 %	
Détergent	1,75	0,20	Normal		32 %

Travail à faire

1. Déterminez le coefficient multiplicateur de deux manières différentes.
2. Quelle est l'utilité du coefficient multiplicateur ?

28 Les réductions

Exercice 1 Connaître les réductions

Corrigé ▶ p. 167

Dans l'exercice du métier de commercial, la maîtrise des conditions de vente est indispensable dans la négociation avec les clients. Voici plusieurs situations rencontrées.

Clients	Réductions accordées	Motifs
Breton	5 % du montant de la facture	Commande le 21/07 d'une quantité importante de marchandises.
Lemenu	2 % du montant de la facture	Paiement au comptant de la facture.
Boulay	547 € à déduire sur une prochaine facture	Montant déterminé le 31 décembre en fonction des transactions réalisées avec M. Boulay au cours de l'année écoulée.
Chauvin	8 % du montant de la facture	Achat de produits présentant de légers défauts de fabrication.
Thion	10 % du montant de la facture	Client fidèle.
Michel	1,5 % du montant de la facture	Retard de livraison.
Dutronc	2,5 % du montant de la facture	Règlement de la facture avant la date prévue lors de la vente (paiement par anticipation).

Travail à faire

Précisez la nature des réductions accordées et leurs objectifs.

Exercice 2 Établir une facture

Corrigé ▶ p. 167

Vous êtes représentant exclusif de la société Gade'Ah spécialisée dans la production de gadgets et d'équipements décoratifs pour les automobiles (*tuning* essentiellement).
Au cours de la journée du 04/03/N, vous avez réalisé les ventes suivantes.

Clients	Montant brut de la facture	Réductions accordées
Diouf	8 520 €	5 % en raison de la fidélité du client
Tremblaye	12 742 €	6 % en raison du montant important de la facture
		1,5 % pour un retard de livraison
Goal SA	6 365 €	2,5 % pour paiement comptant
Leprince	2 923 €	6 % pour légers défauts de peinture
Anger	27 998 €	5 % en raison du montant de la commande
		1,5 % pour paiement comptant

Travail à faire

1. Qualifiez chaque réduction et calculez son montant.

2. Établissez une facture simplifiée pour les clients Tremblaye et Anger.

Exercice 3 — Calculer les ristournes

Corrigé ➲ p. 168

Vous accordez à vos clients une ristourne sous forme d'un avoir à valoir sur les prochaines factures. Cette ristourne est déterminée en fonction de montant du chiffre d'affaires réalisé avec eux au cours de l'année civile écoulée.

Chiffre d'affaires réalisé au cours de l'année	Taux de ristourne
0 à 5 000 €	2,5 %
5 001 à 10 000 €	3 %
10 001 à 20 000 €	3,5 %
Au-dessus de 20 000 €	4 %

Voici un extrait de votre portefeuille client.

Client	Montant total du chiffre d'affaires (€)
1	3 120
2	12 345
3	75 200

Travail à faire

1. Calculez la ristourne à accorder à chaque client.

2. Établissez les factures simplifiées du client 1.

Exercice 4 — Cerner les impacts des réductions

Corrigé ➲ p. 169

Vous êtes commercial(e) à la société Elbaz, où votre rémunération est composée d'un fixe et de 7 % de commission sur les ventes. Vous accordez à un client une remise de 6,5 % pour une commande de 162 000 € TTC (TVA de 19,6 %). Le coût d'achat des marchandises vendues s'élève à 95 800 €.

Travail à faire

1. Calculez le montant de la remise.

2. Précisez les conséquences de cette réduction.

29 Les règlements

Exercice 1 Entreprise Top Green

Corrigé ➲ p. 169

L'entreprise Top Green commercialise auprès d'une clientèle de magasins de sports du matériel de sport destiné à la pratique du golf : clubs de golf, étuis pour clubs, balles de golf.
Vous êtes commercial(e) dans cette société et vous avez rencontré, le 15 septembre N, le responsable du magasin Sport Expert, à Charleville-Mézières dans les Ardennes. Celui-ci vous a passé la commande suivante :

Désignation	Référence	Quantité	Prix unitaire HT
Clubs	C528	25	64 €
Clubs	C874	40	35 €
Étuis	E10058	15	275 €
Balles compétition	BC23	200	4 €
Remise 10 % – livraison 30 octobre – TVA au taux normal – acompte de 500 €.			

Vous avez extrait les éléments suivants des conditions générales de vente de l'entreprise.

Port	Forfait de 110 € HT en deçà de 7 500 € de commandes net HT – franco de port au-delà.
Escompte	2 % si le règlement intervient dans un délai de 10 jours après la commande.
Règlement par chèque	Solde de la facture à régler le jour de la livraison.
Règlement par lettre de change	– à 30 jours fin de mois à partir de la date de commande dans le cas où le montant total facturé HT est inférieur à 9 000 € ; – à 60 jours fin de mois en cas de montant supérieur.

Travail à faire

1. Déterminez le montant net à payer par le client.

2. Quelles sont les possibilités de règlement qui peuvent lui être proposées ? Précisez, pour chacune d'elles, les montants à payer ainsi que les dates de règlement.

3. Quel peut être l'intérêt, pour votre entreprise, de proposer au client un règlement par lettre de change ?

4. Quelle solution allez-vous conseiller à votre client ?

Exercice 2 Société Rêv'Auto

Corrigé ➲ p. 170

Vous êtes commercial(e) chez un revendeur de véhicules automobiles de la région parisienne. Au 15/06/N, vous venez de vendre une voiture d'occasion à M. Roger Dumoulin, pour un montant de 7 500 € TTC, auxquels s'ajoutent les frais de mise à disposition et carte grise de 220 €, ainsi qu'une garantie supplémentaire de deux ans d'un montant de 170 €. Votre client accepte de régler sa facture selon les modalités suivantes :
- 30 % à la commande,
- 20 % à la livraison,
- le solde en cinq mensualités, majorées chacune de 15 € pour frais.

Travail à faire

1. Calculez le montant total de la facture que doit régler M. Dumoulin.

2. Quelle somme doit-il payer :
- à la commande ?
- à la livraison ?
- pour chacune des cinq mensualités ?

Exercice 3 Société Locatout

Corrigé ➲ p. 170

Votre entreprise, la société Locatout, qui loue du matériel de manutention et de travaux publics, vient de conclure, le 1/01/N, un important contrat avec l'entreprise de transports Transunion, située à Grenoble dans l'Isère. Celui-ci concerne la location de grues de chargement et déchargement, pour le chantier de construction du nouvel hôpital de la ville. Il représente un montant estimé à 150 000 € pour l'année à venir. Votre négociation a abouti à plusieurs solutions financières :
- comptant sous escompte de 7 % ;
- 30 % à la commande, le solde en deux traites d'égal montant à échéances respectives du 30 juin et du 31 décembre ;
- règlement en trois traites à échéances respectives des 30 avril, 31 août et 31 décembre.

Étant donné l'importance du marché et des délais de règlement envisagés, votre société serait sans doute contrainte de se refinancer auprès de sa banque au taux de 11 % l'an.

Travail à faire

1. Calculez le coût pour votre entreprise pour chacune des solutions envisagées.

2. Quelle est la solution la plus intéressante pour l'entreprise Locatout ?

30 Le crédit client

Exercice 1 Client Beaumarchais

Corrigé ➲ p. 171

On vous communique les opérations effectuées avec le client Beaumarchais au cours du premier trimestre de l'année N. Le solde de son compte (somme due) était de 460 euros au 1er janvier N.

Dates	Opérations	Montants	Dates	Opérations	Montants
4/01	Facture vente V01 36	54 879,33	19/02	Facture vente V02 366	18 355,47
9/01	Facture d'avoir A0125	5 244,10	28/02	Paiement par chèque CH 6992	
17/01	Facture vente V0195	15 878,66	2/03	Facture vente V03 899	74 825,00
31/01	Paiement par chèque CH5284		12/03	Facture d'avoir A03147	15 254,25
8/02	Facture vente V02 258	26 574,35	31/03	Paiement par chèque CH9154	

Travail à faire

1. Présentez le compte du client Beaumarchais pour le premier trimestre N.

2. Calculez le montant des chèques émis les 31/01, 28/02 et 31/03, en règlement des sommes dues en fin de mois.

3. Calculez le solde du compte après chaque opération.

Exercice 2 Entreprise Reproxplus

Corrigé ➲ p. 171

Vous êtes en stage dans l'entreprise Reproxplus, située à Auxerre dans l'Yonne, spécialisée dans la distribution de fournitures de bureau (papier, stylos, feutres, colle, ruban adhésif, etc.). Vous devez rencontrer le responsable des achats de la société Dumoulin, client fidèle de votre entreprise depuis plus de vingt ans. Peu de temps avant votre entretien, vous prenez connaissance du dossier de votre client, dans lequel figure notamment un extrait du compte du client.

Client N° 411457	Société : SAS Artois immobilier Activité : promotion immobilière Adresse : rue des Ferronniers 62000 Arras Tél. : 03 21 58 79 66	Directeur : André Desfaucheux Responsable des achats : Jean-Louis Alder Conditions de paiement : par chèque à réception du relevé de facture en fin de mois		
Date	**Libellé des opérations**	**Factures**	**Règlements et avoirs**	**Solde**
2/01/N	Solde au 1er janvier			6 060,00
5/01/N	Vente ramettes A4 – facture N-265	2 760,00		8 820,00
12/01/N	Vente stylos bille – facture N-347	784,00		9 604,00
30/01/N	Règlement factures N-1-1985		6 060,00	3 544,00
10/02/N	Vente ramettes A4 – facture N-358	1 4750,00		18 294,00
28/02/N	Règlement factures 01/N		3 544,00	14 750,00
8/03/N	Avoir A25 – livraison non conforme		528,00	14 222,00
10/03/N	Règlement facture 02/N		14 222,00	0
25/03/N	Vente stylos bille	657,00		657,00
30/03/N	Vente enveloppes commerciales	1 875,00		2 532,00

Travail à faire

1. À partir du compte du client Dumoulin, déterminez :
   - la nature des transactions (produits achetés) ;
   - la fréquence des opérations réalisées par ce client ;
   - l'importance des commandes ;
   - la qualité des relations commerciales avec le client.
2. Ce client respecte-t-il les conditions de règlement prévues ?
3. Combien doit-il encore régler à votre entreprise à la date du 31/03/N ?
4. Comment allez-vous adapter votre action commerciale à ce client ?
5. De quels autres éléments, extraits du dossier client, avez-vous besoin pour préparer efficacement votre visite ?

Exercice 3 Entreprise Soveda

Corrigé ➲ p. 172

Les services comptables de votre entreprise vous communiquent l'état suivant, au 31 mai N, concernant les retards de règlement des clients de votre portefeuille (montants en euros).

N°	Client	N° de facture	Date de facturation	Montant de la facture	Montant du règlement	Mode de règlement	Échéance de la facture
1	Louis	060112	15/02/N	12 000	0	60 jours fin de mois	30/04/N
2	Yves	060254	30/04/N	28 000	0	Chèque	15/05/N (1)
3	Bernas	060547	20/01/N	9 450	0	30 jours fin de mois	28/02/N
4	Louis	060687	15/03/N	4 870	0	60 jours fin de mois	31/05/N
5	Bernas	061987	10/03/N	17 800	0	30 jours fin de mois	30/04/N

(1) Délai de règlement normal des règlements par chèque.

Travail à faire

1. Analysez la situation de chacun de ces clients.
2. Comment devez-vous réagir devant les problèmes posés par l'absence de règlement de ces clients ?

31 Les calculs d'intérêts

Exercice 1

Corrigé ➲ p. 172

Connaître les intérêts simples et les intérêts composés

Vous êtes chargé(e) de clientèle dans un établissement bancaire. Vous recevez les clients suivants :
• M. et Mme Lecomte souhaitent placer un capital de 4 000 € sur un livret d'épargne pendant 6 ans et retirer leurs intérêts tous les ans. Vous leur conseillez le CODEVI, qui rapporte 2,25 %.
• M. Maréchal vient d'hériter de 50 000 €. Il prévoit d'acquérir un pavillon indépendant dans 5 ans. Vous lui indiquez le Plan épargne logement en raison de ses avantages financiers et fiscaux. Toutefois, le capital et les intérêts perçus chaque année ne peuvent être retirés ou utilisé pour un emprunt pendant les 4 premières années. Le taux d'intérêt annuel sur ce produit est de 3,5 %.
• Mme Rastel voudrait disposer d'un capital de 25 000 € dans 4 ans. Vous lui conseillez un placement à intérêts composés assurant un rendement annuel de 4,25 %.
• Le couple Bertrand, quinquagénaire, souhaite préparer un complément de retraite par capitalisation. Ils sont séduits par un contrat d'assurance vie procurant un rendement annuel moyen de 4,5 %, capital et intérêts n'étant disponibles qu'après 8 ans. Ils optent pour un versement unique de 15 000 € à la souscription du contrat.
• M. Tixier souhaite placer 35 000 € pendant 5 mois au taux annuel de 3 %.
• Mlle Étienne souhaite placer 3 600 € au début de chaque année pendant 8 ans au taux de 5 %.

Travail à faire

1. Précisez dans chaque situation s'il s'agit d'intérêts simples ou d'intérêts composés.

2. Calculez la valeur acquise par le capital de M. et Mme Lecomte, de M. Maréchal, du couple Bertrand et de Mlle Étienne.

3. Déterminez la valeur actuelle du capital que devra placer Mme Rastel (versement en une seule fois à la souscription du contrat) pour disposer de ses 25 000 € dans 4 ans.

Exercice 2

Corrigé ➲ p. 173

Appliquer les taux proportionnels et les taux équivalents

Vous êtes commercial(e) chez un concessionnaire automobile. Lors de la vente d'une voiture, un client qui a besoin de contracter un crédit pour son achat vous interroge sur les taux d'intérêt.
Un établissement de crédit lui propose en effet un prêt automobile de 12 500 € à 4,83 %, remboursable par mensualités constantes en trois ans.

Travail à faire

1. Expliquez au client la différence entre un taux d'intérêt proportionnel et un taux équivalent.

2. Calculez les deux taux dans son cas.

Exercice 3 Effectuer des calculs financiers à long terme

Corrigé ➲ p. 173

Vous êtes chargé(e) de clientèle dans une agence bancaire. Un couple souhaite épargner et faire fructifier un capital de 45 700 € obtenu par héritage. Son projet est également de disposer de 85 000 € dans quelques années pour acheter une résidence secondaire. Vous lui proposez un contrat d'assurance vie fonctionnant ainsi :
– le capital et ses rendements ne sont pas disponibles pendant 8 ans (épargne bloquée à long terme) ;
– le rendement minimal annuel garanti est de 3,75 %.

Travail à faire

1. Déterminez la valeur qui sera acquise par ce capital en 8 ans.

2. Calculez le capital supplémentaire à placer sur ce contrat pour disposer de 85 000 € au terme des 8 ans.

Exercice 4 Effectuer des calculs financiers à court terme

Corrigé ➲ p. 174

Vous êtes commercial(e) dans une grande surface spécialisée dans la vente d'appareils électroménagers. Voici quelques situations rencontrées avec des clients.

Client	Situation
1	Achat d'un appareil valant 648 € à crédit au taux de 3,25 % et remboursable en totalité dans 3 mois.
2	Achats pour un montant de 3 400 €. Paiement au comptant de 1000 € et à crédit pour le reste. Le taux d'intérêt est de 3 % et le remboursement par mensualités constantes pendant 3 mois au taux mensuel proportionnel.
3	Achat d'une valeur de 1 850 € à crédit, au taux de 4 %. Le remboursement peut être effectué dans 50 jours, 3 mois ou 6 mois.

Travail à faire

Déterminez le coût du crédit pour chaque client.

32 Les remboursements d'emprunts

Exercice 1 Rembourser un emprunt par amortissements constants

Corrigé ➲ p. 174

Vous dirigez une entreprise de distribution de matériel agricole et vous souhaitez équiper vos commerciaux d'outils informatiques mobiles. Vos collaborateurs sont en effets « nomades » (commerciaux de terrain) et ont besoin de ces équipements pour plus d'efficacité (productivité, accès à la base de données commerciale…).
Votre choix porte sur des ordinateurs portables, un progiciel CRM et des imprimantes. Les coûts TTC sont les suivants :

Outils	Coûts (€)
Ordinateurs portables	30 000
Logiciel	20 000
Imprimantes	12 500

15 500 € sont autofinancés et le reste est emprunté à votre banque. La durée de l'emprunt est de 3 ans et le taux d'intérêt appliqué par la banque est 5 %.
Les remboursements se feront par annuités constantes.

Travail à faire

1. Calculez le montant annuel de l'amortissement.

2. Dressez le tableau d'amortissement.

Exercice 2 Rembourser un emprunt par annuités constantes

Corrigé ➲ p. 174

Votre entreprise commercialise des équipements lourds (plates-formes, équipements portuaires…). Un grand groupe européen vous passe une commande dont le montant global s'élève à 120 millions d'euros. Le tiers est payé au comptant et le reste à crédit au taux de 5 %, remboursable en 4 ans. Vous êtes convenus avec les négociateurs de votre client un remboursement par annuités constantes.

Travail à faire

1. Calculez le montant de l'annuité.

2. Dressez le tableau d'amortissement.

Exercice 3 Rembourser par mensualités constantes

Corrigé ▶ p. 175

Vous êtes commercial(e) dans une concession automobile. Un client vous achète un véhicule d'une valeur de 20 000 € TTC. Il a un apport personnel de 6 000 € et accepte un crédit que vous lui proposez pour le reste. Il s'agit d'un prêt automobile accordé par une filiale financière de votre enseigne aux conditions suivantes :
– taux d'intérêt : 3,98 % ;
– durée : 3 ans ;
– remboursement par mensualités constantes.

Travail à faire

1. Calculez le montant de la mensualité en utilisant un taux mensuel équivalent.

2. Dressez le tableau d'amortissement en remplissant uniquement les trois premières lignes.

Exercice 4 Comparer les modalités de remboursement d'un emprunt

Corrigé ▶ p. 175

La société Eau Bleue commercialise et installe des piscines. Vous êtes représentant de cette entreprise dans la région PACA, et un client particulier vous passe la commande suivante.

Éléments	Prix TTC
Piscine	34 400
Éclairages	1 735
Escalier	896
Clôture	870
Autres	410
Installation (préparation du terrain, canalisation, pose…)	5 240

Le client assure un apport de 8 500 € et accepte votre proposition d'un crédit pour le reste. Les conditions sont les suivantes :
– taux d'intérêt : 4,32 % ;
– durée : 2 ans ;
– remboursement par mensualités ;
– choix entre un remboursement par amortissement mensuel constant ou mensualité constante.
Pour effectuer plus rapidement vos calculs, utilisez le logiciel Excel si vous en avez la possibilité.

Travail à faire

1. Calculez le montant de la mensualité constante en utilisant un taux proportionnel, et le montant de l'amortissement mensuel constant.

2. Dressez le tableau d'amortissement dans les deux cas.

3. Quelle est la solution la moins coûteuse pour le client ?

33 Le choix et le financement des investissements

Exercice 1 Appliquer l'actualisation

Corrigé ➲ p. 177

Vous êtes chargé(e) de clientèle dans une agence bancaire. Les conseils que vous apportez à vos clients sont fondés sur l'analyse de :
– leur situation personnelle (professionnelle, fiscale, familiale, patrimoniale...) ;
– l'environnement (économique, juridique, fiscal, démographique...).
Les emprunts ainsi que les choix de vos clients en matière d'épargne bancaire et financière, de constitution d'un patrimoine immobilier ou d'assurance s'inscrivent dans la durée et peuvent constituer des engagements importants. Vous devez alors analyser et anticiper pour leur apporter un conseil adapté, les convaincre et les rassurer.
Voici quelques situations nécessitant une projection dans l'avenir :

Situation 1	Le projet du client Debussy est d'agrandir son entreprise dans 5 ans. Il souhaite disposer d'un capital de 165 000 € au moment des travaux.
Situation 2	L'entreprise Thelma voudrait contracter un emprunt de 450 000 € au taux de 6 % remboursable en 8 ans par amortissement constant.
Situation 3	M. et Mme Lebrun disposent d'une épargne dont ils souhaitent placer une partie afin de transmettre à leur fils un capital de 80 000 € dans 10 ans. Vous leur conseillez un contrat d'assurance vie à versement unique, assurant un rendement de 4,5 % par an.
Situation 3	Vous proposez deux placements à Mlle Lecorfec : – le premier lui rapporterait 1 520 € par an pendant 5 ans ; – les rendements prévisionnels du second sont les suivants : (voir tableau ci-dessous) Le taux d'actualisation correspond au taux d'inflation (2 %).

Année	1	2	3	4	5
Rendement	2 100	1 950	1 800	1 000	750

Travail à faire

1. Déterminez le montant du capital que le client Debussy doit placer aujourd'hui à 6 % pour disposer de 165 000 € dans 5 ans.
2. Calculez la valeur actuelle des annuités qui seront versées par l'entreprise Thelma. Vous utiliserez un taux d'actualisation de 3 %.
3. Déterminez le montant du versement que devraient effectuer M. et Mme Lebrun à la souscription du contrat d'assurance vie afin de disposer du capital à transmettre à leur fils. Vérifiez le résultat obtenu.
4. Comparer les deux propositions faites à Mlle Lecorfec.

Exercice 2 Calculer les flux nets de trésorerie (FNT ou *cash flows*)

Corrigé p. 178

Vous proposez une machine industrielle à la société Expard. Au cours de la négociation, vous faites une simulation des gains que procurerait cet investissement. Les données sont les suivantes (HT) :
- coût de la machine : 206 800 € ;
- financement par un emprunt : taux d'intérêt de 6,5 % et remboursement par annuités constantes ;
- amortissement linéaire sur 6 ans ;
- charges d'exploitation annuelles (entretien et fonctionnement) : 11 500 € ;
- production annuelle : 7 650 articles vendus 12 € l'unité ;
- impôt : 1/3 des bénéfices.

Travail à faire

1. Présentez dans un tableau les encaissements et les décaissements annuels prévisionnels.

2. Calculez les flux net de trésorerie annuels.

Exercice 3 Comparer des projets d'investissement

Corrigé p. 180

Un de vos concurrents propose à la société Expard, de l'exercice précédent, un équipement aux conditions suivantes (HT) :
- prix d'achat : 235 000 € ;
- frais de livraison et d'installation : 5 700 € ;
- amortissement linéaire en 6 ans ;
- autofinancement de l'investissement : 35 000 € ;
- crédit accordé sur le reste au taux de 6 % avec un remboursement par annuités constantes.

En optant pour cet équipement, Expad pourrait réaliser un chiffre d'affaires de 105 000 € par an pendant 6 ans. Pour exploiter cet équipement, elle devra en revanche supporter les charges suivantes (entretien, réparations, fournitures, personnel…) :

Année	1	2	3	4	5	6
Ventes	105 000	105 000	105 000	105 000	105 000	105 000
Charges d'exploitation de la machine	14 200	20 000	14 200	20 000	14 200	14 200

Travail à faire

1. Déterminez la valeur actuelle des flux net de trésorerie procurés par votre proposition et par celle de votre concurrent. Vous utiliserez un taux d'actualisation de 4 %.

2. Comparez les deux propositions. Laquelle est la plus intéressante ?

Exercice 4 Choisir une solution de financement

Corrigé p. 182

Vous souhaitez disposer d'un véhicule pour assurer vos prospections. Vous avez deux possibilités :
- achat d'une voiture d'une valeur de 15 000 € en effectuant un versement immédiat de 5 000 € et en empruntant le reste à 5 % pendant 2 ans (remboursement par mensualités constantes) ;
- crédit-bail avec un loyer mensuel de 460 € et un reliquat à payer de 3 500 € si vous levez l'option d'achat.

Travail à faire

Déterminez la solution la moins coûteuse. Pour actualiser vos coûts, vous utiliserez un taux d'actualisation de 2 % et des décaissements totaux annuels.

34 Les amortissements

Exercice 1

Corrigé ➲ p. 182

Appliquer le système d'amortissement constant

L'entreprise Mezziani acquiert les immobilisations suivantes :
– une machine de nettoyage industriel, mise en service le 10/04/N. Son prix d'achat HT est de 45 500 €, les frais de transport et d'installation s'élèvent à 1 800 € HT. La durée d'amortissement retenue est de 10 ans ;
– un véhicule d'une valeur de 23 000 € HT, mis en service le 01/01/N et amortissable en 5 ans ;
– un mobilier acquis le 09/04/N et mis en service le 01/05/N. Son prix d'achat TTC est de 4 544,80 € et sa durée d'amortissement est de 4 ans.
Tous ces biens sont amortissables en linéaire.

Travail à faire

1. Calculez la valeur d'origine amortissable, le taux d'amortissement constant et l'annuité d'amortissement pour chaque immobilisation.

2. Dressez le tableau d'amortissement du véhicule.

3. Précisez quelles sont les conséquences d'une cession du véhicule pour 6 000 € le 31/12/N+3.

Exercice 2

Corrigé ➲ p. 182

Appliquer le système d'amortissement dégressif

La société Pascal & Descartes acquiert plusieurs immobilisations :

Immobilisations	Date d'acquisition	Prix d'achat	Autres charges		
			Frais de livraison	Droits de douanes	Charges mensuelles de fonctionnement
Machine programmable	03/03/N	45 600 € TTC	970 € TTC	6 300 €	2 350 € TTC
Matériel informatique	28/11/N	8 600 € HT	750 € HT	0	Non communiquées

Immobilisations	Durée d'amortissement
Machine programmable	6
Matériel informatique	3

Travail à faire

1. Justifiez le choix du système d'amortissement dégressif.

2. Déterminez le taux d'amortissement dégressif et calculez la première annuité d'amortissement de chaque immobilisation.

3. Dressez le tableau d'amortissement du matériel informatique.

Exercice 3 Cerner les conséquences des amortissements pour l'entreprise

Corrigé ▷ p. 183

Directeur(trice) commercial(e) de la société Guillevic, vous souhaitez organiser une session de formation des membres de vos équipes commerciales. Votre objectif est de les sensibiliser à l'importance des arguments de gestion dans la négociation avec leurs clients. Á cet effet, vous avez retenu plusieurs thèmes tels la fiscalité, la trésorerie, la gestion des stocks et les investissements. Pour illustrer ce dernier thème, vous avez conçu l'exemple suivant.
L'équipementier Frévia figure dans votre portefeuille clients. Habituellement très sollicité par les constructeurs automobiles, il constate depuis peu un ralentissement de son activité au profit de son principal concurrent. Il souhaite réagir en modernisant ses équipements industriels. Vous disposez des informations suivantes.

Bilan de Frévia au 31/12/N-1 (en milliers d'€)

ACTIF	Brut		Net	PASSIF	
Actif immobilisé :				**Capitaux propres :**	
Immobilisations incorporelles	113 202		80 759	Capital	65 000
Immobilisations corporelles :				Résultat	46 603
Installations techniques	54 445		30 245		
Matériel de transport	47 666		35 308	**Dettes :**	
Matériel de bureau	31 285		21 578	Emprunts	123 500
Mobilier	13 128		10 440		
Actif circulant :				Dettes fournisseurs	12 196
Stocks de marchandises	48 400		44 000	Sécurité sociale	1 423
Clients	11 782		10 245	État et collectivités locales	8 740
Banque	23 050		23 050		
Caisse	1 837		1 837		
Total général	344 795		257 462	Total général	257 462

Le 01/01/N+1, Frévia acquiert un équipement industriel :
- Montant HT de l'investissement : 750 000 € amortissable en linéaire sur 5 ans.
- L'investissement est autofinancé pour un tiers et vous lui accordez pour le reste un crédit remboursable en 5 ans par amortissement constant en appliquant un taux d'intérêt de 4 %.
- Charges d'exploitation annuelles : 35 000 €.
- Production annuelle : 22 000 articles vendus 30 € l'unité (HT).
- Impôt : un tiers des bénéfices.

Travail à faire

1. Complétez le bilan au 31/12/N.

2. Présentez toutes les conséquences de cet investissement pour Frévia.

35 Les coûts commerciaux

Exercice 1

Corrigé ➲ p. 184

Déterminer le coût d'un produit dans une entreprise commerciale

La société Durand distribue des équipements de chauffage. En tant que responsable des ventes, vous souhaitez procéder à une analyse des coûts de vos produits afin de repérer les sources de gains de compétitivité/prix. Vous disposez des renseignements suivants sur la chaudière C203 :
- stock au 01/01/N : 25 chaudières dont le coût d'achat unitaire s'élève à 1 599 € l'unité ;
- charges de l'année relative à ce produit :

Charges directes	Montant
• Achats • Charges d'approvisionnement	• 180 chaudières à 1 350 € HT l'unité • 37 600 €
Charges de distribution : • Rémunération des commerciaux • Publicité • Livraisons	 • 6 % du montant HT des ventes • 1 % du chiffre d'affaires • 18 € par chaudière

Charges indirectes	Montant	Répartition	
		Approvisionnements	Distribution
Stockage	3 100	2/5	3/5
Autres	12 800	52 %	48 %

- Ventes annuelles : 195 chaudières à 2 250 € HT.

Travail à faire

1. Calculez le coût d'achat unitaire et dressez le compte de stock de la chaudière C203 selon la méthode du coût unitaire moyen pondéré (CUMP ou CMUP).
2. Calculez le coût de distribution et le coût de revient unitaire.
3. Retrouvez le taux de marge appliqué par l'entreprise à ce produit.
4. Le prix de vente moyen appliqué par les confrères sur des modèles de la même gamme que cette chaudière est de 2 175 € HT ; quelles décisions pourriez-vous prendre ?

Exercice 2

Corrigé ➲ p. 185

Déterminer le coût d'un produit dans une entreprise industrielle

L'entreprise Huart fabrique des meubles de jardin. Elle s'est positionnée sur des produits entièrement naturels, en bois exotiques, à monter soi-même par un simple encastrement des différentes pièces fournies. Pour la production et la vente du modèle de chaise Rio, vous disposez des informations suivantes pour le mois de mars.
- Stock de matières premières (bois) au 01/03 : 550 m^2 (coût d'achat : 11,20 € le m^2).

- Achats de matières premières : 3 750 m^2 à 12 € HT le m^2 :
  - frais de livraison : 5 460 € HT,
  - droits de douanes : 4 050 € HT.
- Stock de chaises au 01/03 : 260 chaises dont le coût de production unitaire est 37,20 €.
- La production d'une chaise nécessite :
  - 2 m^2 de bois ;
  - 10 minutes de travail machine et 15 minutes de main-d'œuvre ;
  - 3,70 € HT d'emballage ;
  - coût de l'heure-machine : 25 € ;
  - coût de l'heure de main-d'œuvre : 17,60 €.
- Huart a produit au cours du mois 1 680 chaises.
- Les charges de distribution globales du mois se sont élevées à 7 980 € pour le modèle Rio.
- Les ventes se sont élevées à 1 410 chaises.

Travail à faire

1. Calculez le coût d'achat total et unitaire du bois et établissez le compte de stock de bois au 31/03.
2. Calculez le coût de production d'une chaise et établissez le compte de stock de chaises Rio au 31/03.
3. Calculez le coût de distribution et le coût de revient d'une chaise vendue.
4. L'entreprise Huart souhaite réaliser une marge sur coût de production de 68 % ; déterminez le prix de vente d'une chaise.

Exercice 3 Prévoir le coût d'une opération commerciale

Corrigé ➲ p. 186

La société Loxel souhaite participer à un salon professionnel d'une durée de trois jours. Elle vous communique les informations suivantes.
- Budget de communication : 5 600 €. ;
- Personnel : trois commerciaux dont les charges individuelles sont :

Frais de transport	230 €	Rémunération fixe	340 € pour les 3 jours
Frais d'hôtel par nuitée	45 €	Commissions	• de 0 à 6 000 € : 3,5 % • de 6000 à 15 000 € : 5,5 % • plus de 15 000 € : 6 %
Restauration par jour	40 €		

- Stand :
- frais de transport du matériel : 980 € ;
- location du stand : 1 830 €.

Travail à faire

Déterminez le coût prévisionnel de cette opération commerciale si l'objectif de vente de 45 000 € est atteint (la moitié réalisée par le meilleur commercial, et le reste réalisé à égalité par les deux autres).

36 Le seuil de rentabilité

Exercice 1

Corrigé ➲ p. 186

Mesurer la rentabilité d'un produit dans une entreprise industrielle

La société Redureau souhaite lancer un nouveau modèle de rouleurs (« rollers »). Le produit sera distribué par les petits commerçants spécialisés et essentiellement dans les GSS. Une étude de rentabilité du projet est incontournable et elle vous est confiée.

Vous disposez des informations suivantes.

- Le prix de vente est fixé à 32,90 € TTC.
- Le taux de marque appliqué par les distributeurs est de 33 %.
- Le lancement est prévu pour le 01/04/N.
- Les charges annuelles prévisionnelles sont :

Charges	Montant (€)	Fixe	Variable
Achats de matières et composants	550 000	100%	0
Charges administratives	18 500	15 %	85%
Charges de personnel	148 000	90 %	10%
Amortissements des équipements	136 000	100%	0%
Autres charges d'exploitation	198 500	78 %	22%

- Les ventes annuelles prévisionnelles sont estimées à 90 000 articles sans variations saisonnières.
- Les actions de communication suivantes sont prévues pour assurer le lancement du produit :

– animations sur les lieux de vente : démonstrations, jeux, cadeaux… ;

– publicité événementielle en parrainant des manifestations sportives et des équipes dans des villes connues pour leur activité dans ce domaine.

Les effets prévisionnels de ces actions sont :

– un accroissement des ventes de 7 % ;

– des coûts supplémentaires de 4 %.

Travail à faire

1. Complétez le tableau de répartition des charges prévisionnelles.

2. Déterminez le résultat prévisionnel hors actions publipromotionnelles.

3. Déterminez le résultat prévisionnel avec actions publipromotionnelles.

4. Calculez le seuil de rentabilité et déterminez le point mort.

Exercice 2 Mesurer la rentabilité d'un produit dans une entreprise commerciale

Corrigé ▶ p. 187

L'entreprise Home Art est spécialisée dans la distribution d'articles de décoration de la maison. Un fournisseur lui propose une nouvelle lampe créée par un styliste suédois.
Les données relatives au référencement de cet article sont les suivantes.

- Prix d'achat TTC au fournisseur : 74,74 €.
- Taux de marge applicable par Home Art : 45 %.
- Charges variables prévisionnelles : 37,5 %.
- Charges fixes prévisionnelles : 22 500 €.
- Rendement minimal attendu par l'entreprise sur cette catégorie de produits : 25 %.

Travail à faire

1. Déterminez le nombre d'articles à vendre pour rentabiliser la commercialisation de ce produit.

2. Calculez le nombre d'articles à vendre pour obtenir le rendement minimal.

Exercice 3 Mesurer la rentabilité d'une action commerciale

Corrigé ▶ p. 188

La société Colivres distribue par correspondance différentes collections de livres (romans, encyclopédies, livres pour enfants...). Á l'approche de la période estivale, elle organise une campagne de prospection par diffusion d'un catalogue de titres choisis. Titulaire du BTS NRC, vous avez été récemment recruté(e) par Colivres qui vous confie la mise en œuvre de cette campagne. Vous recueillez les informations suivantes.

- Catalogues :
  - Coût d'impression unitaire : 3,10 € HT.
  - Frais d'envoi unitaire : 0,85 €.
  - Envoi de 6 500 catalogues.
  - Nombre de commandes attendues : 2 250.
  - Montant moyen d'une commande : 23 € HT.
  - Coût d'achat des marchandises : 12 800 €.
- Commandes :
  - Frais d'envoi : 2,15 € HT.
  - Vous envisagez l'envoi d'un cadeau symbolique joint à toute commande afin d'inciter les prospects à passer commande (faire agir). Son coût s'élèverait à 2 €. Il permettrait d'augmenter les ventes de 10 % et occasionnerait des charges fixes supplémentaires de 2 %. Votre décision n'est pas encore prise.

Travail à faire

1. Déterminez le résultat de cette campagne de prospection.

2. Déterminez le seuil de rentabilité en valeur et en volume par les méthodes arithmétique et graphique.

3. Faut-il retenir l'idée du cadeau ? Pourquoi ?

37 Les budgets commerciaux

Exercice 1

Corrigé ➲ p. 189

Société Pixelfan

La société Pixelfan, située à Argenteuil dans le Val-d'Oise, qui vous emploie, importe des appareils photo et caméras numériques, en provenance du Sud-Est asiatique et de République populaire de Chine. Le responsable des ventes de la société souhaite établir son budget des ventes pour l'année N. Vous êtes plus particulièrement chargé(e) d'élaborer le budget des ventes des appareils photo numériques d'entrée de gamme, destinés à une clientèle grand public. Compte tenu des campagnes de communication relatives à ces produits et du caractère saisonnier des ventes, le marché devrait connaître les évolutions suivantes.

Produits	Ventes prévues (en milliersd'unités)	Prix de vente prévus
PIXMS256	250	125 € de janvier à juin 100 € de juillet à décembre
PIXMS512	150	175 € de janvier à mai 150 € de juin à décembre
PIXMS1024	100	220 € de janvier à avril 200 € de mai à septembre 180 € d'octobre à décembre

Les ventes se répartissent de la façon suivante :

Mois	Janv.	Fév.	Mars	Avr.	Mai	Juin	Juil.	Août	Sept.	Oct.	Nov.	Déc.
Coefficient	0,3	0,5	0,6	1,3	1,4	1,5	1,2	0,8	0,6	0,7	1,5	1,6

Travail à faire

1. Présentez dans un tableau les ventes mensuelles prévisionnelles pour l'année N pour chacun des produits (arrondissez les calculs à l'entier le plus proche).
2. Présentez dans un tableau le budget des ventes pour l'année N, compte tenu de l'évolution des prix.
3. Déterminez le chiffre d'affaires prévisionnel de l'entreprise pour chacun des produits, puis pour l'ensemble des produits d'entrée de gamme.

Exercice 2

Corrigé ➲ p. 190

Entreprise Boisrama

Vous êtes en stage dans l'entreprise Boisrama, qui commercialise du mobilier d'extérieur (tables, chaises, fauteuils, dessertes, bars mobiles, bains de soleil, etc.) pour terrasses, balcons, et vérandas. Ce mobilier en bois exotique, et plus particulièrement en teck, est très apprécié par la clientèle, de par ses qualités : résistance, inaltérabilité et surtout son absence d'entretien et de protection (bois imputrescible). Le développement du marché s'est certes accompagné d'une hausse du chiffre d'affaires, mais également d'une augmentation importante des frais de distribution. Afin de mieux les maîtriser, le responsable de l'entreprise vous demande d'établir le budget des charges de distribution pour le prochain semestre. Á cet effet, il vous communique une estimation des frais de vente de son équipe commerciale et des frais occasionnés par les actions marketing et autres charges, envisagées pour la période.

• Chiffre d'affaires prévisionnel (en milliers d'euros) de l'entreprise Boisrama pour le premier semestre N :

Mois	Janvier	Février	Mars	Avril	Mai	Juin
Chiffre d'affaires HT	800	1 000	1 400	1 600	1 900	2 400

• Charges prévisionnelles pour le premier semestre N :

Frais de vente de l'équipe commerciale	Autres charges commerciales
Rémunération des 30 vendeurs : – salaire fixe mensuel : 900 € par vendeur ; – commissions : 3 % du chiffre d'affaires HT en moyenne, supposées versées le mois même ; – primes : 100 € par vendeur et par mois en moyenne.	*Actions commerciales* Campagne de communication presse magazine et affichage réalisée en mars, avril et mai. Coût total estimé à 450 000 €, payé par 1/3 chaque mois.
Rémunération du personnel de vente sédentaire : – directeur des ventes ; 4 800 € par mois ; – salaire des trois chefs des ventes : 3 100 € par mois ; – salaire des quatre secrétaires commerciales : 1 350 € par mois.	Campagne de mercatique directe réalisée en janvier et février : – publipostage : coût du fichier 20 000 €, rédaction du publipostage, impression et expédition 25 000 € payés en février ; – relance téléphonique : 30 000 € payés en mars.
Frais de vie des vendeurs : – hôtel, restaurant : forfait mensuel de 300 €. Frais de déplacement : – 1 % du chiffre d'affaires HT ; – amortissement du véhicule de fonction : 400 € par mois par vendeur.	*Frais divers* – documentation, PLV : 5 000 euros par mois ; – amortissement des locaux, du mobilier et du matériel : 12 000 euros par mois ; – frais de fonctionnement divers : 1 500 euros par mois.
Autres informations : – charges sociales : elles représentent 40 % de la rémunération brute versée.	

Travail à faire

1. Présentez dans un tableau le budget des frais de vente de l'équipe commerciale.

2. Présentez dans un tableau le budget des autres charges commerciales.

3. Présentez le budget d'ensemble des charges de distribution pour le premier semestre N.

Note : tous les calculs sont à effectuer en milliers d'euros.

38 L'équipe commerciale

Exercice 1 Une force de vente à géométrie variable

Corrigé ➲ p. 191

Une bonne raison d'appeler des commerciaux en renfort : la saisonnalité des ventes. Les salades Pierre Martinet travaillent ainsi avec Démosthène. « Le coût d'une force de vente permanente n'est pas supportable pour quelques mois d'activité dans l'année », explique le traiteur intraitable. Le numéro 1 mondial des jeux vidéo pour PC, l'éditeur Electronic Arts (300 millions de dollars de chiffre d'affaires), appelle quant à lui à la rescousse des as du marketing opérationnel durant les trois gros mois de la fin d'année (50 % des ventes) en France. Quatre commerciaux preneurs de commandes viennent épauler les huit commerciaux maison pour faire face aux pics d'activité, du 15 septembre au 31 décembre. Mais ce n'est pas tout. Une petite armée de marchandiseurs et d'animateurs des ventes déployée dans les Fnac, Auchan et compagnie a également pour mission de réussir le lancement de Sim's 2 ou de Burnout 3 ou de réapprovisionner les rayons en *best-sellers* comme Fifa. « Pour les commandes de réassort, les commerciaux extérieurs font très bien l'affaire », observe Wayne Flatt, le chef des ventes. Leur travail consiste aussi à faire la chasse aux ruptures, bête noire de l'entreprise : un produit comme Fifa doit se trouver en nombre suffisant en rayon et en réserve dans chaque magasin. Un job d'éleveur (prise de commandes, relevé de linéaires…) plus que de chasseur. Wayne Flatt résume la stratégie commerciale, qui détermine l'organisation retenue : « Nous investissons des millions de dollars pour créer un jeu, des centaines de milliers d'autres dollars pour en faire la pub à la télé et imprimer les catalogues. Nous devons aussi consacrer des dizaines de dollars pour que l'acheteur trouve le produit quand il le désire. Toute notre force de vente, externe ou interne, doit veiller à ce qu'il n'y ait pas de rupture dans les approvisionnements. Un bon produit en quantité suffisante en rayon et en réserve avec si possible un peu de théâtralisation. » La conquête de nouveaux territoires est l'autre raison classique du recours à une force de vente supplétive. Prenons l'exemple d'un industriel qui visite régulièrement les hypermarchés avec ses propres commerciaux et qui souhaite attaquer les supermarchés. Il fait appel à dix commerciaux supplétifs durant un mois. Cela va lui permettre de visiter mille points de vente (cinq visites par commercial par jour pendant vingt jours). Le critère peut être aussi géographique : Vedrenne, une PME spécialisée dans les liqueurs à Nuits-Saint-Georges (21), s'est appuyée sur trois commerciaux extérieurs pour améliorer la diffusion en Rhône-Alpes de la Manzana verde (son nouvel alcool à base de pommes vertes). Ils ont tourné pendant un mois, visitant les cafés branchés de la région lyonnaise. Moyennant une offre promotionnelle (PLV gratuite, verres offerts…), les commandes ont afflué et la marque s'est fait connaître. Autre cas de figure dans l'industrie, qui commence seulement à externaliser une partie de la fonction commerciale : l'entreprise qui souhaite s'implanter sur un marché à l'étranger. Sirona GmbH, fabricant allemand d'équipements dentaires, a par exemple eu recours à Force Plus pour vendre ses produits, très techniques et chers, en France. « Un contrat de six mois », précise Paul Cheucle, le patron de Force Plus. Le commercial a réussi à décrocher une grosse commande en quelques semaines au lieu des quelques mois habituels. « Du coup, il a été embauché par notre client », ajoute avec le sourire Paul Cheucle, qui n'est pas rancunier.

D'après : Étienne Gless, lentreprise.com, novembre 2004.

Travail à faire

1. En quoi consiste le concept de force de vente à géométrie variable ?

2. Dans quelles circonstances une entreprise peut-elle être amenée à recourir à ce type d'équipe commerciale ? Illustrez votre réponse avec des exemples tirés du texte.

3. Quelles missions peut-on confier à ce type de force de vente ?

Exercice 2 Entreprise Randocycles

Corrigé ➲ p. 192

L'entreprise Randocycles, située à Nice dans le Alpes maritimes, produit et commercialise une gamme de bicyclettes destinées à la fois au tourisme et à la pratique sportive du vélo (cross, demi-course et course). Sa clientèle se compose de :
- petits magasins revendeurs spécialisés, implantés principalement sur des lieux de pratique des sports cyclo-VTT ;
- loueurs, situés dans les zones touristiques, mer et montagne principalement ;
- grandes surfaces spécialisées, réparties sur le territoire national.

L'équipe commerciale actuelle de l'entreprise est composée de six VRP multicartes, qui prospectent chacun un vaste secteur (de 10 à 15 départements en moyenne).

L'entreprise Randocycles souhaite développer ses ventes, et envisage de remplacer son équipe de VRP multicartes par des VRP exclusifs. Avant de prendre sa décision, son responsable vous charge d'examiner les aspects commerciaux et financiers liés à cette nouvelle organisation de l'équipe commerciale et au changement de statut des vendeurs. À cet effet, il vous communique les informations suivantes.

Potentiel de vente annuel moyen d'un secteur	900 000 € HT
Coût actuel d'un VRP multicartes	15 % du chiffre d'affaires HT
Coût estimé d'un VRP exclusif : – salaire fixe mensuel – commissions – charges sociales – frais de déplacement, téléphone, hôtel, repas – amortissement du véhicule de fonction	 1 200 € par mois 2 % du CA HT 40 % du salaire de base 300 € par mois 200 € par mois

Travail à faire

1. Qu'est ce qu'un VRP ? Quelle différence faites-vous entre un VRP exclusif et un VRP multicartes ?

2. Présentez dans un tableau les avantages et inconvénients pour l'entreprise Randocycles du recours à ces deux catégories de vendeurs.

3. À partir de quel chiffre d'affaires l'entreprise a-t-elle intérêt à opter pour une équipe de VRP exclusifs ?

4. Quelle solution pourriez-vous conseiller au responsable de l'entreprise Randocycles ?

39 Le manageur commercial

Exercice 1 Se perfectionner dans le management d'équipe

Corrigé ➲ p. 193

Mobiliser ses collaborateurs, assumer les décisions de sa hiérarchie, valoriser le travail bien fait. Les manageurs sont-ils devenus plus gestionnaires que visionnaires ? S'ils se montrent très rigoureux sur les process et la méthode, ils ne sont peut-être plus les guides d'autrefois, qui dynamisent et qui inspirent, et ne se donnent parfois pas les moyens de relations humaines accomplies. À tel point que pour Jean-François Moine, consultant senior à la Cegos et expert en communication et management relationnels, « il ne faut pas s'étonner que les gens soient démotivés. Il est grand temps que le manageur se réinvestisse du rôle qu'il tenait auparavant. Et ce rôle, c'est de donner du sens : une direction, mais aussi de la valeur. » Il formule plusieurs conseils pour vous aider à mieux piloter au quotidien.

Développer sa capacité d'adaptation
Lorsqu'on est manageur, on doit accepter de jouer différents rôles, estime Jean-François Moine. Il faut savoir être directif quand c'est nécessaire, jouer sur l'émotion dans d'autres cas. Et à chaque fois, s'adapter au contexte. Imaginons par exemple qu'un accident survienne dans un service. Les collaborateurs, inquiets, s'identifient à la victime. Le manageur devra d'abord exprimer sa compassion puis, dans un deuxième temps, apporter des solutions. Autre cas de figure : le manageur doit annoncer une décision difficile, telle qu'un changement d'organisation. Il doit alors accepter que les collaborateurs expriment leur ressenti. Et pour Jean-François Moine, « cette phase-là s'organise : c'est un phénomène de purge tout à fait nécessaire, même si l'on ne tire rien de concret de ce qu'aura exprimé l'équipe. Le manageur doit apprendre à évoluer dans un registre émotionnel. »

Assumer son rôle d'intermédiaire
Il est important de bien définir sa position de manageur. Autrement dit, assumer le fait d'être solidaire à la fois des décisions de l'entreprise et de son équipe. Lorsque les deux sont en contradiction, le manageur doit ménager des espaces de confrontation, pour que l'équipe se sente entendue. Par ailleurs, le manageur stratège saura s'appuyer sur ses alliés. Pas question en revanche de se heurter frontalement à un membre de son équipe. Un membre de votre équipe fait fausse route ? Faites preuve de modération. Il ne faut pas le lui dire trop franchement, ni prendre des pincettes. Si on lui donne le sentiment qu'on va en avoir une opinion négative, il entend qu'il est mauvais. Se sentant dans un jugement de valeur négatif, il va dire « ce n'est pas moi » comme le ferait un enfant, et rentrer dans un processus de justification. Or, l'objectif est au contraire de lui faire admettre son erreur afin de trouver une solution. Jean-François Moine recommande ainsi : « il faut commencer par lui faire constater les faits, puis lui demander, en restant très calme : « Que me proposes-tu pour que cela n'arrive plus ? » Ainsi, on force son interlocuteur à comprendre, mais sans l'humilier. » À l'inverse, il est primordial de pratiquer la valorisation positive. Lorsqu'un collaborateur a fait quelque chose de satisfaisant, il faut le lui dire. Ainsi que l'explique Jean-François Moine : « Les gens ont besoin de vérifier la qualité de leur travail. »

Motiver ses troupes
Quand un manageur fixe un nouvel objectif pour son équipe, il est essentiel qu'il sache donner envie de l'atteindre. Pour Jean-François Moine, « il faut bien peaufiner sa vision de l'objectif et avoir soi-même envie d'y croire, afin d'être dans l'énergie et la conviction. » Il s'agit donc à la fois de pouvoir s'appuyer sur des éléments factuels – diagnostic et projections – et de savoir transmettre l'envie, l'émotion et le plaisir de partager une aventure. Afin de rassurer son équipe, il est enfin recommandé d'expliquer de façon très posée la méthode que l'on compte suivre et les étapes intermédiaires de ce nouveau projet.

Responsabiliser son équipe
La délégation de responsabilité est, pour le manageur, un impératif. Qui se résume à la question suivante : « Comment sais-je que je peux lui faire confiance ? » Pour trancher cette question, Jean-François

Moine propose de répondre d'abord à celles-là : « Est-ce que j'accepte qu'il s'y prenne autrement que moi ? S'il se trompe, vais-je tout recommencer ou bien tenter d'en tirer profit ? Serai-je solidaire des conséquences ? Disponible pour l'aider ? Promoteur de sa réussite ? » Si la réponse est oui, alors le manageur peut déléguer sans inquiétude. Prenez garde, toutefois, à un autre phénomène. Si le manageur identifie un collaborateur capable et lui propose une nouvelle responsabilité, ce dernier se retrouve en quelque sorte piégé, obligé d'accepter. On ne sait alors plus s'il est réellement motivé ou n'acquiesce que pour faire plaisir à son patron. C'est ce qu'on appelle le syndrome de l'imposteur. Il peut conduire à la maladie ou à la dépression : il faut donc être attentif.

D'après : Jean-François Moine, JDN (Le Journal du management), 22 mars 2006.

Travail à faire

1. Quels sont les différents rôles joués par un manageur ? Comment ont-ils évolué ?

2. Quelles sont les qualités requises pour pouvoir exercer ces rôles ?

3. Quelles sont les deux dimensions du management commercial qui apparaissent dans le texte ?

4. Pour quelles raisons est-il nécessaire de déléguer ?

Exercice 2 S'installer dans un nouveau poste

Corrigé ▶ p. 194

Après quelques années d'expérience dans la vente de produits surgelés, vous venez d'être recruté(e) comme responsable des ventes hors domicile par l'entreprise Pescador, située à Boulogne dans le département du Nord, spécialisée dans la transformation des produits de la mer. Vous avez la responsabilité du développement des ventes aux collectivités, restaurants, métiers de bouche, et devez manager et animer une équipe de 15 collaborateurs. Afin d'éviter tout faux pas dans la prise en main de votre équipe, lors de votre arrivée dans ce nouveau poste, vous décidez de mettre en pratique les conseils d'un consultant en management d'équipe commerciale, rencontré lors d'un précédent séminaire.

Travail à faire

1. Pourquoi et comment pouvez-vous vous renseigner sur les membres de l'équipe ?

2. Comment allez-vous procéder pour vous présenter ?

3. Quelle(s) méthode(s) allez-vous adopter afin de connaître personnellement et évaluer chaque collaborateur ?

40 L'organisation de l'équipe

Exercice 1

Corrigé ➔ p. 195

Entreprise Europe Bois

L'entreprise Europe Bois, située à Mont-de-Marsan dans les Landes, qui vous emploie, fabrique des matériaux de construction destinés aux constructions neuves et à la rénovation de logements anciens. Elle propose actuellement une seule gamme de produits, destinée aux menuisiers, composée principalement des produits suivants : lambris, planchers, lames de volet, planches, tasseaux, et tablettes en pin des Landes.

Ces produits sont vendus à une clientèle d'artisans menuisiers, de grossistes revendeurs et de PME spécialisées dans la construction et la rénovation de pavillons individuels. La force de vente actuelle est organisée en huit régions. Chacune d'elles est supervisée par un directeur régional des ventes, secondé par deux ou trois chefs des ventes qui encadrent une équipe de dix à douze vendeurs responsables de secteur (un par département en moyenne). Les vendeurs actuels sont des technicocommerciaux, très compétents dans le domaine des matériaux à base de bois. Face à un ralentissement du marché de l'immobilier, et à une concurrence exacerbée sur les produits qu'elle commercialise, l'entreprise Europe Bois envisage de commercialiser une nouvelle gamme de produits : des machines à bois (ponceuses, dégauchisseuses, raboteuses, etc.) et outillage à main importés de République populaire de Chine. Ces produits sont plutôt destinés à une clientèle de particuliers et seraient distribués dans des grandes surfaces spécialisées et magasins *hard discount* de bricolage. Ils doivent permettre à l'entreprise Europe Bois d'atteindre son objectif d'augmentation du chiffre d'affaires l'année suivante.

Travail à faire

1. L'organisation actuelle de la force de vente vous parait elle adaptée à une bonne commercialisation de la nouvelle gamme de produits ?

2. Dans le cas contraire, proposez une nouvelle organisation permettant d'atteindre les objectifs que s'est fixés le responsable de l'entreprise.

Exercice 2 Entreprise Descamps Diffusion

Corrigé ➲ p. 195

L'entreprise Descamps Diffusion commercialise des nettoyeurs haute pression, ainsi que des accessoires et consommables, destinés à une clientèle de professionnels (artisans, transporteurs routiers, autocaristes, etc.), d'agriculteurs, et de collectivités (mairies, collectivités territoriales).
Vous êtes responsable des ventes de la région Bourgogne, composée de quatre départements : l'Yonne, la Côte-d'Or, la Nièvre et la Saône-et-Loire, visités chacun par un représentant technico-commercial. Celui ci assure à la fois la commercialisation des produits auprès de la clientèle actuelle et potentielle, les livraisons et mises en service des matériels et consommables, ainsi que la maintenance et la fourniture de pièces détachées. Votre direction vous a fait part de son souhait d'augmenter les objectifs de vente de votre région de 10 % l'année prochaine. Après avoir réuni votre équipe commerciale, les vendeurs vous ont fait part de leur difficulté à prospecter la clientèle actuelle, compte tenu des contraintes de visites propres à leur secteur : ils estiment en effet cet objectif difficilement réalisable, compte tenu de leur charge actuelle de travail.
Afin de pouvoir négocier votre objectif et proposer une solution à votre direction, vous analysez le travail de l'équipe.

• Analyse de la clientèle : nombre de clients actuels

Secteurs	Yonne	Côte-d'or	Nièvre	Saône-et-Loire
Professionnels	100	115	50	95
Agriculteurs	40	50	30	45
Collectivités	20	25	12	30
Nombre de prospects	100	120	32	60

• Plan de la région : disposition des secteurs

Nord-Ouest Yonne	Nord-Est Côte-d'Or
Sud-Ouest Nièvre	Sud-Est Saône-et-Loire

• Nombre optimal de visites par an

Clients	Nombre de visites par an	Durée d'une visite (déplacement compris)
Professionnels	6	2 heures
Agriculteurs	4	4 heures
Collectivités	2	2 heures
Prospection	1	1 heure

Le temps de travail journalier d'un représentant est estimé à 8 heures.
Les commerciaux de cette région ont droit à cinq semaines de congés payés par an. Ils participent en moyenne à deux salons d'une semaine chacun, bénéficient d'une semaine de formation. On estime à une semaine la durée des congés personnels ou pour maladie.
Ils passent la journée du vendredi au siège pour des réunions, le travail administratif et la prise de rendez vous. Ils ne travaillent pas le samedi.

Travail à faire

1. Déterminez le temps nécessaire (en heures), pour chacun des secteurs, afin que chaque commercial puisse réaliser toutes ses visites.

2. Calculez le temps (en heures) que peut consacrer en moyenne chaque vendeur à ses visites.

3. À quelles conclusions vous amènent les calculs précédents ?

4. Proposez une nouvelle organisation du travail de l'équipe commerciale.

5. Proposez d'autres solutions permettant à votre équipe d'atteindre les objectifs fixés par votre direction.

41 Le recrutement

Exercice 1 Le recrutement par simulation

Corrigé ▶ p. 197

Diplômes, expériences professionnelles précédentes. Voilà ce dont l'employeur tient généralement compte pour recruter. Problème : le *curriculum vitae* a une valeur déclarative et ne constitue pas la preuve intangible de la capacité du candidat à tenir un poste. Le recrutement par simulation mis en place par l'ANPE depuis une dizaine d'années, propose justement de tester la personne en action. Grâce à des exercices qui recréent par analogie les aptitudes nécessaires pour occuper un profil de poste, l'employeur peut dénicher des candidats qui seront naturellement plus compétents que d'autres. Les exercices d'évaluation sont plutôt ludiques : les futurs peintres sont invités à tracer des traits à même le sol à l'aide d'un pistolet à peinture, les candidats au montage automobile à réaliser des exercices en aveugles, les prétendants à la grande distribution à mettre en place des petits objets de type « Légo » sur des étagères, en respectant des consignes précises... L'objectif est de révéler ce que l'ANPE nomme les « habiletés » des candidats, comme la capacité à travailler sous tension ou à prendre des initiatives, à procéder à des contrôles et à vérifier la qualité, à manipuler des objets avec dextérité, ou encore à travailler en équipe. Pas de place à l'objectivité : les candidats, encadrés par des animateurs de l'ANPE, capitalisent des points en fonction des résultats précis obtenus pour chaque exercice.
Le recrutement par simulation s'opère en plusieurs étapes. Pour commencer, l'ANPE procède, en compagnie de l'employeur, à une analyse du poste du travail à pourvoir, afin d'évaluer les habiletés qu'il requiert. En fonction de cette observation, l'agence crée ou adapte des exercices de simulation déjà existants, toujours en concertation avec l'employeur. Les salariés déjà en poste dans l'entreprise sont ensuite invités à servir de cobayes, c'est-à-dire qu'ils passent eux-mêmes les exercices d'évaluation élaborés. La moyenne de leurs résultats servira de référence pour mesurer les habiletés des candidats. L'ANPE lance alors un appel à candidatures auprès des demandeurs d'emploi. Ceux qui répondent participent à une première réunion où l'employeur présente son entreprise et les postes à pourvoir. Puis ils passent les tests d'évaluation, qui se déroulent sur plusieurs heures. Tout l'intérêt du recrutement par simulation est de permettre à l'employeur de dénicher des candidats qui n'ont peut-être pas la formation ou l'expérience professionnelle correspondant au poste qu'ils offrent, mais qui, néanmoins, possèdent les habilités nécessaires à son exercice. Celui qui n'a pas de formation commerciale peut néanmoins avoir la fibre du vendeur, par exemple.

D'après : Marianne Rey, l'entreprise.com, 8 mars 2006.

Travail à faire

1. En quoi consiste le recrutement par simulation ? Sur quels critères les candidats sont-ils recrutés ?
2. Après avoir rappelé les étapes traditionnelles d'une procédure de recrutement, vous présenterez les particularités de la procédure de recrutement par simulation.
3. Quel intérêt présente cette méthode de recrutement pour l'entreprise ?

Exercice 2 — Le coût du recrutement

Corrigé ➲ p. 198

Rappelons qu'un bon recrutement est un investissement. En effet, un recrutement raté signifie qu'il faut recommencer tout le processus. Si vous passez par un cabinet de recrutement, les tarifs sont libres. Comptez de 15 à 25 % du salaire annuel brut du salarié recruté. Pour un salarié non-cadre, vous devrez peut-être verser un forfait minimal. Attention, ces tarifs ne tiennent pas compte des frais d'annonce, que vous devez ajouter à la facture. Le coût de l'annonce dépend du format et du support choisis. Dans la presse quotidienne régionale, il peut s'élever de 80 à 1 500 euros... Dans la presse nationale, les tarifs peuvent atteindre 15 000 euros. Enfin, les sites Internet vous proposent deux solutions : soit un prix à l'annonce d'environ 350 euros, soit un abonnement autour de 2 000 euros par mois.
Si vous faites appel aux services de chasseurs de têtes – c'est souvent le cas pour recruter les postes de haut niveau –, vous n'aurez pas de frais d'annonce. Comptez de 25 à 35 % du salaire annuel brut du futur collaborateur.

D'après : Stéphane Corone, lentreprise.com, 17 septembre 2003.

Travail à faire

1. Pour quelle raison peut-on dire qu'« un bon recrutement est un investissement » ? Quels sont les éléments de coût à prendre en considération lors d'une opération de recrutement ?

2. Vous souhaitez recruter un directeur régional des ventes, par le biais d'un cabinet de recrutement, et en passant une annonce dans la presse quotidienne régionale (cinq parutions), ainsi qu'une annonce sur Internet (en retenant le principe de l'abonnement). Le poste à pourvoir donnerait lieu à une rémunération annuelle brute de 90 000 euros. Déterminez (fourchette haute et basse) le coût prévisionnel de cette opération de recrutement.

3. Qu'est ce qu'un chasseur de têtes ? Citez d'autres méthodes permettant de trouver le candidat idéal.

Exercice 3 — Annonce de recrutement

Corrigé ➲ p. 199

La société Bigard, située à Épinal dans les Vosges, est spécialisée dans la fabrication de vêtements de travail haut de gamme, destinés à une clientèle de secteurs hôtellerie, restauration, métiers de bouche, collectivités. L'entreprise souhaite recruter un VRP exclusif pour le secteur de la région Nord. Ce vendeur devra être titulaire d'un BTS commercial, si possible avoir une expérience et présenter de réelles qualités commerciales. La société Bigard propose un statut VRP, une rémunération composée d'un fixe, d'une commission sur le chiffre d'affaires réalisé, un véhicule de fonction, ainsi qu'une formation. Elle effectue elle-même le recrutement.

Travail à faire

1. Concevez la maquette de l'annonce à paraître dans la presse quotidienne régionale.

2. Définissez le profil du poste nécessaire pour analyser les candidatures.

42 Les objectifs commerciaux et le tableau de bord

Exercice 1 Fixer des objectifs commerciaux

Corrigé ▶ p. 200

La société Énergisol est positionnée sur le marché des énergies renouvelables. C'est un marché en forte expansion pour des raisons écologiques et économiques (flambée des prix du pétrole et du gaz). Énergisol commercialise divers équipements permettant de récupérer l'énergie solaire tels les panneaux solaires thermique et photovoltaïques, les cuiseurs, les batteries solaires, les chauffe-eau… Vous êtes directeur régional des ventes. Votre équipe est composée de seize commerciaux dont cinq sont spécialisés dans la vente de panneaux solaires. Vous souhaitez stimuler les ventes du panneau solaire Monocristallin12-100.

Pour fixer les objectifs de vente aux membres de votre équipe, vous disposez des informations suivantes :
- Prix de vente unitaire TTC : 850 €.
- Taux de marque : 45 %.
- Statistiques dans votre région :

Année	N–2	N–1	N
Nombre de maisons équipées en panneaux solaires	2 450	3 560	7 980

- Vous souhaitez assurer 36 % des ventes prévisionnelles régionales en N+1.
- Vous avez a réalisé 5 642 contacts en N.
- En moyenne, 35 % des contacts aboutissent à un rendez-vous, et leur taux de concrétisation s'élève à 42 %.
- Les contacts débouchant sur une vente nécessitent trois rencontres avec le prospect : une visite à tous les contacts, une visite de concrétisation de la vente et une visite après l'installation.
- Un commercial peut assurer 22 visites par semaine et 38 semaines de prospection par an.
- Les objectifs de vente sont répartis de manière égale entre les commerciaux.

Travail à faire

1. Déterminez les objectifs individuels.

2. Les contacts établis en N suffiront-ils à atteindre l'objectif de vente ?

3. Les quatre commerciaux pourront-ils réaliser ces objectifs ? Justifiez votre réponse.

Exercice 2 Construire un tableau de bord

Corrigé ➲ p. 200

L'entreprise Primex commercialise des équipements de bureau. Son offre est composée de trois gammes de produits : le mobilier, le matériel informatique et la reprographie. Vous êtes chef des ventes de la région Picardie, composée de trois secteurs : l'Aisne, l'Oise et la Somme. Votre équipe est composée de deux commerciaux par secteur. À partir de vos objectifs commerciaux, vous désirez élaborer un tableau de bord mensuel utilisable tout au long de l'année. Vous disposez des informations suivantes.

Les objectifs

- Les objectifs qualitatifs : le suivi des clients et leur fidélisation ; le reporting.
- Les objectifs quantitatifs : les ventes par commercial, par secteur et par gamme ; les marges commerciales ; la prospection et le nombre de nouveaux clients la transformation des visites (concrétisation) ; le coût des commandes obtenues et le coût des visites.

La simulation

Pour les équipements informatiques et pour le mois d'avril, vous imaginez la situation suivante afin de tester votre tableau de bord :

- quotas des ventes en milliers d'euros HT : Aisne : 70 ; Oise : 62 ; Somme : 48. Les ventes de chaque secteur sont réparties de manière égale entre les commerciaux ;
- marge brute minimale : 31 % ;
- concrétisation minimale : 15 % des visites ;
- chaque commercial doit assurer une visite par mois à 1/3 de son portefeuille clients ;
- coût maximal d'une visite : 25 € ;
- vente minimale souhaitable par visite : 400 € ;
- montant minimal de la commande moyenne : 1 500 € ;
- distance moyenne à parcourir par visite : 30 km ;
- coût maximal d'acquisition d'un nouveau client : 60 € ;
- coût maximal d'une commande (hors achat de la marchandise) : 150 € ;
- relevé des résultats le 15 avril (10 jours de travail sur le terrain) :

Secteur	Aisne		Oise		Somme	
Commercial	1	2	3	4	5	6
Ventes HT (milliers d'€)	17	22	10	19	16	8
Coût d'achat des marchandises vendues	12,45	16,75	6,63	16	11	5,95
Nombre de prospections à effectuer	60	45	50	30	45	30
Nombre de prospections effectives	38	25	20	20	23	12
Nombre de nouveaux clients	3	4	3	6	2	3
Nombre de commandes obtenues	6	12	4	7	8	2
Charges du commercial : déplacements, rémunération... (1)	1,02	1,32	0,6	1,14	0,96	0,48
Nombre total de visites aux clients	10	10	7	9	8	3
Portefeuille clients au 1er avril	60	70	37	42	32	24
Distance parcourue (km)	1 296	1 020	780	1240	1 250	645

(1) Dont 25 % sont imputables à la recherche de nouveaux clients.

Travail à faire

1. Élaborez un tableau de bord à partir d'indicateurs appropriés.
2. Visualisez les résultats et mesurez les écarts au 15 avril, sur un support papier ou en utilisant le logiciel Excel.

43 La rémunération

Exercice 1 Société Picorette

Corrigé ➲ p. 203

La société Picorette, qui vous emploie, située à Châtillon-sur-Chalaronne, dans le département de l'Ain, commercialise des volailles et découpes de volaille, qu'elle achète à des producteurs régionaux. Vous êtes chargé de calculer la rémunération, pour le mois d'avril N, des trois vendeurs de la société, à partir des éléments d'information suivants.
Opérations réalisées par les trois vendeurs.

Opérations	Bertrand Fignon	Marc Huret	Éric Boivin
Objectif de chiffre d'affaires HT	25 000 €	22 000 €	28 000 €
Chiffre d'affaires HT réalisé	28 000 €	17 000 €	33 000 €
Objectifs de prospection (en nombre de prospects à contacter)	12	10	18
Nombre de prospects contactés	12	15	28
Nombre d'animations points de vente réalisées	8	3	6

Le système de rémunération de la force de vente de l'entreprise est le suivant.

Fixe	1 400 € par mois	
Commissions, calculées par tranches, proportionnelles au chiffre d'affaires	Moins de 20 000 €	2 %
	De 20 000 à 30 000 €	3 %
	Plus de 30 000 €	4 %
Prime de prospection	100 € si l'objectif est atteint 20 € par prospect supplémentaire contacté.	
Prime d'animation points de vente	25 € par animation points de vente réalisée.	

Travail à faire

1. Calculez la rémunération de chacun des commerciaux de la société Picorette.

2. Que pensez-vous de ce système de rémunération ?

3. Le responsable des ventes a constaté que ses vendeurs avaient tendance à accorder de plus en plus de remises pour maintenir et développer leur chiffre d'affaires. Quelles en sont les conséquences pour l'entreprise ? Comment doit-il faire évoluer le système de rémunération ?

Exercice 2 Entreprise Agri Équipements

Corrigé ▶ p. 204

L'entreprise Agri Équipements, située à Limoges, dans le département de la Haute-Vienne, commercialise du matériel agricole : tracteurs, moissonneuses-batteuses, matériels de manutention, ainsi qu'une gamme importante de matériels et accessoires complémentaires.
Les deux vendeurs de la société sont rémunérés selon les éléments suivants.

Commission	0,4 % du chiffre d'affaires HT sur ventes encaissées
Prime d'objectif	200 € si l'objectif de chiffre d'affaires est atteint 300 € si le vendeur dépasse son objectif de 10 % 400 € si le vendeur dépasse son objectif de 20 % 500 € si le vendeur dépasse son objectif de 30 %
Nombre de visites réalisées par jour ouvrable	Quota de 3 visites par jour ouvrable Si 3 < nombre moyen de visites < 4 : attribution d'une prime de 100 € Si 4 < nombre moyen de visites < 5 : attribution d'une prime de 200 € Si nombre moyen de visites > 5 : attribution d'une prime de 300 €
Nombre moyen d'accessoires vendus	Si nombre moyen d'accessoires vendus < 2 : pas de prime Si 3 < nombre moyen d'accessoires vendus < 5 : prime de 150 € Si nombre moyen d'accessoires vendus > 5 : prime de 300 €
Vente au comptant	Prime de 60 € par vente au comptant réalisée

Vous disposez des éléments d'information suivants pour le mois de mai N (23 jours ouvrables).

	Henri Dordain	**Albert Collet**
Chiffre d'affaires HT encaissé (en €)	700 000	950 000
Objectif de chiffre d'affaires (en €)	550 000	900 000
Nombre de visites réalisées pendant le mois de mai	106	82
Nombre de ventes réalisées	12	18
Nombre d'accessoires vendus	45	100
Nombre de ventes au comptant réalisées	6	7

Travail à faire

1. Calculez la rémunération des deux vendeurs de la société Agri Équipements.

2. Quels avantages et inconvénients présente ce système de rémunération :
- pour le commercial ?
- pour l'entreprise Agri Équipements ?

44 L'organisation du travail du commercial

Exercice 1 L'automatisation des forces de vente

Corrigé ▶ p. 205

Comment modifier les habitudes de travail de 40 commerciaux âgés de 24 à 60 ans, justifiant de 12 ans d'ancienneté moyenne dans la société, et qui se révèlent inégaux devant la maîtrise de l'informatique ? C'est le *challenge* que relève au quotidien Éric Bourdon, directeur commercial de Saint-Gobain Isover France. « Nous avons commencé début 2003 par équiper la force de vente de PC portables. Il s'agissait déjà d'une mini-révolution, car les commerciaux n'utilisaient que le papier et le stylo. » Ces ordinateurs n'étaient équipés, à l'époque, que de fonctions basiques : traitement de texte, Internet, etc. « À ce stade, nous avons formé chaque vendeur en fonction de ses connaissances en informatique. Nous avons attendu un an, le temps pour les commerciaux de se familiariser à ce nouvel outil. » La force de vente et l'encadrement commercial se sont réunis afin de mettre à plat le travail de chacun : chaque vendeur a proposé des améliorations dans son secteur en partant de l'exemple d'un secteur performant. Études de cas et réflexion commune ont donc mené à la définition d'objectifs visant à mieux piloter les secteurs et à mieux prendre en compte chaque type de client. Car si la force de vente est dédiée à la distribution (plus de 80 % du chiffre d'affaires), elle a également un rôle auprès des prescripteurs et des entreprises de pose : celui de former et d'informer en continu sur l'ensemble des produits. Au second semestre 2004, l'outil de gestion de la relation clients a été progressivement mis en place et les vendeurs ont été formés pendant trois à quatre jours. Il a fallu apporter des réponses aux objections des vendeurs (50 % d'entre eux étaient réticents), comme la méfiance envers un éventuel « flicage informatique ». « Nous continuons d'insister quotidiennement sur l'intérêt de la CRM, un outil d'avenir qui replace le vendeur au centre de l'entreprise ». Désormais connecté aux autres services, comme l'administration des ventes ou le marketing, le commercial se débarrasse des tâches répétitives et peut mener une vraie analyse sur son secteur », analyse Éric Bourdon. Après deux ans de « révolution informatique », les commerciaux se servent désormais quotidiennement de leurs ordinateurs. Par ailleurs, les fonctions déjà opérantes de la CRM sont désormais utilisées à plus de 50 %. L'objectif étant d'avoir un outil opérationnel à 100 % d'ici à la fin de l'année 2005.

D'après : Action commerciale n° 254, 1er juillet 2005.

Travail à faire

1. Quel intérêt présente l'informatisation de la force de vente pour l'entreprise ?

2. Quelle difficulté présentait l'informatisation de l'équipe commerciale dans l'entreprise Sicover ? Présentez, en les justifiant, les étapes de sa mise en œuvre. Quel est l'objectif poursuivi par l'entreprise au travers de ce projet ?

Exercice 2 L'optimisation du temps

Corrigé ▶ p. 205

Voici les résultats d'une enquête en ligne concernant la gestion du temps, réalisée en décembre 2003 par le *Journal du management* auprès de ses lecteurs.

Avez-vous le sentiment de bien gérer votre temps au travail ?
Parfaitement : **5,8 %**
Plutôt bien : **29,9 %**
Correctement : **43,3 %**
Plutôt mal : **17,7 %**
Pas du tout : **3,3 %**

Quels sont les facteurs qui perturbent le plus votre gestion du temps ?
Les imprévus, les erreurs, les urgences : **62,9 %** Les sollicitations en tout genre des collaborateurs : **54,0 %** Les réunions, les rendez-vous qui se prolongent : **36,9 %** Les communications (téléphone, e-mail...) : **36,1 %** Les sollicitations en tout genre des partenaires, des clients de l'entreprise : **25,4 %** Mon sens de l'organisation plutôt brouillon : **19,8 %**
Diriez-vous que mal gérer son temps de travail, c'est avant tout...
Ne pas hiérarchiser les tâches : **31,1 %** Ne pas planifier, mal évaluer le temps nécessaire : **28,2 %** Favoriser les tâches que l'on apprécie au détriment des autres : **16,3 %** Manquer de méthodologie, ne pas industrialiser les façons de faire : **15,7 %** Ne pas équilibrer la charge entre les périodes creuses et les périodes pleines : **8,7 %**
Votre agenda (ou PDA, planificateur...) est-il un allié indispensable pour bien gérer votre temps ?
Oui : **77,0 %** Non : **23,0 %**

Travail à faire

1. Commentez les résultats de cette enquête.
2. Quelles sont les activités qui font perdre du temps au commercial ?
3. Proposez des solutions permettant à un commercial de mieux gérer son temps.

Exercice 3 Les logiciels d'optimisation de tournées

Corrigé ▶ p. 206

Les logiciels d'optimisation de tournées des commerciaux se généralisent. Calcul d'itinéraires, économie sur le coût de transport, ces outils présentent de nombreux avantages. Le danger ? Réduire l'autonomie des forces de vente. Très souvent en déplacement, les commerciaux passent en moyenne la moitié de leur temps de travail dans leur véhicule et parcourent plusieurs dizaines de milliers de kilomètres par an. Ce temps est totalement improductif pour l'entreprise. Effectivement, plus le commercial est sur la route, moins il en consacre à rencontrer des clients ou des prospects et donc à vendre. D'où la nécessité, non pas de limiter ses déplacements, mais de mieux les organiser. Et lorsqu'il s'agit de préparer des tournées incluant plusieurs rendez-vous ou lorsque les zones à couvrir sont très vastes, une aide informatique est la bienvenue… Calculer son itinéraire quand on a trois ou quatre prospects à visiter par jour est tout à fait possible. En revanche, lorsque le commercial doit en voir quinze, cela commence à devenir complexe et même impossible à organiser sur du long terme. Le premier degré d'utilisation de ces solutions est le simple calcul d'itinéraire qui peut être associé à la technologie GPS. Elle permet de bénéficier d'un soutien de navigation à guidage vocable directement sur un PDA (agenda électronique). Viennent ensuite des outils plus sophistiqués qui rendent le système plus intelligent en l'associant, par exemple, avec un agenda et qui offrent des fonctionnalités de planification des visites. Couplé avec les messageries Outlook ou Lotus Notes, ce genre de logiciel aide les commerciaux à prendre leur rendez-vous en fonction de l'adresse des clients à visiter.

D'après : Action commerciale n° 258, 1er décembre 2005.

Travail à faire

1. Quels avantages présente l'utilisation d'un logiciel d'optimisation de tournées pour le commercial ?
2. Comment le manageur commercial peut-il utiliser ce type de logiciel pour organiser l'activité des vendeurs ?

45 Le contrôle de l'équipe commerciale

Exercice 1

Corrigé ➲ p. 207

Fixer des objectifs et évaluer les performances de l'équipe

La société Féau commercialise des récupérateurs d'eau de pluie. Elle s'est positionnée sur ce marché fortement porteur en raison de la raréfaction de l'eau. Vous êtes responsable des ventes dans la région Centre. Votre équipe est constituée de cinq commerciaux couvrant des secteurs sensiblement égaux. Leur portefeuille clients est composé de particuliers et de professionnels. L'offre de votre entreprise est composée de trois gammes de produits : les réservoirs simples (300 et 600 litres), les réservoirs verticaux et les citernes autoportantes. Vous souhaitez lancer et développer une quatrième gamme : les récupérateurs à enterrer.

Les ventes réalisées par votre équipe au cours de l'année N se sont élevées à 11 600 récupérateurs avec :
- 60 % de réservoirs simples ;
- 25 % de réservoirs verticaux ;
- 15 % de citernes autoportantes.

L'objectif pour N +1 est d'augmenter les ventes de 10 % avec :
- 30 % de réservoirs simples ;
- 35 % de réservoirs verticaux ;
- 20 % de citernes autoportantes ;
- 15 % de récupérateurs à enterrer.

Les ventes sont régulières sur l'année. Les commerciaux travaillent cinq jours par semaine et bénéficient de cinq semaines de congés payés par an. Vous enregistrez en moyenne une semaine supplémentaire d'absence tous les ans, essentiellement pour des raisons personnelles et des formations. Un commercial peut assurer 16 visites par jour. Une visite sur deux aboutit à une vente. La rémunération est constituée d'un fixe de 1 300 € plus 5 % de commission sur le chiffre d'affaires. Vous disposez des informations suivantes.

Éléments	Réservoirs simples	Réservoirs verticaux	Citernes autoportantes	Récupérateurs à enterrer
Prix de vente moyens HT (€)	110	350	950	1 450
Taux de marge brute	18 %	25 %	32 %	34 %

Voici les ventes enregistrées à la fin du premier trimestre N+1 :

Commercial	Réservoirs simples	Réservoirs verticaux	Citernes autoportantes	Récupérateurs à enterrer
Hugo	220	280	109	25
Inès	205	290	114	30
Karim	250	270	108	32
Katy	212	280	117	28
Lucas	165	187	106	48

Travail à faire

1. Déterminez les objectifs individuels.

2. Mesurez les performances de chaque commercial.

3. Proposez des actions correctives si nécessaire.

Exercice 2 Évaluer les performances des commerciaux

Corrigé ▶ p. 208

L'entreprise Axel produit et commercialise des jouets. Ses ventes sont soumises à de fortes variations saisonnières, les jouets étant principalement achetés à l'occasion des fêtes de Noël. Votre équipe est composée de deux représentants, dont vous souhaitez mesurer les performances. Vous disposez des informations suivantes.

• Ventes

Année	1	2	3	4	5	6
Ventes en milliers d'€	560	650	690	740	850	915

Trimestres	1	2	3	4
Coefficients saisonniers	0,2	0,28	0,72	2,80

L'objectif est de poursuivre la tendance des ventes pendant l'année 7.
Le secteur du commercial J. Charron lui permettrait de réaliser 40 % du chiffre d'affaires.

• Résultats enregistrés au cours du 4e trimestre

Éléments	J. Charron	P. Chambault
Portefeuille clients au 3e trimestre	220	270
Chiffre d'affaires (milliers d'€)	280	385
Nombre de visites clients	210	220
Nombre de visites prospects	60	120
Nombre de kilomètres parcourus	7 040	11 200
Nombre total de commandes obtenues	130	113
Nombre de premières commandes (nouveaux clients)	17	42
Salaires, charges et frais de routes	26 168	33 290

Travail à faire

1. Déterminez les objectifs trimestriels de ventes.

2. Comparez les résultats des deux représentants.

46 Le travail collaboratif

Exercice 1

Corrigé ▶ p. 209

EADS Socata convertit son personnel au collaboratif

Le célèbre fabricant d'avions légers a déployé il y a quelques mois une première solution collaborative : un agenda partagé. L'outil est déjà exploité par 150 collaborateurs.

C'est en 2004 qu'EADS Socata, premier fabricant européen d'avions légers, commence à se poser la question du déploiement de technologies collaboratives. « La demande est venue de salariés en provenance d'autres entités du groupe EADS qui utilisaient des outils de type agenda partagé », explique Pierre Hirigaray, responsable réseau chez EADS Socata. C'est donc vers cette première catégorie de solution collaborative que la société oriente sa réflexion.

Exploitant le serveur de messagerie Open Source Qmail, application qu'il considère comme largement suffisante au regard de ses besoins et son périmètre, EADS Socata commence par étudier des logiciels d'agenda partagé Open Source compatibles avec cette technologie. « Encore en cours de développement, ces applicatifs ne nous ont pas parus suffisamment mûrs en termes fonctionnels », enchaîne Pierre Hirigaray. La société se tourne alors vers des alternatives propriétaires. En vue d'étudier les possibilités du produit, une version d'essai de l'outil est d'abord installée sur le site de Tarbes. Puis une démonstration est organisée pour le présenter à plusieurs membres de la direction. Le logiciel séduit.

Il répond particulièrement bien aux attentes fonctionnelles, notamment de par ses dispositifs de recherche de créneaux, de gestion de groupes de projet, ainsi que son système de synchronisation avec les assistants personnels (Palm et PocketPC), terminaux par ailleurs exploités par la société. Un déploiement est décidé dans la foulée auprès d'une centaine de collaborateurs. Achat, qualité, commercial, marketing, etc. De nombreux services sont mis dans la boucle, et la mise en œuvre est très vite étendue à 150 personnes. « L'installation et l'administration sont très simples », assure Pierre Hirigaray. Les accès sont proposés à la fois sous forme client/serveur et Web. Des formations sont dispensées aux salariés pour faciliter la prise en main.

L'accompagnement du changement s'effectue de façon dynamique, sans résistance : la direction impliquant les cadres dans la planification de réunions *via* l'outil, ceux-ci en faisant ensuite de même avec leurs équipes. « Un tel applicatif oblige à mieux prévoir le temps nécessaire à une réunion au regard des tâches à accomplir. Les gains de temps sont conséquents », souligne-t-on chez EADS Socata. La solution est également utilisée pour gérer le prêt de ressources, telles que des voitures ou encore des salles de réunion, permettant ainsi d'optimiser les processus d'allocation. Suite à cette première expérience, jugée réussie, la société envisage d'aller plus loin, et étudie des solutions collaboratives complémentaires, comme e-room (d'EMC Documentum), qui permettraient d'approfondir la démarche, en mettant en place des espaces de gestion de projet, par exemple.

D'après : Antoine Crochet-Damais, JDN solutions, 24 juin 2005.

Travail à faire

1. Pourquoi EADS Socata a-t-il mis en place une solution de travail collaboratif ?

2. Quels sont les outils de travail collaboratif évoqués dans le texte ? Comment sont-ils utilisés ?

3. Comment ces outils ont-ils été déployés dans l'entreprise ?

Exercice 2 — Air Liquide fluidifie ses réunions en les virtualisant

Corrigé ▶ p. 209

Le groupe industriel utilise l'outil de webconférence Webex pour optimiser les déplacements de ses salariés. Les usages sont multiples, de la simple réunion d'information aux sessions de formation internationales.

Possédant 130 filiales dans 70 pays, Air Liquide cherche, depuis notamment les événements du 11 septembre, à optimiser les déplacements de ses salariés. L'objectif est de réduire les coûts mais aussi de proposer à toutes les entités du groupe une solution globale, permettant aussi – par exemple – de diminuer les temps de formation. En 2001, est mis en place un produit multisystèmes d'exploitation, ne nécessitant pas d'installation de logiciel client complexe, sans limite du nombre d'utilisateurs, autorisant les réunions instantanément et le partage des documents sans avoir à les télécharger auparavant. Un pilote est créé de juillet 2002 à février 2003, avec un petit nombre de licences, quelques utilisateurs clés, et une moyenne de 80 réunions organisées par mois. Au final, 200 personnes participent à l'expérience. « Nous avons signé avec Webex début 2003, avec l'idée de déployer l'outil sur tout le groupe. Pour cela, nous avons mis en place un plan de communication et de marketing interne, même si l'outil était accessible sur le portail. Il fallait en effet informer, faire tester et susciter l'intérêt, sachant qu'il n'y a pas de haut débit partout dans le monde », ajoute le responsable e-business. « Au départ, les usages ont concerné le travail collaboratif, à deux ou trois personnes, qui partagent de l'information sur un même sujet, sans avoir à réserver une salle comme c'est le cas pour les visioconférences. Il n'y a pas de restriction géographique, ni de nécessité de se déplacer. Cela a considérablement réduit les déplacements inutiles, notamment en région parisienne », remarque Jean-François Petrignani. Autres usages : les réunions qui sont à la limite de la formation, impliquant une vingtaine de personnes, qui se connectent de divers endroits en même temps. Aux États-Unis, 681 réunions de ce genre ont eu lieu en 2004. « Ce sont principalement les acheteurs, les informaticiens, les fonctions commerciales, administratives et financières qui utilisent l'outil. À 95 %, c'est essentiellement un outil de communication en interne. »

Parmi les axes de développement figure notamment l'utilisation de l'outil comme outil de communication vers l'externe, ce qui nécessite de continuer à changer les habitudes....

D'après : Fabrice Deblock, JDN solutions, 13 juin 2005.

Travail à faire

1. Quelles raisons ont conduit Air Liquide à mettre en place une solution de travail collaboratif ?

2. Quel outil a été mis en place par le groupe ? Comment est-il utilisé ?

3. Quelles sont les perspectives d'évolution du collecticiel ?

47 Les techniques d'animation

Exercice 1

Corrigé ➲ p. 210

L'animation de l'équipe commerciale

Au mois de septembre 2004, Schneider Electric a lancé un programme de formation mixte de ses huit mille commerciaux répartis dans plus de 130 pays. « Si les vendeurs des pays développés étaient bien formés, ce n'était pas toujours le cas dans les pays dont l'économie était moins florissante », note Jean Lepeltier, PDG d'Envol5, société qui a conçu et développé, avec l'appui pédagogique de Mercuri International, le programme « Les Fondamentaux de la vente ». Les objectifs ? Faire progresser l'efficacité commerciale du groupe et donner des méthodes pour améliorer la qualité de l'entretien de vente et l'exploitation du portefeuille clients. Les vendeurs suivent d'abord seize modules d'e-learning : des séquences ludiques qui passent en revue, pendant 20 minutes et sous forme de bande dessinée, les phases de l'entretien de vente. Le but ? Faire découvrir une méthode au commercial. Dans cet exercice, chaque jeune vendeur est coaché par un senior. Ensuite, les juniors se retrouvent, dans chaque pays, pour un atelier de mise en pratique de deux jours. Envol5 et Mercuri International ont soigneusement encadré ces séances. Ainsi, chaque animateur dispose du « livre du maître », détaillant les thèmes à traiter, le déroulé du cours, les outils à utiliser, etc. Néanmoins, chaque pays peut donner une couleur locale au programme en confiant l'animation à un formateur interne, à un consultant local ou à Mercuri International, qui possède un réseau dans le monde entier. Enfin, les commerciaux repartent sur le terrain. L'occasion d'effectuer des visites accompagnées d'un *coach* qui font l'objet d'un *debriefing*. Après s'être confrontés, durant deux ou trois mois, à la réalité du terrain, les jeunes vendeurs se retrouvent pour un second atelier de consolidation d'une journée. Au programme : une série de nouvelles mises en situation. À l'issue de ce parcours, ils se voient remettre un certificat de la Sales Institute.

D'après : Anne Françoise Rabaud, Action commerciale n° 258, 1er décembre 2005.

Travail à faire

1. Pour quelle(s) raison(s) Schneider Electric a-t-il mis en place une formation ? Quels sont les vendeurs concernés ?

2. En quoi consiste le *e-learning* ? Quels sont ses avantages et inconvénients ?

3. Qu'est ce que le *coaching* ? Quel intérêt présente-t-il pour la formation de l'équipe commerciale ?

4. Présentez les différentes étapes de cette action de formation.

Corrigé ▶ p. 211

Exercice 2 L'animation du réseau

Document 1 ▶ Les revendeurs Sofinco entrent dans la course

La course automobile. C'est le nouveau thème choisi par Viaxel la filiale de Sofinco, spécialisée dans le crédit automobile, pour stimuler son réseau de revendeurs. Participent au *challenge* : 1 650 concessionnaires auto et 400 concessionnaires moto ainsi que 210 revendeurs de véhicules de loisirs (camping cars, nautisme, etc.). « Pour contrer la concurrence des banques ou des assureurs, le dispositif de stimulation mis en place permet de dynamiser les ventes de produits financiers lors de l'achat d'un véhicule, à un moment où le client final n'a pas encore forcément contacté les concurrents de Viaxel », remarque Fabienne Doucet, responsable de clientèle, en charge de l'opération au sein de l'agence Uniteam. Nouveauté pour l'édition 2005 du *challenge* : l'univers du jeu vidéo Driver axé sur la course automobile. Ce sont les 160 commerciaux Viaxel qui sont chargés d'informer et de promouvoir l'opération auprès des concessionnaires. Un premier « *teaser* »(1) adressé à la force de vente directe de Viaxel a été envoyé début février 2005, afin de leur présenter l'opération. Fin février, ils ont ensuite reçu un CD de présentation et un argumentaire de vente afin d'inciter les revendeurs à s'inscrire à l'opération, inaugurée le 1er mars. « Le *challenge* est double. Il concerne d'abord des objectifs de chiffre d'affaires réalisé par les points de vente et s'attache ensuite aux montants des financements et des prestations complémentaires vendus, analyse Fabienne Doucet. Chaque vente de financement rapporte des points selon trois catégories, bronze, argent et or. » Chaque mois, les meilleures performances sont récompensées par des chèques-cadeaux. Et pour motiver encore plus les revendeurs, Viaxel leur propose de se regrouper en équipes (pour effectuer des courses automobiles régionales). Le *challenge* des revendeurs Auto et Moto a lieu entre le 1er mai et le 31 octobre, et celui des revendeurs Loisirs commencera le 1er septembre pour s'achever le 31 mars 2006.

(1) Teaser (traduction littérale « aguiche ») : énigme destinée à inciter et à maintenir l'attention du public au début d'une campagne de communication.

D'après : Actionco. fr/brèves, 21 juin 2005.

Document 2 ▶ Xérox ouvre un nouveau portail dédié à son réseau de distribution

Les revendeurs Xerox pourront dorénavant personnaliser en quelques clics leurs campagnes de marketing direct *via* un site dédié. Développé en partenariat avec Freedman International, acteur leader spécialisé dans la gestion des services de communication, le Marketing Store met à disposition des utilisateurs des supports marketing prêts à l'emploi pour créer rapidement des campagnes et des événements personnalisés. Le site Marketing Store offre également aux revendeurs la possibilité de commander de la documentation, des objets publicitaires, des affiches et du mobilier d'exposition. Il accompagne en particulier chaque lancement de produits en mettant immédiatement à disposition des partenaires tous les outils marketing. L'objectif de ce site ? « Accélérer la commercialisation de tous les produits de la gamme Xerox Office », explique-t-on chez Xerox. Le site propose : des documentations marketing telles que des brochures commerciales, des exemples d'impression, des CD de formation. Mais aussi : des services créatifs pour personnaliser des mailings, des e-mailing, des bannières Web et des publicités, que l'on peut aussi télécharger au format PDF, recevoir sur un CD ou commander l'impression avec le routage. Sans oublier des événements clé en main (invitations personnalisables, PLV, scripts de télémarketing). Les revendeurs pourront en outre commander des objets publicitaires avec le logo Xerox, pour animer leur force de vente ou remercier leurs clients.

D'après : Actionco. fr/brèves, 27 septembre 2005.

Travail à faire

1. Quels sont les moyens mis en œuvre par Sofinco et par Xérox pour animer leur réseau de revendeurs ?
2. Quels sont, pour chacune de ces entreprises, les objectifs recherchés ?

1. La mercatique relationnelle

Exercice 1 ○ page 7

1. À l'heure actuelle, les entreprises placent de plus en plus le client au cœur de la démarche marketing : il ne suffit plus de gagner un nouveau client, encore faut-il le conserver, d'autant plus que le coût d'acquisition est bien supérieur au coût de fidélisation. Face à l'intensification de la concurrence et à l'émergence d'un nouveau type de consommateur, plus sensible au prix, mieux informé, moins fidèle aux marques et plus versatile, nous sommes passés d'un marketing « produit » (années 1950-1980) à un marketing « client » (depuis les années 1980-1990), dédié à la satisfaction des besoins du client.

2. Le marketing orienté vers la satisfaction du client a pour conséquence une recherche permanente de moyens de le connaître, le fidéliser et le conserver. Les stratégies mises en œuvre par les entreprises se sont donc orientées vers la recherche d'une qualité totale, avec en corollaire une multiplication des services rendus au client. En effet, le consommateur d'aujourd'hui est confronté à une offre de produits assez équivalents techniquement. La différenciation des offres nécessite donc une satisfaction de plus en plus précise de besoins individualisés, ce qui nécessite une écoute permanente de la clientèle. Les entreprises se voient donc contraintes d'investir dans d'autres domaines que la conception et la fabrication des produits. Cette nouvelle approche stratégique centrée sur le client nécessite de nouveaux investissements dans les services associés aux produits, qui s'ajoutent aux prestations de base, sans oublier les surcoûts liés à la fidélisation et à la rétention des clients. Les stratégies mises en œuvre évoluent donc vers davantage de relationnel et de personnalisation de la relation.

3. Le retour sur investissement consiste à rentabiliser les actions entreprises. Les stratégies mises en œuvre à l'heure actuelle par les entreprises pour renforcer leur relationnel client nécessitent de nombreux efforts financiers (coût des services associés au produit : personnalisation, options, livraison installation, financement, maintenance…), coût de la connaissance du client (gestion et enrichissement de la base de données clients/prospects, coûts des contacts…). Ces efforts financiers, qui répondent à une stratégie de satisfaction et de conquête de la clientèle, représentent plus qu'une simple charge de gestion courante pour les entreprises. Elles constituent un véritable investissement, qui se doit, en tant que tel, d'être rentabilisé. D'où la nécessité de « facturer la surqualité au client ». Sinon, le coût de cette surqualité risque de grever la marge de l'entreprise. Le client doit donc prendre l'habitude de payer un peu plus cher cette surqualité pour rester dans une logique de transaction « gagnant-gagnant ».

Exercice 2 ○ page 8

1. Waterair est le leader européen de la piscine en kit. L'entreprise évolue sur un marché « porteur », puisque le marché français de la piscine s'est considérablement développé à la suite des périodes de canicule, et de la démocratisation du produit, maintenant accessible aux classes moyennes. La réussite de Waterair repose également sur un « maillage serré » du territoire, c'est-à-dire par une présence commerciale et technique sur l'ensemble de l'Hexagone, ainsi qu'un recrutement d'une force de vente parmi les anciens clients. Ces derniers, qui ont acheté et installé une piscine Waterair, sont donc mieux à même d'assurer une commercialisation efficace du produit, en levant les freins essentiels liés à toute vente d'un produit en kit, à savoir principalement les difficultés d'installation, la solidité, la pérennité du produit et le SAV. Le succès commercial de l'entreprise repose également sur « l'accompagnement » du client pendant toute la vie du produit : SAV et offre de produits accessoires renforcent donc l'offre produits.

2. L'entreprise Waterair base essentiellement son marketing relationnel sur :
– des relations de proximité avec le client, puisque, contrairement à la plupart des entreprises qui fabriquent et distribuent des produits en kit, Waterair a développé un réseau national d'agences ;
– un recrutement de commerciaux « plutôt expérimentés », de préférence parmi les anciens clients ;
– la mise en place d'une politique de fidélisation des clients, par le développement d'une offre de produits complémentaires, la diffusion d'un magazine destiné aux clients, la création d'un centre d'appels prenant en charge les demandes techniques précises et personnelles du client.

Ces trois éléments permettent d'établir une véritable relation de partenariat avec le client, qui se sent accompagné, non seulement au moment de l'acquisition du produit, mais aussi pendant toute la durée de son utilisation.

3. Waterair cherche à construire une relation durable avec le client considéré individuellement, puisqu'elle s'est équipée, pour son centre d'appels, d'une « solution de relation client qui permet à chaque téléacteur de visualiser des fiches clients détaillées ». L'entreprise cherche donc à connaître chaque client individuellement. Cette démarche lui permet de personnaliser davantage la relation. La vente ne constitue plus le point final de l'approche commerciale, mais s'inscrit dans le contexte d'une relation pérenne entre le vendeur et son client. L'entreprise Waterair a donc mis en place un dialogue permanent avec le client, afin de le satisfaire et de le fidéliser. Cette démarche repose essentiellement sur le développement de la base de données clients, qui est enrichie en permanence, et de différents canaux de contact (agences, centre d'appels, outils de vente à distance et de marketing direct…), qui permettent un dialogue permanent, en temps réel, avec le client, et donc une plus grande réactivité de l'entreprise.

2. L'offre commerciale

Exercice 1 ○ page 9

1. La gamme de produits Pringles, développée par Procter & Gamble, est composée de cinq familles de produits (versions principales, références secondaires, éditions limitées, Dipping, produits Light). Les produits leaders sont les versions principales, que le consommateur trouve chez n'importe quel distributeur. Ces différentes lignes de produits, ainsi que les deux types de conditionnements proposés, permettent de répondre à des goûts de plus en plus diversifiés, ainsi qu'à des occasions de consommation élargies (consommation familiale, apéritif, grignotage…), sans oublier les produits allégés pour les femmes qui ne veulent pas prendre de poids.

2. Procter & Gamble a cherché à innover sur un marché des PSA (produits salés apéritifs) en stagnation, en répondant à des besoins insatisfaits du consommateur. Son objectif est d'augmenter ses parts de marché sur le marché des tuiles à base de pomme de terre (leader avec 52 % de part de marché à l'heure actuelle, segment le plus dynamique avec 30 % de croissance annuelle). La firme cherche à séduire la clientèle des jeunes de 18 à 24 ans et celle des femmes de 25 à 35 ans afin d'étendre son marché.

3. Largeur de la gamme des produits Pringles : 5 (car 5 lignes de produits sont proposées).
Profondeur de la ligne « Références secondaires » : 5 (car il y a 5 références de produits dans la ligne).

4. Longueur de la gamme de produits Pringles : $5 \times 10 = 50$.

5. Procter & Gamble est l'une des plus grandes sociétés internationales de produits de grande consommation. Elle possède 300 marques, commercialisées dans le monde à l'identique, et a donc choisi de créer et gérer une marque par produit, comme par exemple avec les lessives Omo, Bonux, Dash, Ariel, etc. Cette politique permet d'offrir davantage de choix au client et facilite le lancement de nouveaux produits ou leur abandon. Cette stratégie, qui consiste à multiplier les marques, engendre des coûts marketing plus importants (communication publicitaire, études) et entraîne un effet de cannibalisation entre produits de la même entreprise. Elle offre cependant l'avantage d'une meilleure répartition des risques pour Procter & Gamble.

Exercice 2 ○ page 10

1. Calcul des chiffres d'affaires, coût de revient, résultat, et taux de rentabilité pour les années N–6 à N :

Exemple de calculs pour N–6 :
Chiffre d'affaires = quantités vendues × prix de vente unitaire = 600 × 6 000

Coût de revient = investissements + (quantités vendues × coût de production unitaire)
= 300 000 + 90 000 + (600 × 5 500)
Résultat = chiffre d'affaires – coût de revient = 3 600 000 – 3 690 000 = – 90 000
Taux de rentabilité = résultat/chiffre d'affaires × 100 = – 90 000/3 600 000 × 100.

	N–6	N–5	N–4	N–3	N–2	N–1	N
Chiffre d'affaires	3 600 000	6 000 000	11 800 000	17 100 000	19 600 000	20 900 000	14 560 000
Coût de revient	3 690 000	5 020 000	7 360 000	10 980 000	12 370 000	13 400 000	10 160 000
Résultat	– 90 000	980 000	4 440 000	6 120 000	7 230 000	7 500 000	4 400 000
Taux de rentabilité	– 2,5 %	16,33 %	37,62 %	35,78 %	36,88 %	35,88 %	30,22 %

2. Évolution du chiffre d'affaires et de la rentabilité

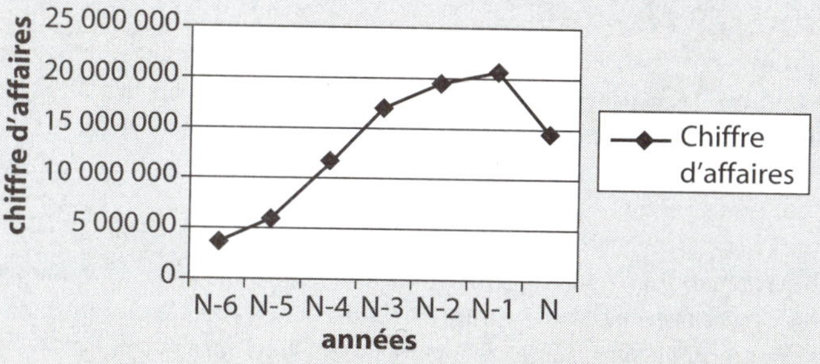

Le chiffre d'affaires augmente fortement et de façon continue de N–6 à N–1, puis amorce une diminution à partir de N. Les années N–6 et N–5 correspondent à la phase de lancement du produit, les années N–4 et N–3, à la phase de croissance, les années N–2 et N–1, à la phase de maturité ; le produit semble entrer dans une phase de déclin en année N.
Le résultat est déficitaire en N–6, étant donné que l'entreprise doit engager des investissements importants, notamment en communication ; le produit n'est pas encore fabriqué en grandes séries et son coût de production est encore important, la demande est encore limitée. Par la suite, il devient bénéficiaire La rentabilité du produit augmente jusqu'en N–1 et commence à régresser en N.

3. Le produit a amorcé un déclin en N. Plusieurs solutions s'offrent à l'entreprise :
– diminuer les coûts afin de préserver la rentabilité ;
– abandonner le produit avant que sa rentabilité ne redevienne négative, en reportant ses investissements sur un produit nouveau destiné à le remplacer ;
– relancer le produit, afin de le rajeunir, en développant par exemple de nouvelles fonctionnalités et des innovations techniques.

Exercice 3 ○ page 11

1. Une marque est « un nom, un terme, un signe, un symbole, un dessin, ou toute combinaison de ces différents éléments, servant à identifier les biens et services d'une entreprise et à les différencier des concurrents ». Clarion est d'abord un nom, mais c'est aussi un nouveau logo au design élégant et moderne », une couleur corporate Azzuro et un slogan *Human Music Media Interface*. Une bonne marque doit être lisible, euphonique, audible, facilement mémorisable, prononçable, évocatrice des produits qu'elle représente, déclinable et internationalisable. La marque Clarion répond à plusieurs de ces critères de qualité, puisque le nom et la couleur évoquent la clarté, la pureté, la fraîcheur, la transparence, la fiabilité et l'expertise pointue. Le nom évoque également « la musique, l'information et les environnements mobiles ». Le slogan renforce sa position par rapport aux différents univers technologiques : lien entre les hommes, la mobilité, la musique, la vidéo et le divertissement. Le mot « Clarion » est facile à prononcer, dans toutes les langues, audible, utilisable partout dans le monde.

2. L'entreprise Clarion cherche, par le lancement de sa nouvelle marque, à développer une stratégie de marque globale, c'est-à-dire commercialisée dans le monde entier à l'identique, avec le même positionnement, les mêmes produits, la même communication et les mêmes principes de distribution. Cette stratégie s'inscrit dans une logique économique qui doit lui permettre de mieux amortir certains coûts (communication *corporate* et produit notamment). Clarion cherche également à conforter sa position de leader sur le marché, en créant une synergie entre ses différentes gammes de produits (son, vidéo, informatique, mobile…)

3. Clarion souhaite principalement véhiculer une image de plaisir et de divertissement, de naturalité (le ciel bleu Azzuro, la mer, la planète), et de paix, mais aussi de vie grâce à l'environnement animé dans lequel elle évolue.

Exercice 4 ○ page 12

1. Les marques globales comme Coca-Cola permettent de commercialiser un produit à l'identique sur toute la planète, sous une même marque et très souvent avec le même conditionnement. Si la communication s'adapte parfois au contexte local, le positionnement est le même sur tous les marchés. L'« impérialisme » de certaines marques finiraient par en oublier la nécessité de respecter les particularismes locaux. Le consommateur cherche à conserver ses racines et à afficher ses différences, en portant son choix sur des produits porteurs de différenciation. D'où le retour en force des marques locales, c'est-à-dire nationales. Le lancement de packagings en séries limitées devient en ce sens un « outil de différenciation et de proximité avec le consommateur », permettant de faire évoluer une marque globale vers un mix de stratégie globale et locale, avec de fortes adaptations aux marchés locaux.

2. Le packaging se définit comme l'ensemble des éléments matériels qui, sans être inséparables du produit lui-même, sont vendus avec lui en vue de permettre ou de faciliter sa protection, son transport, son stockage, sa présentation en linéaire, son identification et son utilisation par les consommateurs. Le packaging remplit donc des fonctions techniques, mais aussi commerciales : attirer le consommateur et véhiculer son image, informer et communiquer avec le consommateur.

3. Le packaging devient, avec le développement des mégamarques par les multinationales, un important moyen de différenciation et de fidélisation. Par le biais de packagings en séries limitées, ces dernières, talonnées par des PME qui relancent des marques délaissées, arrivent ainsi à sortir les produits de l'anonymat et de la banalité, en contribuant à développer leur image de marque. Produire et conditionner des produits dans des packagings en séries limitées devient techniquement possible, pour des coûts tout à fait raisonnables. Les marques y trouvent un « relais de croissance » pour assurer leur développement, et un bon moyen de « gommer leur impérialisme planétaire ».

3. La fixation du prix

Exercice 1 ○ page 13

1. Calcul du coût de revient unitaire des deux produits pour la saison N–1 et du coût de revient prévisionnel de l'année N

Coût de revient des deux produits pour la saison N–1

Éléments de coût	Barquette 250 g	Barquette 500 g
Achats de fraises au producteur	$\frac{800}{(1000 \times 4)} = 0{,}20$ (1)	$\frac{800}{(1000 \times 2)} = 0{,}40$ (1)
Charges de personnel	0,25	0,50
Frais de transport	0,15	0,30
Emballages, conditionnements	0,04	0,06
Frais fixes	$\frac{150\,000}{500\,000} = 0{,}30$	0,30
Coût de revient	0,94	1,56

(1) 1 tonne = 1 000 kg et 1 kg = 4 barquettes de 250 g ou 2 barquettes de 500 g.
(2) 20 000 + 300 000 = 500 000 barquettes vendues.

Coût de revient unitaire prévisionnel de l'année N

Éléments de coût	Barquette 250 g	Barquette 500 g
Achats de fraises au producteur	0,20 × 1,30 = 0,26	0,40 × 1,30 = 0,52
Charges de personnel	0,25 × 1,08 = 0,27	0,50 × 1,08 = 0,54
Frais de transport	0,15 × 0,80 = 0,12	0,30 × 0,80 = 0,24
Emballages, conditionnements	0,04	0,06
Frais fixes	160 000/570 000 = 0,28 (1)	0,28
Coût de revient	0,97	1,64

(1) 220 000 = 350 000 = 570 000 barquettes vendues.

Conclusion

Pourcentage d'évolution d'une année sur l'autre

Produits	Barquette 250 g	Barquette 500 g
Variation du prix unitaire de la barquette de N par rapport à N–1	$\frac{0{,}97 - 0{,}94}{0{,}94 \times 100} = 3{,}20\,\%$	$\frac{1{,}64 - 1{,}56}{1{,}56 \times 100} = 5{,}13\,\%$

Le prix de la barquette de 500 g augmente plus vite que celui de la barquette de 250 g, principalement à cause de l'évolution importante du cours de la fraise d'une année sur l'autre (+ 30 %).

2. Marge unitaire

Éléments	Barquette 250 g	Barquette 500 g
Chiffres d'affaires	1,27	1,95
Coût de revient	0,94	1.56
Marge unitaire	0,33	0,39

3. Taux de marge unitaire

Éléments	Barquette 250 g	Barquette 500 g
Taux de marge (1)	$\frac{0{,}33}{0{,}94} \times = 35\ \%$	$\frac{0{,}39}{1{,}56} \times = 25\ \%$

(1) Taux de marge = $\frac{\text{marge unitaire}}{\text{coût de revient}} \times 100.$

On constate une différence de marge de 35 % – 25 % = 10 % entre les deux produits ; la barquette de 250 g est donc plus rentable pour l'entreprise que la barquette de 500 g.

4. Prix de vente des deux produits en N

Éléments	Barquette 250 g	Barquette 500 g
Coût de revient	0,97	1,64
Marge = coût de revient × taux de marge	0,97 × 40 % = 0,39	1,64 × 40 % = 0,66
Prix de vente = coût de revient + marge	0,97 + 0,39 = 1,36	1,64 + 066 = 2,30

Exercice 2 ● page 14

1. Détermination du prix psychologique

Tableau de calculs

Prix en euros	Nombre de réponses		Prix excessif en %		Qualité insuffisante en %		% d'acheteurs potentiels
	Prix excessif	Qualité insuffisante	% simple	% cumulé croissant	% simple	% cumulé décroissant	
2100	0	30	0 %	0 %	10 %	100 %	0 %
2300	14	114	5 %	5 %	38 %	90 %	5 %
2500	24	68	8 %	13 %	23 %	52 %	35 %
2700	54	52	18 %	31 %	17 %	29 %	40 %
2900	72	20	24 %	55 %	7 %	12 %	33 %
3100	90	16	30 %	85 %	5 %	5 %	10 %
3300	46	0	15 %	100 %	0 %	0 %	0 %
Total	300	300					

Graphique

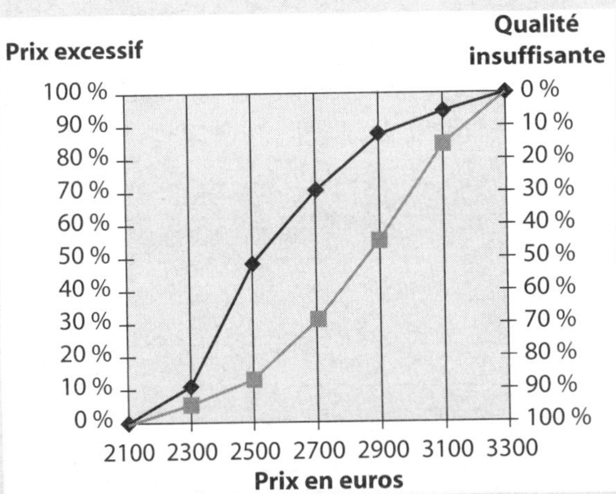

Le prix accepté par un maximum de consommateurs potentiels est le prix de 2 700 €, puisque 40 % des acheteurs potentiels ont déclaré accepter d'acheter le produit à ce prix.

2. Chiffre d'affaires prévisionnel, marge prévisionnelle, taux de marge

Chiffre d'affaires prévisionnel : 10 000 × 2 700 = 27 000 000 €.

Marge commerciale : 27 000 000 × 35 % = 9 450 000 €.

Taux de marge : $\frac{\text{marge commerciale}}{\text{coût de revient}} \times 100$

$= \frac{\text{marge commerciale}}{\text{chiffre d'affaires} - \text{coût de revient}} \times 100 = \frac{9\,450\,000}{27\,000\,000 - 9\,450\,000} \times 100 = 53{,}84\ \%.$

Exercice 3 ○ page 15

1. Le *yield management*

Le *yield management* consiste, pour une compagnie aérienne à qui il est impossible de stocker des places d'avion inutilisées, à faire varier ses prix pour remplir ses capacités de production. En d'autres termes, le *yield management* consiste à proposer des tarifs différents pour gérer au mieux les capacités et maximiser la marge sur coût variable (le coût d'un avion représente une capacité de production fixe). Ce type de tarification permet donc aux compagnies aériennes d'optimiser leur rentabilité.
Les techniques du *yield management* nécessitent une bonne connaissance du marché, chaque vol étant « analysé, scruté à la loupe », ainsi qu'un comportement « d'anticipation », puisque les compagnies doivent établir des prévisions de remplissage pour chaque vol. Elles nécessitent également une bonne communication en direction des différents segments cibles, pour leur faire savoir les avantages de prix ou les contraintes qu'on leur impose parfois.
Enfin, il faut apprendre à gérer les mécontentements des clients qui paient des prix différents pour le même service de base. Il peut y avoir, pour un même vol, vingt tarifs différents avec des écarts considérables ! D'autant plus que les « règles du jeu » sont souvent mal connues de la clientèle. Un effort de transparence est donc nécessaire pour éviter la mauvaise humeur des clients.

2. Les autres méthodes mises en œuvre par les compagnies aériennes

Les compagnies aériennes arrivent à augmenter leur taux de remplissage grâce au *surbooking*.
Cette méthode consiste à rechercher une optimisation de la recette globale en pratiquant une surréservation. Partant du principe qu'un certain pourcentage des clients va se désister, les compagnies aériennes vendent la même place plusieurs fois.

3. Les compagnies aériennes *low cost*

Les compagnies aériennes *low cost* pratiquent à la fois le *yield management* et le *surbooking*. De plus, ces compagnies à bas prix cherchent à diminuer les coûts : pas de billet d'avion ni de structure de réservation, services à bord réduits au minimum, recours systématique à l'Internet et à l'informatique pour la gestion des contacts clients, pas d'intermédiaires, des aéroports moins coûteux… Tous ces éléments favorisent une meilleure rentabilité.

4. La communication commerciale

Exercice 1 ○ page 17

1. Le principal média choisi par Léon de Bruxelles pour ses campagnes d'affichage 2003 et 2004 est l'affichage dans le métro. Ce média présente l'avantage d'une grande visibilité, pour un coût de contact relativement faible. La chaîne de restaurants utilise des visuels « parlants » pour valoriser le produit et « mettre l'eau à la bouche ». De plus, ce média touche particulièrement les grandes villes, notamment la région parisienne, et semble donc bien adapté à la cible. Il présente donc une bonne sélectivité géographique.
L'entreprise utilise également la radio, qui diffuse des « messages gourmands » sous forme de recettes, essen-

tiellement sur la bande FM. Le choix des radios locales privées les plus écoutées sur la région parisienne permet, là encore, une bonne couverture géographique de la cible. Ce choix permet une bonne répétition des messages, en relais de l'affichage, favorisant une bonne mémorisation des messages. Il permet de générer un bon trafic dans les restaurants. Enfin, Léon de Bruxelles utilise, de façon très ciblée, un troisième média : le cinéma. Ce choix se justifie par le fait que le cinéma touche un public jeune et dynamique. La projection dans une salle située non loin du restaurant cible directement les clients potentiels du restaurant, en les invitant à venir déguster un repas après le spectacle.

2. Léon de Bruxelles fidélise sa clientèle par une communication évènementielle, à l'occasion des fêtes : fêtes de fin d'année, Saint-Valentin, Fête des mères, etc., accompagnant des animations dans les restaurants. L'entreprise utilise également des opérations de marketing direct sur des clientèles ciblées, auxquelles elle offre de nombreux avantages.

Exercice 2 ○ page 18

1. Internet a une image très positive chez les jeunes, qui apprécient tout particulièrement le dynamisme lié au média, au travers de son interactivité et ses différentes utilisations : mails, *chat*, forums, messageries instantanées, sans oublier les services « communicationnels » et la navigation. En revanche, ils jugent sévèrement la publicité sur Internet : celle-ci leur apparaît trop « intrusive », dès qu'elle envahit la page (*pop-up*). Ils apprécient par contre les liens publicitaires permettant de passer d'une page à une autre en fonction de leurs centres d'intérêt. Ils sont très réceptifs à des publicités mettant en avant des gains, ou celles relatives à des univers qui leur sont proches (sport, téléphonie mobile, musique, cinéma).

2. Internet présente certains avantages, que n'offrent pas les médias traditionnels, pour toucher la clientèle des jeunes :
– tout d'abord, il s'agit du seul média interactif. Or, les jeunes sont des « accros » de la communication dialoguée (téléphone portable, SMS…) ;
– il constitue une plate-forme technologique de convergence de tous les médias actuels sur lesquels se greffent de nouveaux modes de communication plus personnalisés ;
– c'est un média facilement accessible, à domicile, dans les salles de jeux en réseau, les cybercafés, les établissements de formation, etc. Il fait donc partie intégrante de l'univers des jeunes ;
– Internet est principalement utilisé par des entreprises dont les domaines d'activité concernent en particulier les jeunes : télécommunications, services, voyages, tourisme, transport, informatique, culture, loisirs, édition musicale, cinéma… Il constitue donc le média le plus puissant du ciblage par affinité ;
– la publicité sur Internet attire les jeunes par son caractère ludique (animations, flashs…) et impromptu (communication majoritairement non sollicitée), ainsi que par sa très grande variété (bannières, bandeaux, *pop-up*, sponsoring de sites et de rubriques, etc. Elle est généralement perçue comme plus objective par les jeunes que celle des médias traditionnels.

3. Internet a profondément changé le rapport des jeunes avec les médias traditionnels, notamment avec la télévision qu'ils n'hésitent pas à délaisser si les programmes ne les intéressent pas. Néanmoins, Internet ne se substitue pas aux autres médias, il leur est complémentaire. Internet est le média du ciblage par centres d'intérêt. Il se rapproche en cela des médias comme la presse magazine, ou les chaînes de télévision thématiques. Il présente l'immense avantage de créer une affinité très forte entre l'audience et la cible. Par contre, il ne correspond pas encore aujourd'hui aux attentes des grands annonceurs, qui lui reprochent son manque de puissance, de répétition, et de capacité de communication créative. Il joue donc pour le moment le rôle de média de complément.

4. Les adultes n'idéalisent pas Internet comme les jeunes. Ils l'utilisent davantage sur leur lieu de travail qu'à la maison et restent donc sensibles aux médias traditionnels. Leur utilisation du média est beaucoup plus rationnelle : e-mails, gestion des comptes bancaires, achats en ligne, communication avec les administrations. Ils sont très sensibles à la sécurité d'utilisation.

Exercice 3 ○ page 20

1. L'e-mailing est un courrier électronique envoyé à des fins commerciales. Il connaît à l'heure actuelle un succès grandissant, lié principalement au succès considérable du courrier électronique, étant donné que la grande majorité des internautes utilisent le mail et leur nombre ne fait qu'augmenter. Les taux de retour sont nettement plus importants que pour le mailing papier, qui a tendance à s'essouffler : lassitude des consommateurs qui n'ouvrent même plus leurs enveloppes, alors que l'e-mailing est très souvent lu. L'e-mailing présente divers avantages :
– une personnalisation très forte de la relation avec le client, puisqu'il s'adresse à des clients ciblés selon leurs centres d'intérêt ;
– une richesse d'enseignements sur les points forts et points faibles de la campagne, permettant une amélioration rapide des performances, ce que ne permet pas le marketing direct traditionnel ;
– une rapidité de mise en place et de retour ;
– des coûts inférieurs à ceux du marketing direct classique ;
– un fichier clients–prospects qui se développe rapidement quantitativement et qualitativement.

2. L'utilisation de l'e-mailing permet à l'entreprise de créer et enrichir son fichier d'adresses électroniques. Toutes les réactions du client consécutives à l'envoi du e-mailing sont en effet analysées et alimentent la base de données : flux de clics, réactions à des propositions commerciales personnalisées (« solo marketing »), achat, demande de documentation, inscription à une liste de diffusion, à une *newsletter*, etc. Toutes ces analyses contribuent à renforcer l'efficacité des campagnes suivantes.

3. L'e-mailing devrait connaître dans les années à venir un développement important : de 1 % des dépenses marketing, il devrait passer à près de 13 % d'ici dix ans. L'obstacle majeur réside dans la relative pauvreté des bases de données d'adresses e-mails : les entreprises commencent tout juste à les collecter de manière systématique. De plus, comment joindre un internaute aux adresses Internet multiples ? Un autre frein apparaît avec l'intrusion ressentie par beaucoup d'internautes dans leur vie privée : recevoir un message dans une boîte aux lettres électronique est bien plus intrusif que dans la boîte aux lettres de son domicile. Le développement de ce nouveau mode de communication repose donc, semble-t-il, sur la mise en place et le respect par les entreprises d'un code de déontologie, reposant sur une autorisation préalable du consommateur (« *opt-in* » = consentement exprès donné par l'utilisateur d'une adresse électronique à recevoir des messages électroniques *via* le réseau Internet).

5. Le réseau de vente

Exercice 1 ○ page 21

1. La distribution sélective consiste, pour un producteur, à limiter le nombre de points de vente où ses produits seront distribués à un ensemble de distributeurs ayant des caractéristiques communes. Les points de vente sont sélectionnés en fonction de critères objectifs, de nature qualitative (image de la marque et des produits, compétence particulière du revendeur, installations spéciales, localisation précise du point de vente, accueil, conseils personnalisés et services à la clientèle), ou quantitatifs (ex : limitation du nombre de revendeurs en fonction du potentiel de production du fabricant). La distribution sélective permet donc au producteur un meilleur contrôle qualitatif des points de vente, et surtout des prix, puisque les distributeurs de parfums sont généralement tenus d'appliquer la politique de prix définie par les marques. La distribution sélective permet également de limiter la contrefaçon et la mise en place d'un marché parallèle qui frappent de plein fouet les professionnels du luxe.

2. Certains distributeurs de la distribution sélective, tel Sephora, ont essayé de distribuer leurs produits sur Internet, mais ils ont dû « fermer illico » leur boutique en ligne sous la pression des marques. Quand aux véritables commerces en ligne, tel parfumsnet.com, ils sont « traqués » par les marques qui n'hésitent pas à engager des procédures judiciaires. D'autant plus que leur implantation à l'étranger rend les contrôles difficiles et favorise la contrefaçon. Néanmoins, deux distributeurs, Marionnaud et les Galeries Lafayette, ont obtenu l'agrément de certaines marques pour distribuer leurs produits. Il semble donc impossible à une parfumerie, à l'heure actuelle en France, de distribuer l'intégralité de son assortiment sur le Net. Les négociations sont menées marque par marque, et les ventes effectuées par ce canal sont strictement contrôlées. Les boutiques de parfums de luxe en ligne ne sont donc pas prêtes de se développer sur l'Hexagone. Internet n'est pour l'instant qu'un canal de distribution annexe à la distribution sélective.

Exercice 2 ○ page 22

1. La stratégie multicanale consiste à développer une distribution utilisant plusieurs canaux complémentaires. De nombreuses entreprises, plutôt que de réaliser 100 % de leur chiffre d'affaires grâce à leur force de vente intégrée, multiplient les modes de distribution : vente directe, vente directe *via* des distributeurs, et vente à distance. Cette stratégie répond à l'émergence d'un nouveau type de client : le client multicanal qui utilise différents canaux de contact pour s'informer et acheter les produits. Ces différents canaux ne sont pas concurrents, mais complémentaires. Le principal intérêt du multicanal pour l'entreprise réside dans la possibilité qui lui est offerte d'accroître son niveau de services au client (par exemple, conseils aux distributeurs, animation des points de vente), afin de le fidéliser. L'objectif est donc de développer la part de marché, en faisant en sorte que les clients achètent moins chez les concurrents, tout en prolongeant leur relation dans le temps. Cette approche permet aussi de recruter de nouveaux clients : un chiffre d'affaires croît avec la multiplication des points de vente, mais aussi avec l'augmentation des points de contact avec le client. Les entreprises cherchent certes à utiliser différents canaux de contact, mais elles s'efforcent également de multiplier les synergies entre les canaux afin de les optimiser.

2. L'entreprise qui opte pour le multicanal se heurte à plusieurs difficultés. En premier lieu, il y a un risque d'interconnexion et de concurrence entre les canaux. De plus, en multipliant les canaux, on multiplie les compétences nécessaires (commerciaux grands comptes, spécialisation des distributeurs par famille de distributeurs, par zone géographique, d'après David Azoulay), avec des risques de défaillances de qualité de service. L'objectif d'une entreprise doit donc être moins d'accumuler les canaux de distribution ou de communication que d'optimiser les canaux, en les rendant complémentaires. Il est en outre nécessaire de trouver un équilibre entre une logique de coût liée à la rationalisation de la relation client et une logique de service.

3. Opter pour le développement d'un canal de vente indirect nécessite un diagnostic précis des compétences et motivations des équipes de vente. Ce type de canal nécessite des qualités particulières chez les vendeurs : compétences techniques étendues, animation de l'équipe de vente des distributeurs, sens des responsabilités (plans d'action à mettre en œuvre). Les réticences de certains vendeurs qui souhaitent se limiter à la vente directe, et les craintes de restructurations et de licenciement nécessitent la mise en place d'un plan de formation permettant d'accéder à ces nouvelles responsabilités.

6. La connaissance de la demande

Exercice 1 ○ page 23

1. Les prescripteurs sont des tiers professionnels qui influencent la décision d'achat, comme les médecins, les architectes, bureaux d'étude, maîtres d'œuvre, responsables de crèche, etc. Ils n'achètent ni ne vendent rien. Leur rôle consiste à conseiller l'acheteur, de façon plus ou moins impérative (impérative pou les médecins en ce qui concerne les médicaments, non impérative pour les vétérinaires qui conseillent les particuliers pour le choix d'un aliment pour les chiens et les chats).

2. Il existe d'autres « influenceurs » possibles de la demande :
– les préconisateurs, dont la recommandation peut influencer fortement l'acheteur, mais qui ne s'impose pas (décorateurs, enseignants pour le choix d'un livre, par exemple) ;

– les leaders d'opinion : personnes qui ont une influence dans leur entourage, de par leur expérience, leur expertise particulière, leur autorité naturelle, mais aussi de par leur profession (journalistes, éducateurs, hommes politiques) ;
– le bouche à oreille.

3. Les prescripteurs sont la plupart du temps des professionnels reconnus par les clients pour leur compétence dans un domaine spécifique. Ils sont au centre des relations entre les marques et leurs clients. Néanmoins, il ne faut pas les confondre avec les intermédiaires revendeurs, car ils ne vendent rien. De plus, ils ne sont aucunement liés avec les marques, et sont donc complètement libres dans leurs prescriptions.

4. Avant de communiquer avec la cible des prescripteurs, l'entreprise doit les identifier, et bien les connaître, afin de pouvoir mettre en place un plan de communication cohérent. Elle doit établir un dialogue permanent, en mettant en place un « relationnel fort » : visites terrain régulières, accompagnement de la clientèle finale, participation à des salons, visites d'usine, etc. Ce lien étroit de l'entreprise avec sa cible de prescripteurs s'accompagne d'une assistance technique, une information sur les nouveaux produits, la qualité, l'image et le positionnement de l'entreprise.

5. La cible des prescripteurs peut être atteinte de trois façons différentes :
– par la mise en place d'une structure dédiée : c'est le cas pour les laboratoires pharmaceutiques qui emploient des délégués médicaux chargés de visiter les médecins, ou encore dans le bâtiment travaux publics (Lafarge, Saint-Gobain, etc.). Ce type d'organisation présente un risque de conflit entre les commerciaux et les prescripteurs, et de dilution de l'information ;
– par la force de vente de l'entreprise : les vendeurs visitent à la fois clients et prescripteurs, avec le risque de délaisser ces derniers pour réaliser un « *business* immédiat ». En effet, les visites aux prescripteurs ne débouchent que très rarement sur des commandes. Il est donc souvent nécessaire d'objectiver les vendeurs sur les visites aux prescripteurs ;
– par le recours à un prestataire externe (société spécialisée).

Exercice 2 ▸ page 25

Analyse de la demande potentielle de cartes bancaires et de téléphones portables

Catégories	Carte bancaire	Téléphone portable
Non-consommateurs absolus	Personnes non titulaires d'un compte bancaire	Handicapés physiques (malentendants)
Non-consommateurs relatifs « volontaires »	Personnes hostiles à l'utilisation d'un guichet automatique de banque	Personnes réfractaires à la détention d'un téléphone (fixe ou portable)
Non-consommateurs relatifs « involontaires »	Habitants des zones avec agences non équipées en DAB et GAB	Habitants des zones non couvertes par les antennes relais
Consommateurs de produits substituables	Personnes titulaires uniquement d'un compte chèques	Personnes équipées d'un téléphone fixe

Exercice 3 ▸ page 26

1. Marché potentiel théorique : 17 300 000 × 3,2 × 0,90 × 2 = 99 648 000 paquets.

2. Marché actuel :
– en nombre de paquets : 99 648 000 × 0,70 = 69 753 600 paquets ;
– en valeur : 69 753 600 × 0,19 = 13 253 184 €.

3. Marché potentiel de l'entreprise année N :
– en volume : 69 753 600 × 15 % = 10 463 040 paquets ;
– en valeur : 10 463 040 × 0,19 = 1 987 977,60 €.

4. Marché potentiel de l'entreprise (année N+1) :

Coefficient d'augmentation de la consommation : $\frac{2,5}{2} = 1,25$

– en volume : 69 753 600 × 17 % × 1,25 = 14 822 640 paquets ;
– en valeur : 14 822 640 × 0,15 = 2 223 396 €.

5. Taux d'évolution du chiffre d'affaires de N+1 par rapport à N :

$\frac{2\,223\,396 - 19\,879\,777}{1\,987\,977} \times 100 = 11,84\ \%.$

7. La segmentation

Exercice 1 ○ page 27

1. La clientèle des 15-25 ans ne constitue pas une cible homogène. Elle présente des disparités de consommation, de comportement et d'habitudes d'achat suivant le sexe, l'âge (lycéen ou étudiant), l'habitat (province Paris), etc. On ne peut donc pas s'adresser à cette clientèle de manière unique (un seul produit, un seul message), d'autant plus que les juniors constituent une clientèle très courtisée par les marques et les annonceurs. C'est un public « ultra-exigeant, mature et averti ». Deux groupes d'âges sont à distinguer : les 15-18 ans et les 19-25 ans.

2. Les critères de segmentation couramment utilisés par les entreprises pour découper leur marché peuvent être :
– des critères sociodémographiques : sexe, âge, revenus, habitat ;
– des critères psychosociologiques : personnalité, mode de vie.
– des critères comportementaux : importance des achats, modes d'utilisation, lieux d'achat, marques, types de produits achetés.
Le texte fait explicitement référence aux critères comportementaux et aux critères sociodémographiques. De nombreux critères peuvent donc être retenus, et même combinés entre eux, pour segmenter le marché des jeunes.

3. La segmentation permet de mieux satisfaire le client, en proposant à chaque segment une offre spécifique et adaptée. L'entreprise doit adapter chaque élément de son plan de marchéage à chaque segment : il s'agit de concevoir un produit optimal, au meilleur prix, distribué dans les meilleures conditions, ainsi que le message et la stratégie publicitaire adéquats.
La segmentation permet donc une couverture optimale du marché, mais elle engendre une multiplication des coûts liés au développement de plusieurs offres correspondant à chaque famille homogène de clients.

4. Les jeunes apprécient particulièrement les canaux de communication de la mercatique directe : supports traditionnels, mailings papier, brochures, consumers magazines, mais surtout les « nouveaux médias (e-mailing, SMS-mailing), qui « créent un lien de complicité et offrent une plus grande proximité entre la marque et les jeunes ». Ce sont des supports que se sont appropriés les jeunes, et qui répondent à leur aspiration à une communication régulière, permanente et interactive, car « ils souhaitent donner leur avis et orienter les offres de la marque ». Ces médias présentent néanmoins certaines limites :
– ils ne sont pas « exhaustifs » ; en effet, malgré un taux d'équipement en téléphones portables de près de 80 %, ils ne permettent pas de contacter tous les jeunes ;
– ils ne se prêtent qu'à des messages assez courts (160 caractères maximum) ;
– ils requièrent des bases de données « rares et chères » ;
– ils nécessitent le respect de contraintes strictes d'horaires.

Exercice 2 ○ page 28

1. Le CRM (*Customer Relationship Management*) ou GRC en français (Gestion de la relation client) est « une démarche organisationnelle qui vise à mieux connaître et mieux satisfaire les clients identifiés par leur potentiel d'activité et de rentabilité, à travers une pluralité de canaux de contact, dans le cadre d'une relation durable, afin d'accroître le chiffre d'affaires et la rentabilité de l'entreprise. Le CRM s'appuie sur des outils techniques permettant de gérer l'identification, la segmentation, l'adaptation, l'interaction et l'évaluation de la relation client dans une activité de masse (de plusieurs milliers à plusieurs centaines de milliers, voire plusieurs millions de clients). Le *datamining* (ou fouille de données) est le principal outil. Il représente un « processus d'exploration informatique permettant d'extraire d'une base de données des informations pertinentes, qui vont aider la direction commerciale à orienter sa stratégie. C'est un processus de découverte de corrélations, de relations, de tendances, qui passe par le traitement de grandes quantités de données, en utilisant des méthodes statistiques et mathématiques, pour comprendre (analyse descriptive) ou prédire (analyse décisionnelle ou descriptive) les comportements. L'analyse descriptive étudie de façon détaillée le comportement d'achat des clients, afin de déterminer, par exemple, le profil des clients à fort potentiel ou ceux susceptibles de passer à la concurrence, afin de déterminer leurs attentes et en déduire les actions à mettre en place. L'analyse prédictive utilise les informations comportementales fournies par l'analyse descriptive et permet à la cellule commerciale d'anticiper les comportements, afin, par exemple, de retenir les clients sur le départ.

2. Ces nouvelles méthodes de segmentation nécessitent :
– un fichier clients « recensant, au minimum, plusieurs centaines de noms ». Le CRM et les outils qui lui sont associés ne sont accessibles qu'aux entreprises de moyenne et grande taille ;
– l'utilisation d'un outil informatique et de solutions logicielles performants, afin de pouvoir réaliser des analyses très poussées, logiciels capables de « gérer une problématique clients complexe » ;
– un personnel compétent pour « manier ces solutions » (informaticiens, statisticiens," datamanagers") ;
– un investissement important : 50 000 euros par poste utilisateur pour l'acquisition d'un logiciel ou 30 000 euros en location.

8. La connaissance du client

Exercice 1 ○ page 29

1. Le *profiling*

Le *profiling* consiste à repérer dans le fichier clients ou prospects de l'entreprise ceux qui présentent le meilleur profil compte tenu de l'action commerciale envisagée (dans l'article, l'envoi d'un mailing, la téléprospection, la fidélisation). Le *profiling* nécessite « un travail minutieux » sur le fichier clients, qui consiste à repérer les personnes susceptibles d'être les plus réceptives à une opération de prospection. La qualification du fichier consiste à recueillir et (ou) vérifier des informations précises sur les clients, concernant plus particulièrement les coordonnées des différents interlocuteurs (décideur, utilisateur, prescripteur,..), leurs fonctions, ainsi que l'origine de l'entrée en relation (prospection téléphonique, visite commerciale, salon...). La qualification permet donc d'adapter le fichier clients à des actions commerciales spécifiques.

2. L'enrichissement du fichier

La gestion de la relation client nécessite de disposer, d'exploiter, de traiter une masse d'informations considérable et sans cesse croissante De plus, le consommateur actuel recherche des produits qui répondent à ses besoins de façon individualisée et personnalisée. Dans cette optique, le fichier doit permettre de connaître de façon de plus en plus fine chaque client ou prospect. Or, les informations contenues dans la plupart des fichiers sont encore trop limitées à des informations d'identification ou à l'historique des relations avec

le client. La prospection d'une nouvelle clientèle nécessite la connaissance d'informations comportementales, « nécessaires à la définition d'un profil ». Il est donc important d'obtenir un maximum d'informations de tous ordres sur les prospects et clients, comme par exemple les habitudes d'achat, les lieux d'achat, les critères de choix, etc.
Les outils d'enrichissement permettent non seulement d'affiner la connaissance des prospects, mais également de « détecter des potentiels », afin de conquérir une nouvelle clientèle, mettre en place des programmes de fidélisation, ou adapter les efforts commerciaux au potentiel du client (« afin de fournir aux commerciaux des contacts ciblés »). Ils permettent enfin de mieux rentabiliser l'action commerciale, notamment les visites des commerciaux, par un meilleur ciblage des clients à potentiel.

3. Réalisation de l'enrichissement du fichier

L'enrichissement du fichier repose sur deux méthodes :
– l'enrichissement externe, « individuel », qui consiste, pour l'entreprise, à compléter les informations dont elle dispose sur chaque client ou prospect par celles fournies par des bases de données externes, achetées ou louées, riches en « critères comportementaux » ;
– l'enrichissement d'origine interne, qui consiste à compléter la base par des données propres à l'entreprise, obtenues par enquête, remontée d'informations par les vendeurs, etc.
De très nombreux critères peuvent être retenus (150 critères comportementaux). Les fichiers intègrent de plus en plus de données sociodémographiques (environ 1 500 critères !), résultant d'études de géomarketing.

Exercice 2 ○ page 30

1. Le géomarketing

Le géomarketing (ou géomercatique) associe l'utilisation des bases de données aux informations géographiques. Elle permet d'apporter des réponses à un certain nombre de questions : qui sont nos clients ou prospects (les acheteurs potentiels de tondeuses à gazon dans l'article), où sont-ils situés (étude de la zone de chalandise de la grande surface spécialisée), où sont les meilleurs prospects pour le produit (maisons avec jardin et grandes propriétés pour des tondeuses à gazon), comment organiser l'action commerciale (dans l'article, à qui envoyer le mailing pour promouvoir l'offre de tondeuses à gazon ?) ? D'après le texte, les principaux avantages du géomarketing sont :
– une segmentation très fine de la zone de chalandise du magasin, par un repérage précis des foyers susceptibles d'être intéressés par l'offre de tondeuses à gazon ;
– des économies réalisées importantes, par une optimisation de la distribution des imprimés sans adresse : réduction du nombre de prospectus distribués, meilleur taux de retour, diminution du coût global de la campagne, en évitant notamment l'acquisition d'adresse inutiles, puisque le géomarketing ne nécessite pas l'achat d'adresses issues d'un fichier ;
– de plus, le fichier constitué est plus stable, dans la mesure où les personnes qui déménagent sont généralement remplacées par des personnes aux caractéristiques socio-économiques proches.

2. L'utilisation de l'outil géomarketing

L'entreprise qui souhaite utiliser l'outil géomarketing doit la plupart du temps s'adresser à un prestataire spécialisé (Médiapost, par exemple) qui peut lui fournir trois types de prestations :
– une étude « sur étagère », c'est à dire une étude « toute faite sur une zone de chalandise ou une famille de produits ;
– une étude réalisée à la demande ;
– la fourniture d'un logiciel permettant de réaliser une étude en interne.
La géomercatique n'est cependant, à l'heure actuelle, pas encore à la portée de toutes les entreprises, étant donné son coût élevé (15 000 euros pour une étude dédiée, 10 000 euros pour l'acquisition d'un logiciel performant). Son utilisation concerne surtout les clients importants (grands comptes) et les grandes entreprises de distribution, afin que le retour sur investissement soit suffisant.

3. Les utilisations possibles du géomarketing

Le texte fait référence à l'utilisation du géomarketing en tant qu'outil de détection et d'appréciation du potentiel d'achat de la clientèle d'une grande surface spécialisée dans le domaine du bricolage, dans le but de réaliser une campagne de mercatique directe (distribution « ciblée » d'imprimés sans adresse dans sa zone de chalandise). Il s'agit donc d'une opération de communication hors média dans la vente sédentaire. Le géomarketing permet également d'optimiser l'efficacité des vendeurs non sédentaires, en orientant leur activité vers des secteurs selon leur potentiel, la structure de la population, l'implantation de la concurrence, etc. Elle permet donc d'organiser l'action de la force de vente sur le terrain.

9. Les séries statistiques

Exercice 1 ⊳ page 31

1. Identification des variables observées

On observe deux variables : la variable « Profession » et la variable « Montant des achats ».

2. Nature des variables :

– Profession : variable qualitative.

– Montant des achats : variable quantitative.

Exercice 2 ⊳ page 32

1. Première série statistique

PCS	Effectif (n_i)
Agriculteurs exploitants	2
Artisans, commerçants et chefs d'entreprise	14
Cadres et professions intellectuelles supérieures	8
Professions intermédiaires	2
Employés	0
Ouvriers	3
Retraités	0
Autres personnes sans activité professionnelle	0

2. Deuxième série statistique

Montant des achats en €	Effectif (n_i)
[0 ; 15 000[	19
[15 000 ; 30 000[	7
[30 000 ; 45 000[	3

3. Nature des variables

– PCS : la variable est discrète.

– Montant des achats : la variable est continue.

4. Présentation graphique

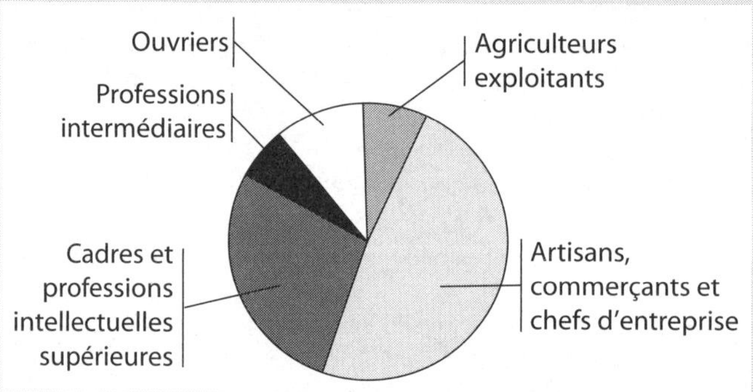

Exercice 3 ○ page 32

1. Construction de la série statistique

Jour (x_i)	Nombre moyen de visiteurs (n_i)
Lundi	87
Mardi	91
Mercredi	212
Jeudi	104
Vendredi	202
Samedi	457
Dimanche	760

2. Représentation graphique

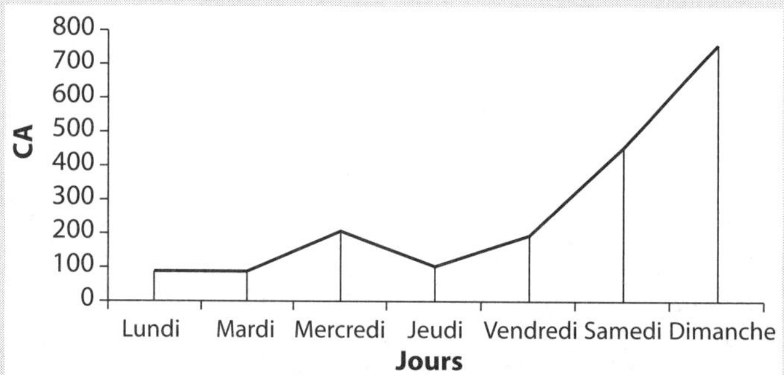

10. La fréquence, le mode, la moyenne et la médiane

Exercice 1 ○ page 33

1. Fréquence, mode, moyenne arithmétique et médiane

Mode = 650 €

Moyenne arithmétique = $\frac{139\,400}{186}$ = 749,46 €.

Médiane = $400 + (650 - 400) \times \frac{(50 - 26)}{(54 - 26)}$ = 614,35 €.

2. Commentaires :

Le mode correspond à l'effectif le plus élevé.
La moitié des clients a effectué plus de 614,35 € d'achats, et l'autre moitié, moins de 614,35 €.

Exercice 2 › page 33

1. Fréquences, mode, moyenne et médiane

Montants des commandes en €	Nombre de commandes	Fréquences (f_i)	f_i cumulées	x_i	$n_i\,x_i$
[500, 750[	12	5% (1)	5%	625 (2)	7 500
[750, 1 000[	18	7%	12%	875	15 750
[1 000, 1 250[	25	10%	23%	1 125	28 125
[1250, 1 500[	36	15%	37%	1 375	49 500
[1 500, 1 750[	48	20%	57%	1 625	78 000
[1 750, 2 000[	54	22%	79%	1 875	101 250
[2 000, 2 250[	22	9%	88%	2 125	46 750
[2 250, 2 500[	20	8%	97%	2 375	47 500
[2 500, 2 750[	8	3%	100%	2 625	21 000
Total	243	100%			395 375

(1) $\left(\frac{12}{243}\right) \times 100$

(2) $\frac{(500 + 750)}{2}$

• Moyenne= $\frac{395\,375}{243}$ = 1 627,06 €.

• Classe modale : [1 750, 2 000[car elle correspond à l'effectif le plus élevé (54).
Le mode correspond au centre de la classe modale : 1 875 €.

• Médiane = $1\,500 + \left(\frac{1\,750 - 1\,500}{0{,}57 - 0{,}37}\right) \times (0{,}5 - 0{,}37)$ = 1 662,5 €.

2. Utilité des paramètres

– La fréquence mesure l'importance d'une valeur de la variable étudiée par rapport à l'effectif total. La fréquence la plus élevée correspond à la classe modale (ou au mode).
– La moyenne indique la tendance centrale. Elle est complétée par la médiane et par les paramètres de dispersion, comme l'écart-type.
– La médiane est la valeur de la variable qui coupe l'effectif total en deux : 50 % des effectifs ont une valeur inférieure à la médiane. Elle est complétée par les quartiles.

Exercice 3 › page 34

1. Mode, moyenne arithmétique et médiane

Temps d'attente en minutes	Nombre de clients (n_i)	x_i	$n_i \times x_i$	n_i cumulés
[0 à 2[	16	1	16	16
[2 à 4[	18	3	54	34
[4 à 6[	22	5	110	56
[6 à 8[	30	7	210	86
[8 à 10[	10	9	90	96
Total	96		480	

Mode :
- Classe modale : [6 à 8[
- Mode = centre de classe = 7.

Moyenne arithmétique = $\frac{480}{96}$ = **5 minutes.**

$$\text{Médiane} = 4 + \left[\frac{(48-34)}{22}\right] \times (6-4) = 5{,}27 \text{ minutes.}$$

La moitié des clients attendent donc moins de 5,27 minutes, et l'autre moitié, plus de 5,27 minutes.

2. Variance et écart-type

x_i	n_i	$n_i \times x_i$	$x_i - \bar{x}$	$(x_i - \bar{x})^2$	$n_i \times (x_i - \bar{x})^2$
1	16	16	– 4,00	16,00	256,00
3	18	54	– 2,00	4,00	72,00
5	22	110	0,00	0,00	0,00
7	30	210	2,00	4,00	120,00
9	10	90	4,00	16,00	160,00
25	**96**	**480**			**608,00**

Moyenne des $x_i = \bar{x} = \frac{25}{5} = 5$.

Variance = $\frac{608}{96}$ = **6,33.**

Écart-type = **écart-type = $\sqrt{6{,}33}$ = ± 2,52 minutes.**

En moyenne, le temps d'attente est donc de 5 minutes, + ou – 2,52 minutes.

Exercice 4 ▸ page 34

Règlement en nombre de jours après l'envoi de la facture	Nombre de clients (n_i)	Montant total perçu en €	Montant moyen par client	x_i	$n_i \times x_i$	f_i	f_i cumulées	$x_i - \bar{x}$	$(x_i - \bar{x})^2$	$n_i \times (x_i - \bar{x})^2$
De 1 à 6	56	26 000	464,29	3,5	196,0	13%	13%	– 12,0	143,27	8 022,85
De 7 à 12	91	56 800	624,18	9,5	864,5	21%	35%	– 6,0	35,63	3 242,60
De 13 à 18	104	97 300	935,58	15,5	1 612,0	25%	59%	0,0	0,00	0,10
De 19 à 22	109	143 500	1 316,51	20,5	2 234,5	26%	85%	5,0	25,31	2 758,52
De 23 à 26	43	87 700	2 039,53	24,5	1 053,5	10%	95%	9,0	81,55	3 506,77
De 27 à 30	21	44 900	2 138,10	28,5	598,5	5%	100%	13,0	169,80	3 565,76
Total	424	456 200		102	6 559,0	100%				21 096,60

Durée moyenne de règlement $= \dfrac{6\,559}{424} = 15{,}5$ jours.

Médiane $= 12 + \left(\dfrac{(18 - 13)}{(0{,}59 - 0{,}35)}\right) \times (0{,}5 - 0{,}35) = 15{,}13$ jours.

Variance $= \dfrac{21\,096{,}60}{424} = 49{,}8$.

Écart type $= \sqrt{49{,}8} = \pm 7$ jours

1er quartile $= 6 + (12 - 7) \times \left(\dfrac{(0{,}25 - 0{,}13)}{(0{,}35 - 0{,}13)}\right) = 9$ jours.

3e quartile $= 18 + (22 - 19) \times \left(\dfrac{(0{,}75 - 0{,}59)}{(0{,}85 - 0{,}59)}\right) = 20$ jours.

Commentaires :
Les règlements sont tardifs car la durée moyenne représente le double de la durée convenue (15,5 jours au lieu de 8 jours).
Plus le montant moyen est élevé, plus le règlement est tardif ; les gros clients règlent leur facture plus tardivement :
– 1er quartile : 25 % des clients correspondant aux factures les plus faibles règlent leurs achats pratiquement dans les temps (9jours).
– 2e quartile (médiane) : 50 % règlent à plus de 15 jours ;
– 3e quartile : 75 % règlent après 20 jours ;
– 15 % des clients (fréquences cumulées entre 85 % et 100 %) représentant 60,5 % des factures $\left[\dfrac{(143\,500 + 87\,700 + 44\,900)}{456\,200}\right]$ règlent à partir du 19e jour.
La distribution est très dispersée car l'écart-type n'est pas resserré autour de la moyenne (15,5 ± 7 jours)

Solutions :
Il faut inciter les clients à régler plus rapidement leurs factures :
– mentionner sur la facture : « Règlement au comptant à effectuer sous huitaine » ;
– appliquer un taux d'escompte pour les règlements au comptant ;
– relancer systématiquement les clients dès le 8e jour (téléphone, courrier, fax) ;
– inciter les clients à accepter un prélèvement automatique.

11. La méthode des points extrêmes

Exercice 1 > page 35

1. Représentation graphique

1– Équipement de la cuisine

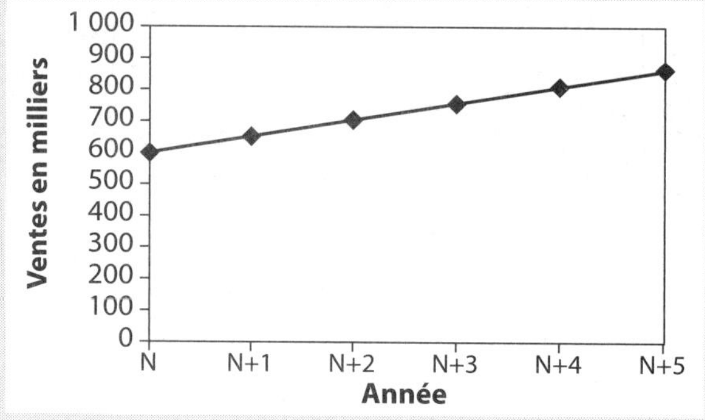

2– Autres équipements

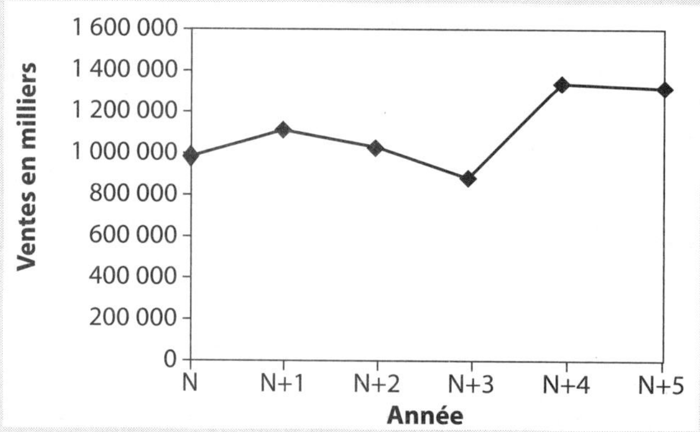

2. Méthodes de prévisions des ventes

Équipement de la cuisine : il faut utiliser la méthode des points extrêmes car l'évolution des ventes est relativement linéaire (points alignés).

Autres équipements domestiques : il faut utiliser la méthode des moindres carrés car l'évolution des ventes est irrégulière.

3. Prévision des ventes des équipements de cuisine pour N+6

$x = 1 \rightarrow y = 600$

$x = 6 \rightarrow y = 864$

$$\begin{cases} 864 = 6a + b \\ -600 = -1a - b \end{cases}$$

$264 = 5a$

$\rightarrow a = \dfrac{264}{5} = 52{,}8$

$\rightarrow b = 600 - 52{,}8 = 547{,}2.$

Équation de la droite de tendance : $y = 52{,}8\,x + 547{,}2$.

Prévision pour N + 6 :

$y = (52{,}8 \times 7) + 547{,}2 = 916{,}8$ milliers d'€.

Exercice 2 ➲ page 36

1. Représentation graphique

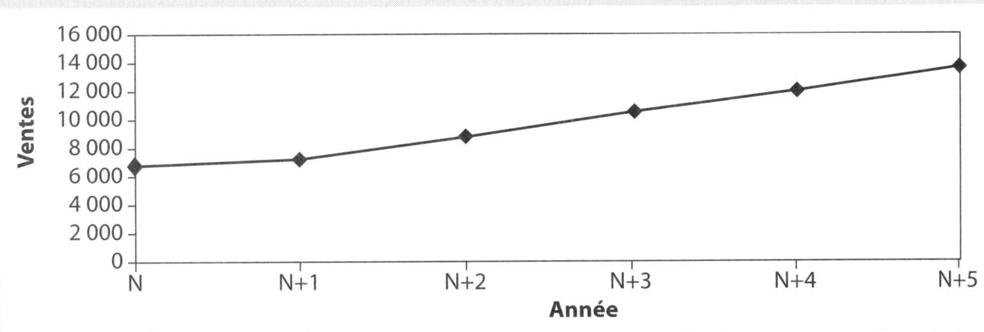

2. Ventes prévisionnelles pour l'année N+6

La courbe étant linéaire à partir de l'année N+1, nous utiliserons celle-ci comme premier point extrême :

$x = 1 \rightarrow y = 7\,200$

$x = 5 \rightarrow y = 13\,640$

$13\,640 - 7\,200 = 5a - 1a = 4a \Rightarrow a = 1\,610 \Rightarrow b = 7\,200 - 1\,610 = 5\,590.$

Équation de la droite de tendance : $y = 1\,610\,x + 5\,590.$

Prévision pour l'année N+6 : $y = 1\,610 \times 6 + 5\,590 = 15\,250$ milliers d'€.

Exercice 3 ➲ page 36

1. Ventes prévisionnelles pour N+1

1– Ligne Arrosage

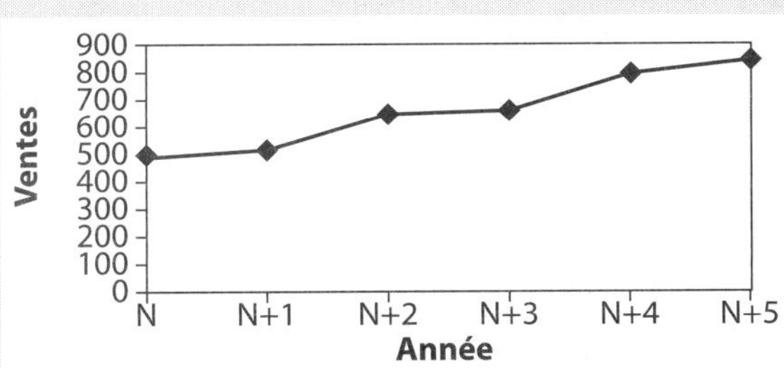

Le nuage de points est relativement allongé.

$x = 1 \rightarrow y = 50$

$x = 6 \rightarrow y = 85$

$$\begin{cases} 85 = 6a + b \\ 50 = 1a + b \end{cases}$$

$35 = 5a$

$\rightarrow a = 7$

$\rightarrow b = 43$

$\rightarrow$ Équation de la droite de tendance : $y = 7x + 43.$

Ventes prévisionnelles pour l'année N+1 $= 7 \times 7 + 43 = 92\,000$ articles.

2– Manex

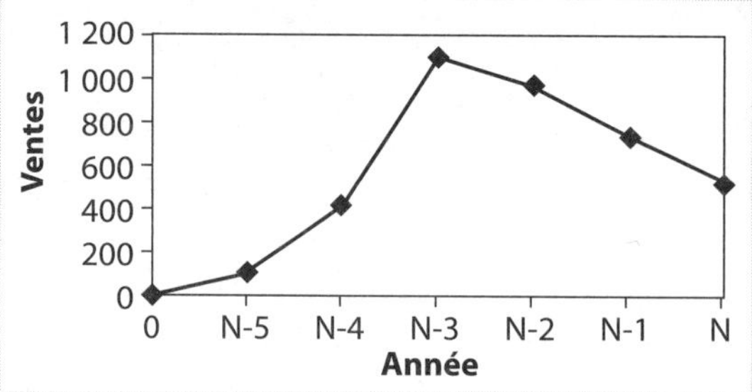

2. Commentaire

La courbe permet de visualiser le cycle de vie du dérouleur :
N–5 : Phase de lancement : ventes faibles
N–4 et N–3 : phase de croissance
N–2, N–1 et N : phase de déclin sans connaître une phase de maturité.

3. Propositions

La baisse constatée depuis trois ans provient de la compétitivité des produits concurrents. Il faut cependant s'assurer que Manex n'est pas délaissé par les commerciaux au profit de produits plus rémunérateurs.
Trois solutions pourraient être envisagées :
– relancer le produit en innovant afin de le différencier des concurrents (restyler le produit, ajouter des fonctionnalités pratiques…) ;
– organiser une campagne de promotion ;
– s'aligner sur les concurrents en baissant durablement du prix de vente par une réduction du coût de revient ou en baissant la marge (une baisse de la marge pouvant cependant détourner davantage les efforts des commerciaux vers d'autres produits).
Prévision à partir de N–3, année qui marque une baisse progressive des ventes :
$x = 1 \Rightarrow y = 11\,050$
$x = 4 \Rightarrow y = 5\,200$
$5\,200 - 11\,050 = 4a - a$
$\rightarrow a = -1\,950 \Rightarrow b = 11\,050 - (-1\,950) = 13\,000.$
Équation de la droite de tendance : $y = -1\,950\,x + 13\,000.$
Prévision pour N+1 : $y = -1\,950 \times 5 + 13\,000 = 3\,250$ dérouleurs.

12. Les moindres carrés, la double moyenne et la corrélation

Exercice 1 ○ page 37

1. Représentation graphique

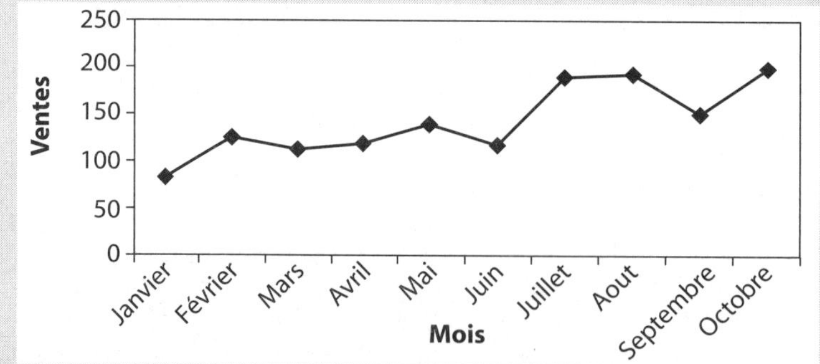

Constat : les ventes sont irrégulières.

2. Prévision des ventes

L'évolution des ventes étant irrégulière, la méthode des moindres carrés est la plus appropriée.

Année (x_i)	Ventes en milliers d'€ (y_i)	$X_i = x_i - \bar{x}$	$Y_i = y_i - \bar{y}$ barre	$X \times Y_i$	X_i^2
1	84	– 4,5	– 60,1	270,45	20,25
2	127	– 3,5	– 17,1	59,85	12,25
3	115	– 2,5	– 29,1	72,75	6,25
4	120	– 1,5	– 24,1	36,15	2,25
5	140	– 0,5	– 4,1	2,05	0,25
6	118	0,5	– 26,1	– 13,05	0,25
7	190	1,5	45,9	68,85	2,25
8	195	2,5	50,9	127,25	6,25
9	152	3,5	7,9	27,65	12,25
10	200	4,5	55,9	251,55	20,25
Total = 55	1 441	0	0	903,50	82,50

$\bar{x}$ (moyenne des x_i) $= \dfrac{55}{10} = 5{,}5$ $\bar{y}$ (moyenne des y_i) $= \dfrac{1441}{10} = 141{,}1$

$a = \dfrac{903{,}5}{82{,}5} = 10{,}95$ $\bar{y} = a\bar{x} + b$

$144{,}1 = 10{,}95 \times 5{,}5 + b \rightarrow b = 83{,}87$.

Équation de la droite de tendance : $y = 10{,}95\,x + 83{,}87$.

Ventes prévisionnelles pour novembre $= 10{,}95 \times 11 + 83{,}87 = 204{,}32$ millions d'€.

3. Vérification de l'équation sur Excel

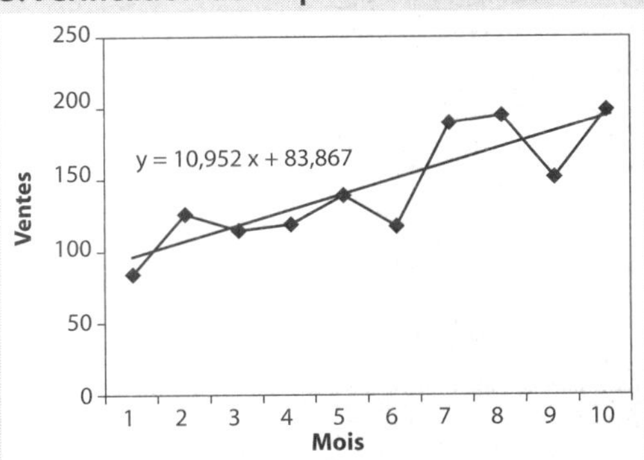

Procédure :
- clic droit sur la courbe
- ajouter une courbe de tendance
- options
- afficher l'équation sur le graphique

Exercice 2 ◦ page 37

1. Représentation graphique

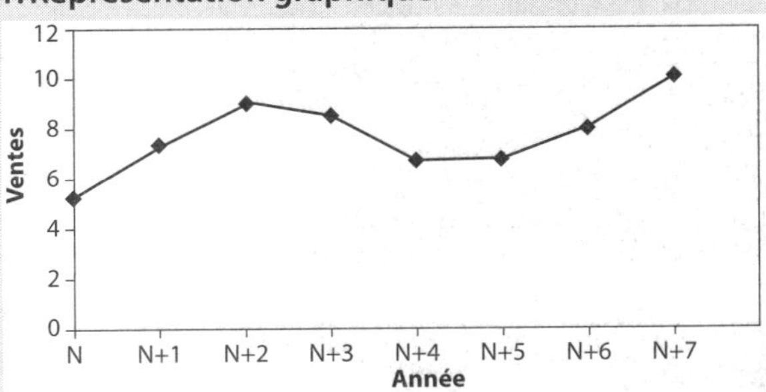

Constat : les ventes ont connu une double évolution. La 1re phase s'étend de N à N+3 ; la 2e phase s'étend de N+4 à N+7.

2. Prévision des ventes pour N+8 :

En raison de ces deux phases, nous utiliserons la méthode de la double moyenne en retenant deux sous-ensembles : N à N+3 et N+4 à N+7.

$x = \frac{(1+2+3+4)}{4} = 2{,}5$ $\bar{x} = \frac{(5+6+7+8)}{4} = 6{,}5$

$y = \frac{(5{,}2+7{,}3+9+8{,}5)}{4} = 7{,}5$ $\bar{y} = \frac{(6{,}7+6{,}8+8+10{,}1)}{4} = 7{,}9$

$y = a \times \bar{x} + b$ $\bar{y} = a \times \bar{x} + b$

$7{,}5 = a \times 2{,}5 + b$ $7{,}9 = a \times 6{,}5 + b$

Résolution de ce système :

$7{,}9 - 7{,}5 = 6{,}5a - 2{,}5a \rightarrow a = 0{,}1 \rightarrow b = 7{,}5 - (0{,}1 \times 2{,}5) = 7{,}25$.

Équation de la droite de tendance : $y = 0{,}1\,x + 7{,}25$.

Pour N+8 : $y = (0{,}1 \times 9) + 7{,}25 = 8{,}15$ millions d'euros.

Exercice 3 ○ page 38

1. Calcul des coefficients de corrélation

Coefficient de corrélation ventes/budget publicitaire = 0,58.

Coefficient de corrélation ventes/prospections = 0,47.

Coefficient de corrélation ventes/ population = 0,99.

Calcul de ce dernier :

Année	Ventes en milliers d'€ (y_i)	Population de la zone de chalandise (x_i)	$X_i = x_i - \bar{x}$	$Y_i = y_i - \bar{y}$	X_i^2	Y_i^2	$X_i \times Y_i$
1	1 940	48 000	– 1 736,33	– 64,42	3 014 853,44	4 149,51	111 848,81
2	1 975	48 800	– 936,33	– 29,42	876 720,11	865,34	27 543,81
3	1 995	49 305	– 431,33	– 9,42	186 048,44	88,67	4 061,72
4	2 000	49 470	– 266,33	– 4,42	70 933,44	19,51	1 176,31
5	2 005	49 600	– 136,33	0,58	18 586,78	0,34	– 79,53
6	1 980	49 350	– 386,33	– 24,42	149 253,44	596,17	9 432,97
7	2 014	50 082	345,67	9,58	119 485,44	91,84	3 312,64
8	2 045	50 860	1123,67	40,58	1 262 626,78	1647,01	45 602,14
9	2 021	50 280	543,67	16,58	295 573,44	275,01	9 015,81
10	2 012	50 020	283,67	7,58	80 466,78	57,51	2 151,14
11	2 030	50 469	732,67	25,58	536 800,44	654,51	18 744,06
12	2 036	50 600	863,67	31,58	745 920,11	997,51	27 277,47
Total	24 053	596 836	0,00	0,00	7 357 268,67	9 442,92	260 087,33
Moyenne	2 004,42	49 736,33					

$$\bar{y} = \frac{24\,053}{12}$$

$$\bar{x} = \frac{596\,836}{12}$$

$$r = \frac{260\,087{,}33}{\sqrt{7\,357\,268{,}67 \times 9\,442{,}92}} = 0{,}99.$$

2. Prévision des ventes de l'année 13

Le facteur à retenir pour prévoir les ventes est la population de la zone de chalandise car le coefficient de corrélation est le plus élevé.

Détermination de l'équation de la droite de tendance par la méthode des moindres carrés :

$$a = \frac{260\,087{,}33}{7\,357\,268{,}67} = 0{,}035$$

$\bar{y} = a \times \bar{x} + b \rightarrow b = \bar{y} - a\bar{x} = 2\,004{,}42 - (0{,}0354 \times 49\,736{,}33) = 246{,}18$.

Équation de la droite de tendance : y = 0,035 x + 246,18v

Prévision des ventes pour l'année 13 : y = 0,035 × 52 000 + 246,1 = 2 066,18 milliers d'€.

Remarque : le résultat est en réalité d'environ 2 090 milliers d'€ si a n'est pas arrondi.

13. Les variations saisonnières

Exercice 1 ○ page 39

1. Présentation graphique

Ventes de chaussures

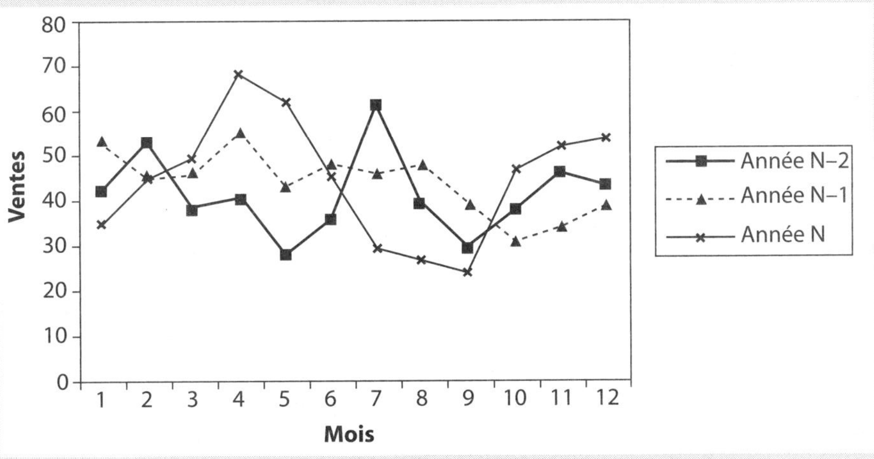

Commentaire : aucune régularité chronologique n'est constatée dans l'évolution des ventes. Les variations sont en effet très aléatoires d'une année sur l'autre.

Ventes d'articles de natation

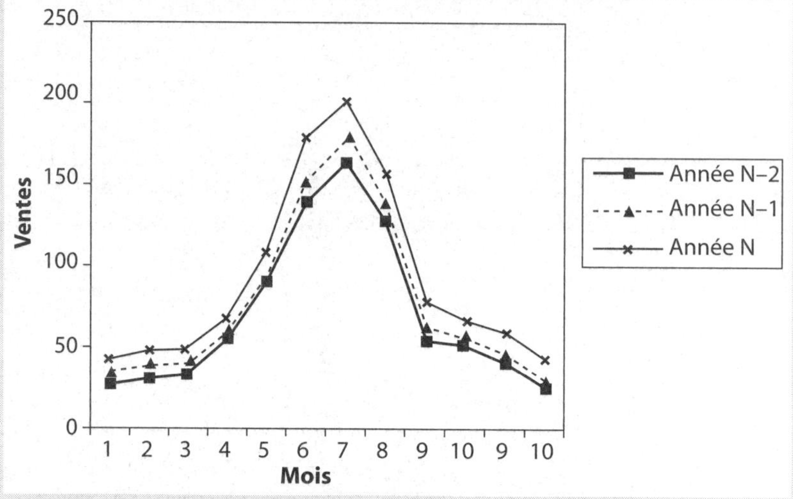

Commentaire : les variations se répètent à l'identique périodiquement chaque année. Les ventes sont effectivement saisonnières : fortes de mai à août (saison estivale) et faibles pendant les autres saisons.

2. Ventes prévisionnelles globales d'articles de natation pour N+1

Année	Ventes totales
N–2	845
N–1	944
N	1 085

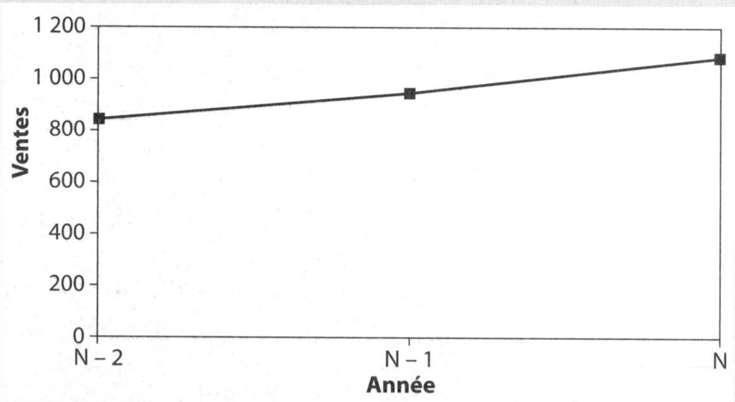

La représentation graphique des ventes totales annuelles montre une évolution relativement linéaire. Il faut donc utiliser la méthode des points extrêmes pour prévoir le chiffre d'affaires global de N+1 :

x = 1	x = 3
y = 845	y = 1 085

1 085 = 3a +b

845 = a + b

240 = 2a → a = 120 → b = 725.

Équation de la droite de tendance : y = 120 x + 725.

Prévision des ventes pour N+1 : y = 120 × 4 + 725 = 1 205 milliers d'€.

3. Ventes prévisionnelles mensuelles d'articles de natation pour N+1

Les ventes étant saisonnières, les prévisions seront plus précises en utilisant les coefficients saisonniers :

Mois	Année N–2	Année N–1	Année N	Total	Moyenne	Coefficients saisonniers	Ventes prévisionnelles mensuelles
1	28	36	41	105	35,0 (1)	0,4 (2)	44 (3)
2	32	40	47	119	39,7	0,5	50
3	35	40	46	121	40,3	0,5	51
4	56	61	66	183	61,0	0,8	77
5	92	98	108	298	99,3	1,2	125
6	140	152	176	468	156,0	2,0	196
7	162	179	200	541	180,3	2,3	227
8	127	139	157	423	141,0	1,8	177
9	55	64	78	197	65,7	0,8	83
10	52	57	66	175	58,3	0,7	73
11	41	47	59	147	49,0	0,6	62
12	25	31	41	97	32,3	0,4	41
Total	845	944	1 085	2 874	958,0	12	1 205

(1) $\frac{105}{3}$ (2) $\frac{35}{79{,}83}$ (3) $\left(\frac{1\,205}{12}\right) \times 0{,}4$.

Moyenne générale = $\frac{2\,874}{36}$ ou $\frac{958}{12}$ = 79,83 milliers d'€.

4. Utilité des prévisions

On peut retenir deux utilités principales :
- des prévisions plus précises car tenant compte des fluctuations des ventes en cours d'année ;
- l'anticipation permet de mettre en œuvre les moyens nécessaires afin de réaliser les ventes prévisionnelles : moyens financiers, matériels et humains.

Exercice 2 ○ page 40

1. Tableau complété (ligne Total)

Total	6 500	8 000	9 200	10 400

2. Chiffre d'affaires prévisionnel pour N+4

Année	N	N+1	N+2	N+3
Ventes	6 500	8 000	9 200	10 400

L'évolution des ventes annuelles est relativement linéaire. Il est donc possible et plus rapide d'utiliser la méthode des points extrêmes pour prévoir les ventes pour l'année N+4 :

a = 1 300 ; b = 5 200.

Équation de la droite de tendance : y = 1 300 x + 5 200.

Prévision des ventes pour l'année N+4 = 1 300 × 5 + 5 200 = 11 700 milliers d'€.

3. et 4. Prévision des ventes trimestrielles pour N+4

Le report des ventes trimestrielles sur un même graphique montre qu'elles sont saisonnières, avec un minimum au premier trimestre et un maximum au quatrième trimestre.

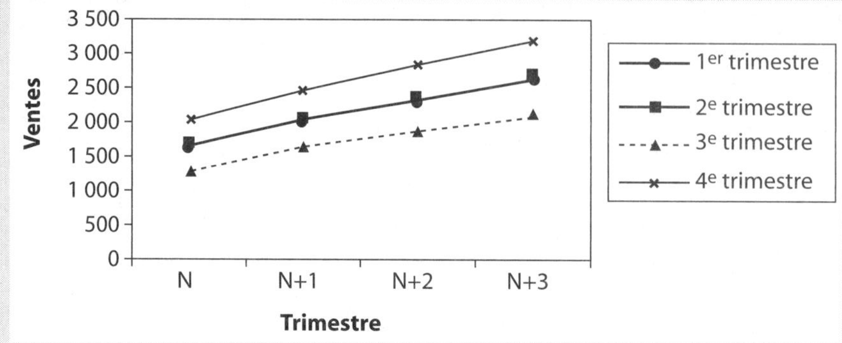

	1er trimestre	2e trimestre	3e trimestre	4e trimestre	Total
Année 1	1 625	1 625	1 300	1 950	6 500
Année 2	2 000	2 000	1 600	2 400	8 000
Année 3	2 300	2 300	1 840	2 760	9 200
Année 4	2 600	2 600	2 080	3 120	10 400
Total	8 525	8 525	6 820	10 230	34 100
Moyenne	2 131,25	2 131,25	1 705	2 557,50	8 525
• Pourcentage	25 %	25 %	20 %	30 %	100
Prévisions année 5	2 925 (1)	2 925	2 340	3 510	11 700
• Coefficient saisonnier	1 (2)	1	0,8	1,2	4
Prévisions année 5	2 925 (3)	2 925	2 340	3 510	11 700

(1) 11 700 × 25 %

(2) $\frac{\text{moyenne du trimestre}}{\text{moyenne générale}} = \frac{2\,131,25}{2\,131,25}$

(3) 2 925 × 1

$$\text{Moyenne générale} = \frac{8\,525}{4} = 2\,131,25 \text{ milliers d'€.}$$

$$\text{Prévision trimestrielle moyenne} = \frac{11\,700}{4} = 2\,925 \text{ milliers d'€.}$$

Exercice 3 ▸ page 40

1. Présentation graphique

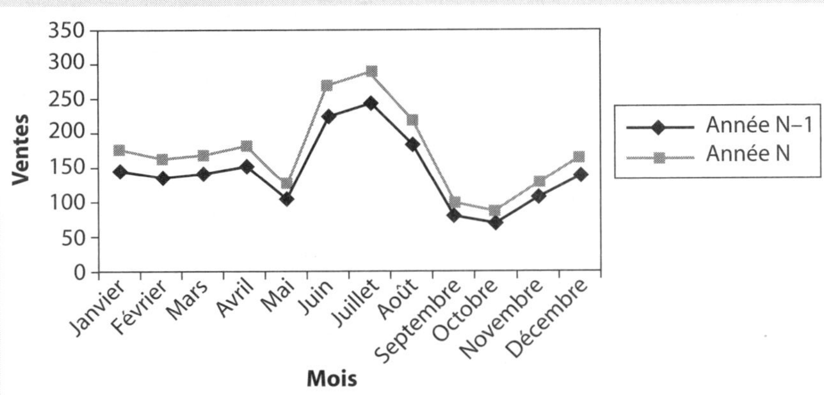

Les ventes sont saisonnières, atteignant leur maximum pendant l'été.

2. Détermination des ventes prévisionnelles totales de N+1

Variation de N par rapport à N–1 = $\left(\frac{165}{140}\right) \times 100 = 1,18$.

Prévision des ventes pour N+1 = 165 × 1,18 = 194,7 milliers d'€.

3. Détermination des ventes prévisionnelles mensuelles de N+1

Année	Mois	Ventes	Calcul des totaux mobiles	Rang
N–1	1	150	Ils ne peuvent être calculés car il faut disposer des données des 11 mois précédents.	
	2	138		
	3	144		
	4	156		
	5	108		
	6	228		
	7	246		
	8	186		
	9	84		
	10	72		
	11	110		
	12	140	1 762 (1)	1

Année	Mois	Ventes	Calcul des totaux mobiles	Rang
N	13	177	1 789 (2)	2
	14	163	1 814	3
	15	170	1 840	4
	16	184	1 868	5
	17	127	1 887	6
	18	269	1 928	7
	19	290	1 973	8
	20	219	2 006	9
	21	99	2 021	10
	22	85	2 034	11
	23	130	2 054	12
	24	165	2 079	13

(1) 150 + 138 + 144 + 156 +..... + 140.

(2) 138 + 144 + 156 + 108 +.... + 177 ou 1 762 – 150 + 177.

Détermination de l'équation de la droite représentant les totaux mobiles :

Rang	1	2	3	4	5	6	7	8	9	10	11	12	13
Total mobile	1 762	1 789	1 814	1 840	1 868	1 887	1 928	1 973	2 006	2 021	2 034	2 054	2 079

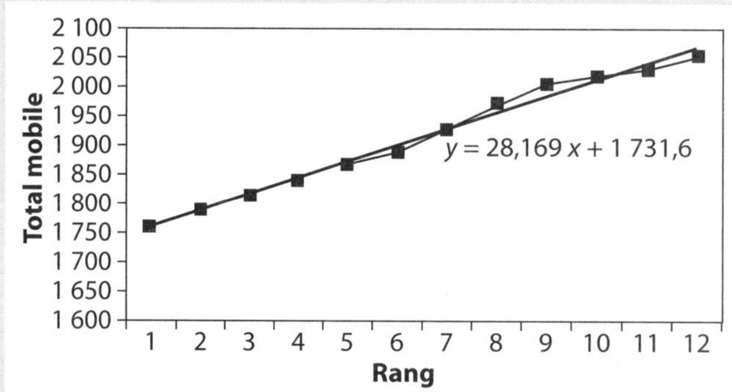

Prévision des ventes mensuelles de N+1 :

Mois	Total mobile	Ventes prévisionnelles
Janvier	2 126 (1)	224 (2)
Février	2 154	191
Mars	2 182	198
Avril	2 210	212
Mai	2 239	156
Juin	2 267	297
Juillet	2 295	318
Août	2 323	248
Septembre	2 351	127
Octobre	2 379	113
Novembre	2 408	158
Décembre	2 436	193

(1) 2 126 = 28,169 × 14 + 1 731,6

(2) 2 24 = 2 126 – 165 – 130 – 85 – ......– 163

4. Report sur le graphique et conclusion

Le report des ventes prévisionnelles mensuelles ainsi obtenues sur le premier graphique montre qu'elles sont parfaitement conformes aux évolutions observées au cours des années précédentes : les mêmes variations saisonnières se reproduisent.

14. L'analyse du portefeuille clients – prospects

Exercice 1 ○ page 41

1. La visite client

Tous les clients ne présentent pas la même valeur pour l'entreprise. Ils ne nécessitent donc pas de visites commerciales systématiques et régulières, qui peuvent être remplacées par d'autres modes de contact. De nombreux modes de contact entre l'entreprise et son client existent (courrier, mèl, téléphone). Néanmoins, ces différents moyens de communication ne peuvent remplacer la visite, qui s'avère donc indispensable, quelles que soient la nature et l'importance du client : « La machine ne remplacera jamais la rencontre entre deux personnes, le contact visuel, les expressions du visage et les postures du corps sont des éléments essentiels…. » Or, la visite client coûte cher (entre 80 et 180 euros en moyenne), et le temps que peut y consacrer le commercial est limité. Il parait donc nécessaire à l'entreprise :

– d'inciter le commercial à préparer ses visites de façon rigoureuse, en se fixant un objectif visite, qui diffère selon la place occupée par le client dans le portefeuille ;
– de le sensibiliser au coût des visites, ainsi qu'à la nécessité de leur rentabilisation ;
– de mettre en place une stratégie de visite des clients en fonction de la fréquence et de l'importance des commandes, de leur potentiel, du chiffre d'affaires réalisé.

2. L'organisation des visites

Le commercial doit respecter la règle des « 3P », en classant les clients de son portefeuille suivant leur potentiel, leurs projets à court terme, et la participation actuelle (c'est-à-dire le chiffre d'affaires réalisé actuellement avec le client) dans son entreprise. Il peut ainsi classer ses clients en quatre catégories : petits, moyens, intermédiaires et importants. Ses visites devront s'orienter en priorité vers les clients à fort potentiel et à chiffre d'affaires actuel élevé, puis vers les clients « secondaires » et, enfin, les prospects. Cette logique se retrouve dans la planification du nombre de visites annuel à consacrer à chacune des catégories de clients du portefeuille ainsi définies : les clients importants doivent être visités en général une fois par mois, les clients moyens tous les deux mois, les petits clients et prospects une fois par an.

3. Défaut majeur de la planification des visites

« Le plus gros défaut des commerciaux est de passer trop de temps chez les clients acquis, par confort et par facilité. Ils n'osent pas aller chez les clients dont le potentiel est à développer, qui sont en général moins disponibles. ». En effet, les commerciaux ont tendance à privilégier les visites aux clients avec lesquels ils sont assurés de réaliser un volume d'affaires important et régulier. Ce défaut s'explique facilement par le fait que, bien souvent, leur rémunération dépend, pour une bonne partie, du chiffre d'affaires réalisé. Ils délaissent donc les visites aux petits clients, aux prospects et clients de la concurrence, particulièrement difficiles à conquérir. Comment, dans ces conditions, pouvoir espérer gagner des parts de marché, et exploiter plus à fond le potentiel des clients ? D'après l'article, la solution « classique » consistant à imposer aux commerciaux des objectifs et quotas de visites semble trop directive et infantilisante, et va à l'encontre de l'autonomie et de la responsabilisation du commercial dans la gestion de son portefeuille. L'auteur préconise plutôt un « coaching » du manageur (accompagnement du vendeur dans l'élaboration de son circuit de visite et la programmation d'objectifs personnels). En pratique, de nombreux manageurs atteignent cet objectif par un accompagnement terrain de leur force de vente.

Exercice 2 > page 42

1. Loi des 20-80

Clients	CA en milliers d'euros	% CA total	% nombre de clients	% cumulé nombre de clients	% cumulé CA total
1	9 884	32,37 %	4 %	4 %	32,37 %
2	5 687	18,63 %	4 %	8 %	51,00 %
3	3 720	12,18 %	4 %	12 %	63,18 %
4	2 655	8,70 %	4 %	16 %	71,88 %
5	2 360	7,73 %	4 %	20 %	79,61 %
6	1 471	4,82 %	4 %	24 %	84,43 %
7	805	2,64 %	4 %	28 %	87,06 %
8	750	2,46 %	4 %	32 %	89,52 %
9	729	2,39 %	4 %	36 %	91,91 %
10	540	1,77 %	4 %	40 %	93,68 %
11	420	1,38 %	4 %	44 %	95,05 %
12	335	1,10 %	4 %	48 %	96,15 %
13	270	0,88 %	4 %	52 %	97,03 %
14	220	0,72 %	4 %	56 %	97,75 %
15	128	0,42 %	4 %	60 %	98,17 %
16	116	0,38 %	4 %	64 %	98,55 %
17	102	0,33 %	4 %	68 %	98,89 %
18	70	0,23 %	4 %	72 %	99,12 %
19	60	0,20 %	4 %	76 %	99,31 %
20	53	0,17 %	4 %	80 %	99,49 %
21	40	0,13 %	4 %	84 %	99,62 %
22	35	0,11 %	4 %	88 %	99,73 %
23	33	0,11 %	4 %	92 %	99,84 %
24	32	0,10 %	4 %	96 %	99,94 %
25	17	0,06 %	4 %	100 %	100,00 %
Total	30 532	100,00 %	100%		

D'après ce tableau, 20 % des clients (clients 1 à 5) réalisent 79,61 % du chiffre d'affaires. Les autres clients (clients 6 à 25) représentent 80 % du nombre de clients du portefeuille, et ne réalisent que (100 % – 79,61 %) = 20,39 % du chiffre d'affaires. La loi des 20-80 est donc bien vérifiée sur le portefeuille des clients de l'entreprise Météoconcept.

2. Classement des clients suivant la méthode ABC

Il est possible de regrouper les clients en trois catégories :

Catégorie de clients	Numéro de clients	Pourcentage du nombre de clients	Pourcentage du chiffre d'affaires
A	1 à 5	20 %	79,61 %
B	6 à 13	32 %	97,03 % – 79,61 % = 17,42 %
C	13 à 25	48 %	100 % – 97,03 % = 2,97 %
Total	1 à 25	100 %	100%

3. Chiffre d'affaires moyen

Catégorie de clients	Calcul	Résultat
Petits clients	$\frac{9\,884 + 5\,687 + 3\,720 + 2\,655 + 2\,360}{5}$	4 861,20
Gros clients	$\frac{1\,471 + 805 + \ldots + 32 + 17}{20}$	311,30

4. Chiffre d'affaires prévisionnel

Catégorie de clients	Calcul	Résultat
Petits clients	4861,20 × 1,20 × 1,30 × 5	37 917,36
Gros clients	311,30 × 1,50 × 1,45 × 20	13 541,55
Total		51 458,91

5. L'approche commerciale des petits clients

M. Dufrenne doit consacrer l'essentiel de ses visites aux clients des catégories A et B. Les clients de la catégorie C pourront faire l'objet de visites plus espacées, étant donné qu'ils n'offrent pas un potentiel suffisant. Il ne faut cependant pas les délaisser : « le petit client d'aujourd'hui est peut être le gros client de demain ». D'autres moyens de contact moins coûteux en temps et en argent peuvent être utilisés : téléprospection et télévente, vente par catalogue, par Internet, etc.

15. La rentabilité du portefeuille clients

Exercice 1 ▸ page 43

1. Chiffre d'affaires et marge brute

Chiffre d'affaires HT : $110 \times \frac{26,31}{1,196} = 3\,461,34.$

Marge brute = chiffre d'affaires HT – coût de revient des produits vendus = – 3 461,34 – (110 × 12) = 2 131,34

2. Coût de la campagne de publipostage et marges nettes

Coût total de la campagne de publipostage = frais de conception du publipostage + frais d'impression + coût de location du fichier + frais d'affranchissement + frais d'emballage et d'expédition des commandes = 1 600 + (175 × 5) + (0,30 × 2 000) + (0,31 × 5 000) + (3,50 × 110) = 5 010.

Marge nette globale = 213,34 – 5 010 = – 2 868,66, soit une perte de 2 868,66 euros.

Marge nette par client = $\frac{-2\,868,66}{110} = -26,08.$

La société réalise donc une perte de 26,08 euros sur chaque commande reçue.

3. Nombre de commandes nécessaires pour rentabiliser la campagne

Coût de la campagne : 5 010

Marge par commande = $\left(\frac{23,31}{1,196} - 12\right) = 22 - 12 = 10$

Soit x le nombre de commandes à obtenir, on a :

Chiffre d'affaires unitaire HT × x = (coût de revient × x) + coût de la campagne

22 × x = 12 × x + 5 010

Soit 10 × x = 5 010, et x = $\frac{5\,010}{10} = 501$ = 501 commandes.

4. Causes possibles de l'échec de la campagne

– Offre commerciale non attractive (produit mal choisi, tarif trop élevé).
– Période mal choisie (fêtes de noël pour des draps de plage.)
– Mauvais ciblage : il aurait peut-être fallu extraire du fichier les clients susceptibles d'être les plus intéressés (notamment personnes ayant des enfants, clients ayant déjà acheté ce type d'article, clients à potentiel, etc.).
– Mauvais choix du fichier de location (il conviendrait d'étudier à ce sujet les résultats obtenus sur le fichier interne et sur le fichier loué).
– Publipostage mal conçu ou inadapté à la cible (une enveloppe retour préaffranchie ainsi qu'une offre plus attractive auraient peut-être permis d'obtenir de meilleurs résultats).

Exercice 2 ○ page 44

1. et 2. Chiffres d'affaires réalisés

Question 1				Question 2
Catégories de clients	Calcul du chiffre d'affaires réalisé	Chiffre d'affaires HT	Chiffre d'affaires réalisé en pourcentage	Chiffre d'affaires moyen par visite (en €)
Restaurateurs	(1) 27 000 × 70 % × 2,84	53 676	(2) 50,92 %	(3) 178,92
Boutiques de produits régionaux	3 200 × 80 % × 2,84	7 270,40	6,90 %	90,88
Épiceries fines	5 000 × 75 % × 2,84	10 650	10,10 %	106,50
Charcutiers traiteurs	4 000 × 75 % × 2,84	8 520	8,08 %	42,60
Comités d'entreprise	5 000 × 90 % × 2,84	12 780	12,12 %	255,60
Mairies	1 900 × 90 % × 2,84	12 542,40	11,88 %	178,92
Total		105 420,80	100,00 %	131,78

(1) Remise = 30 %, le prix net représente donc (100 % – 30 %) soit 70 % du prix brut.

(2) $\frac{53\,676}{105\,420,80} \times 100 = 50,92\,\%$

(3) $\frac{53\,676}{300} = 178,92$

La clientèle des restaurateurs représente la part la plus importante du portefeuille clients (50,92 %, soit plus d'un client sur deux). Viennent ensuite les comités d'entreprise, les mairies, les épiceries fines, les charcutiers traiteurs et les boutiques de produits régionaux, avec environ 10 % du chiffre d'affaires réalisé pour chacune de ces catégories.

3. Marge brute et marge nette pour un client de chaque catégorie

Catégories de clients	CA moyen par client	Nombre moyen de bouteilles vendues par client	Coût de revient des produits vendus par client	Marge brute	Coût des contacts	Marge nette
Restaurateurs	178,92	(1) 90	(2) 75,60	(3) 103,32	(4) 90	(5) + 13,32
Boutiques de produits régionaux	90,88	40	33,60	57,28	60	– 2,72
Épiceries fines	106,50	50	42	64,50	360	– 295,60
Charcutiers traiteurs	42,60	20	16,80	25,80	180	– 154,20
Comités d'entreprise	255,60	100	84	171,60	60	+ 111,60
Mairies	178,92	70	58,80	120,12	60	+ 60,12
Total	–		105 420,80	100 %	131,78	

(1) $\frac{27\,000}{300} = 90$. (2) 90 × 0,84 = 75,60. (3) 178,92 – 75,60 = 103,32. (4) tous les 4 mois = 3 contacts par an × 30 euros = 90 euros

(5) = (3) – (4) = 103,32 – 90 = 13,32.

Seuls les clients restaurateurs, comités d'entreprise et mairies sont rentables, car leur marge nette est positive. Les boutiques de produits régionaux sont faiblement déficitaires. L'entreprise connaît des pertes importantes avec la clientèle des épiceries fines (– 295,60) et celle des charcutiers traiteurs (– 154,20). La marge brute réalisée est néanmoins positive pour toutes les catégories de clients. Pour rentabiliser tous les clients du portefeuille, il est nécessaire d'agir pour :
– éventuellement réduire le pourcentage moyen de remise accordé ;
– réduire le nombre de visites réalisées, plus particulièrement pour les boutiques de produits régionaux, les charcutiers traiteurs et les épiceries fines, tout en incitant le client à utiliser d'autres moyens de contact (commandes par correspondance, par Internet, par téléphone, etc.) ;
– inciter les clients à passer des commandes plus importantes et à détenir un stock plus important, afin de mieux rentabiliser les visites.

16. La valeur client

Exercice 1 ▸ page 45

1. Valeurs d'acquisition, de fidélisation et valeur globale client

Années	N	N+1	N+2	N+3	N+4
Chiffre d'affaires HT : – photocopieur – contrat de maintenance annuel – consommables, réparations	 37 000 1 800 8 000	 1 800 9 000	 1 800 11 000	 1 800 12 000	 1 800 13000
Chiffres d'affaires	46 800	10 800	12 800	13 800	14 800
Coût des produits et prestations en pourcentage du chiffre d'affaires HT	28 080	7 020	8 960	10 350	11 840
Marge commerciale	18 720	3 780	3 840	3 450	2 960
Coût de la relation (mailing, phoning, visites de la force de vente et techniciens, remises, etc.) en pourcentage du chiffre d'affaires HT	9 360	1 620	1 280	2 070	3 700
Frais de gestion (traitement des informations, gestion du compte client, facturations, etc.)	140	180	180	190	200
Quote-part frais de publicité, opérations promotionnelles, salons.	320	350	360	390	420
Résultat	8 900	1 630	2 020	800	– 1 360

Valeur d'acquisition = résultat de l'année N, soit, en terme de chiffre d'affaires, 46 800 euros, pour une marge commerciale de 18 720 euros et une valeur (résultat) de 8 900 euros.
Valeur de fidélisation = somme des résultats prévisionnels de N+1 à N+4 = 1 630 + 2 020 + 800 - 1 360 = 3 090.
Valeur client globale = valeur d'acquisition + valeur de fidélisation = 8 900 + 3 090 = 11 990 euros.

2. On constate que la valeur du client pour l'entreprise évolue avec le temps : importante au départ, car liée à la vente du produit principal (le photocopieur) elle diminue de N+1 à N+4, étant donné qu'elle porte uniquement sur les consommables et la maintenance. La valeur de fidélisation augmente jusqu'en N+2 et diminue ensuite pour devenir négative en N+4. Même si le chiffre d'affaires continue d'augmenter sur ces prestations, les coûts engagés, dus aux efforts déployés par l'entreprise pour maintenir la relation, deviennent trop élevés au regard de la marge réalisée. Le client ne présente plus en N+4 une valeur suffisante pour l'entreprise. Celle-ci doit lui proposer de renouveler son équipement afin de renouveler son cycle de vie. Si elle ne parvient pas à atteindre cet objectif, elle doit s'efforcer de réduire au minimum les coûts liés aux contacts et au maintien de la relation, afin de rentabiliser l'exploitation du potentiel client.

Exercice 2 › page 45

1. calcul du score obtenu par chacun des clients

Clients	Score d'ancienneté dans l'emploi	Score de découvert autorisé en euros	Score de Capacité de remboursement	Score de budget	Score d'ancienneté dans la relation bancaire	Note globale
Dubus	2 × 3	2 × 4	4 × 6	0 × 4	0 × 3	38
Rollet	0 × 3	0 × 4	8 × 6	0 × 4	2 × 3	54
Gayart	8 × 3	4 × 4	1 × 6	4 × 4	4 × 3	69
Cornu	8 × 3	4 × 4	4 × 6	2 × 4	4 × 3	84
Loubiac	4 × 3	2 × 4	0 × 6	2 × 4	4 × 3	40

Les clients Gayart et Cornu peuvent se voir proposer le crédit permanent, étant donné que leur score est supérieur à 60. Pour les clients Loubiac et Cornu, l'accord du gestionnaire des risques sera nécessaire (il sera sans doute plus facile à obtenir pour Rollet dont le score est assez proche de 60 que pour Loubiac, qui avec un score plancher de 40, présente plus de risque pour la banque). Le produit ne sera pas proposé au client Dubus, dont le score est inférieur à 40.

2. Les critères retenus pour le scorage

Les critères retenus permettent à la banque de minimiser le risque d'accorder une ouverture de crédit à un client qui ne présenterait pas une situation financière saine et stable :
– l'ancienneté dans l'emploi permet de prendre en considération la régularité des revenus ;
– le découvert autorisé garantit la capacité du client à reconstituer sa trésorerie ;
– la part des remboursements d'emprunts par rapport aux revenus mesure la capacité du client à rembourser les fonds empruntés ;
– le budget mensuel doit être suffisant pour permettre la reconstitution de la réserve ;
– l'ancienneté dans la relation bancaire permet à la banque de privilégier les clients fidèles.
D'autres critères pourraient être utilisés, afin d'apprécier la sécurité offerte par un client tels que le solde moyen du compte, les avoirs détenus par le client sur des comptes sur livret, son patrimoine immobilier et financier (propriétaire ou non de son logement, titulaire d'un plan d'épargne en actions, la catégorie socioprofessionnelle à laquelle il appartient, l'absence d'incidents sur le compte, etc.).

17. Maturité et pénétration

Exercice 1 ○ page 47

1. Évolution du nombre total de clients et du chiffre d'affaires réalisé

Années	Nombre de clients	Chiffre d'affaires réalisé
N–2	75 + 60 + 50 + 35 = 220	(7 × 75) + (9 × 60) + ((11 × 50) + (3 × 35) = 1 720
N	45 + 85 + 90 + 100 = 320	(5 × 45) + ((7 × 85) + ((8 × 90) + (2 × 100) = 1 740
Pourcentage d'évolution de N/N–2	$\frac{320 - 220}{220} \times 100 = + 45{,}45\,\%$	$\frac{1\,740 - 1\,720}{1\,720} \times 100 = + 1{,}16\,\%$

Le nombre total de clients a augmenté de 45,45 % en 3 ans alors que le chiffre d'affaires n'a progressé que de 1,16 % sur la période.

2. Évolution du nombre de clients et du chiffre d'affaires réalisé en fonction de l'ancienneté des clients dans le portefeuille

Types de clients	Clients d'ancienneté inférieure à 2 ans		Clients d'ancienneté comprise entre 2 et 5 ans		Clients d'ancienneté comprise entre 5 et 10 ans		Clients d'ancienneté supérieure à 10 ans	
Années	N–2	N	N–2	N	N–2	N	N–2	N
Nombre de clients	75	45	60	85	50	90	35	100
Chiffre d'affaires moyen annuel	7	5	9	7	11	8	3	2
Chiffre d'affaires total	525	225	540	595	550	720	105	200
Taux d'évolution du nombre de clients	$\frac{45 - 75}{75} \times 100$ = – 40 %		$\frac{85 - 60}{60} \times 100$ = + 41,67 %		$\frac{90 - 50}{50} \times 100$ = + 80 %		$\frac{100 - 35}{35} \times 100$ = + 185,7 %	
Taux d'évolution du chiffre d'affaires	$\frac{225 - 525}{525} \times 100$ = – 57,14		$\frac{595 - 540}{540} \times 100$ = + 10,19 %		$\frac{720 - 550}{550} \times 100$ = + 30,91 %		$\frac{200 - 105}{105} \times 100$ = + 90,47 %	

La structure par âge du portefeuille clients de M. Deltour a évolué en l'espace de 3 ans : les nouveaux clients (ancienneté inférieure à 2 ans) ont diminué de 40 % en nombre et plus de 50 % en termes de chiffre d'affaires réalisé. À l'opposé, les clients anciens (ancienneté supérieure à 10 ans ont vu leur nombre presque doubler (+ 185,7 %), mais leur chiffre d'affaires n'a pas augmenté dans la même proportion (+ 90,47 %). On peut faire le même constat pour les autres catégories de clients, d'ancienneté comprise entre 2 et 10 ans, pour lesquels l'effectif croît dans des proportions moindres, mais plus vite que le chiffre d'affaires. Le portefeuille clients de M. Deltour a tendance à vieillir. L'accroissement du nombre de clients se fait au détriment du chiffre d'affaires.

3. Conseils à M. Deltour

M. Deltour doit s'attacher à prospecter une nouvelle clientèle, afin de rajeunir son portefeuille, et rétablir un équilibre de la structure par âge de sa clientèle. Si le nombre de clients s'est fortement accru en quelques années, leur renouvellement risque de s'avérer nécessaire. Les clients « à maturité » n'offrent pas le même potentiel de développement que les nouveaux clients. Le chiffre d'affaires, déjà en diminution au plan individuel, risque donc de diminuer dans les années à venir. Il convient donc de mettre en place un programme de fidélisation, permettant à la fois de pérenniser la relation, d'exploiter plus pleinement le potentiel client, et de gagner des parts de marché.

Exercice 2 ○ page 48

1. Taux de pénétration

Magasins	Taux de pénétration société Alpage	Taux de pénétration société Vert Pâturage	Taux de pénétration société Distrifrais	Taux de pénétration global rayon produits laitiers
A	37,5 % (1)	10 %	15 %	62,5 % (2)
B	10 %	35 %	45 %	90 %
C	13,33 %	20 %	26,67 %	60 %

(1) $\frac{150}{400} \times 100$.

(2) $\frac{150 + 40 + 60}{400} \times 100$ ou 37,5 % +10 % +15 %.

Votre société est le premier fournisseur du magasin A. En revanche, elle n'arrive qu'en troisième position pour les magasins B et C.

2. Potentiel clients à exploiter

Clients	Potentiel à développer	Commentaires
A	(100 % – 62,5 %) = 37,5 %	Client à bon potentiel, à fidéliser en priorité
B	(100 % – 90 %) = 10 %	Potentiel très réduit – peu de perspectives de développement, hormis gager des parts de marché sur la concurrence
C	(100 % – 60 %) = 40 %	Client à bon potentiel, à développer. Possibilité de gagner des parts de marché

Les efforts doivent porter en priorité sur les clients A, puis sur le client C, et enfin sur le client B.

3. Écarts et indices de pénétration

Clients	Écarts de pénétration	Indices de pénétration
A	37,5 % – 25 % = + 12,5 %	$\frac{37,5\ \%}{25\ \%} = 1,5$
B	10 % – 25 % = – 15 %	$\frac{10\ \%}{25\ \%} = 0,40$
C	13,33 % – 25 % = – 11,67 %	$\frac{13,33\ \%}{25\ \%} = 0,53$

Le client A est un « bon client » de votre portefeuille, avec un écart de pénétration positif et un indice de pénétration supérieur à 1. En revanche, les clients B et C présentent des écarts négatifs et un indice de pénétration inférieur à 1, ce qui traduit une sous-pénétration relative par rapport à la moyenne des clients du portefeuille. Ces clients devront faire l'objet d'une attention particulière.

4. Objectif de chiffre d'affaires du magasin C

Potentiel client pour l'année suivante : 150 × 1,50 = 225 milliers d'euros.
Chiffre d'affaires prévisionnel société Alpage : 225 × 20 % = 45 milliers d'euros.

18. La rentabilité du client

Exercice 1 ▸ page 49

1. et 2. Coût d'acquisition des clients pour chaque canal de contact et coût global

	Coût des contacts	Quote-part de frais de structure	Coût total d'acquisition	Nombre de commandes réalisées	Coût d'acquisition d'un client
Opération de publipostage	20 000 × (0,40+0,85) = 25 000	(1) 103,66 × 100 = 10 366	25 000 + 10 366 = 35 366	100	(2) 353,66
Annonces avec coupon-réponse	2 × 8 × 750 = 12 000	103,66 × 120 =12 439,20	24 439,20	120	203,66
Salons	4 × 8 500 = 34 000	103,66 × 300 = 31 098	65 098	300	216,99
Prospection en porte-à-porte	2 × 22 000 = 44 000	103,66 × 300 = 31 098	75 098	300	250,33
Coût global	115 000	85 001,20	201 001,20	820	**243,90**

(1) Frais de structure par client : $\frac{85\,000}{820} = 103{,}66$ euros.

(2) Coût d'acquisition d'un client = $\frac{35\,366}{100} = 353{,}66$.

Le coût global d'acquisition d'un client, tous moyens de contact confondus, est de 243,90 euros. Le canal de contact le plus efficace est celui des annonces avec coupon-réponse, publiées dans les magazines télé ; viennent ensuite les salons pour un coût légèrement supérieur, puis la prospection en porte à porte. L'opération de publipostage s'est avérée très coûteuse (73 % de plus que les annonces). Cela semble principalement résulter du faible taux de retour de la campagne (100 commandes pour 20 000 envois, soit 2 % de retour), peut être à cause de la qualité du fichier ou d'un mauvais ciblage.

3. La rentabilité des différents canaux

	Marge unitaire	Coût des contacts	Résultat unitaire (1)	Nombre de produits vendus	Résultat global
Opération de publipostage	240	353,66	– 113,66	100	– 11 366
Annonces avec coupon-réponse	240	203,66	+ 36,34	120	+ 4 360,80
Salons	240	216,99	+ 23,01	300	+ 6 903
Prospection en porte-à-porte	240	250,33	– 10,33	300	– 3 099
Coût global					**– 3 201,20**

(1) résultat unitaire = marge unitaire – coût des contacts.

Le résultat global de l'entreprise est déficitaire (– 3 201,20). Seuls deux canaux sont rentables : les salons et les annonces avec coupon-réponse. L'opération de publipostage s'est avérée très coûteuse, pour une trop faible concrétisation en termes de commandes.

Exercice 2 > page 50

1. Montant investi par la banque pour conquérir et fidéliser le client

Années	Ouverture de compte	Appels centre d'appels	Appels agence	Publipostage	Rendez-vous agence	Investissement annuel
N–5	220	2 × 2,15 = 4,30	3 × 4,78 = 14,34	4 × 3,45 = 13,80	2 × 27,50 = 55	307,44
N–4		3 × 2,15 = 6,45	3 × 4,78 = 14,34	4 × 3,45 = 13,80	3 × 27,50 = 82,50	104,09
N–3		3 × 2,15 = 6,45	2 × 4,78 = 9,56	6 × 3,45 = 20,70	3 × 27,50 = 82,50	119,21
N–2		4 × 2,15 = 8,60	2 × 4,78 = 9,56	6 × 3,45 = 20,70	4 × 27,50 = 110	148,86
N–1		4 × 2,15 = 8,60	1 × 4,78 = 4,78	8 × 3,45 = 27,60	2 × 27,50 = 55	95,98
N		6 × 2,15 = 12,90	0 × 4,78 = 0	8 × 3,45 = 27,60	0 × 27,50 =	40,50
total	220	47,30	52,58	124,20	385	829,08

La banque a donc investi 829,08 euros en 6 ans pour conquérir et fidéliser le client Germain.

2. et 3. Marge nette, marge nette cumulée, marge nette globale, et marge nette globale actualisée

Années	PNB réalisé	Investissement annuel	Marge nette	Marge nette cumulée	Coefficient d'actualisation (1)	Marge nette actualisée (2)
N–5	130	307,44	– 177,44	– 177,44	$(1,04)^{-1}$	– 170,61
N–4	160	104,09	+ 55,91	– 121,53 $(1,04)^{-2}$	+ 51,69	
N–3	175	119,21	+ 55,79	– 65,74 $(1,04)^{-3}$	+ 49,60	
N–2	280	148,86	+ 131,14	65,40 $(1,04)^{-4}$	+ 112,10	
N–1	190	95,98	+ 94,02	159,42 $(1,04)^{-5}$	+ 77,28	
N	100	40,50	+ 59,50	218,92 $(1,04)^{-6}$	+ 47,02	
Total	1 035	816,08	218,92		$(1,04)^{-7}$	+ 167,08

(1) le coefficient d'actualisation est obtenu par la formule d'actualisation des intérêts composés $(1+i)^{-n}$ (voir fiche 34)
(2) marge nette actualisée = marge nette × coefficient d'actualisation

À la fin de l'année N, la banque a dégagé une marge nette globale de + 218,92 euros sur son client Germain. Compte tenu des frais d'acquisition importants la première année, ce client ne commence à être rentable qu'à partir de l'année N–2 (la marge nette cumulée passe de – 65,74 en N–3 à + 65,40 en N–2). La marge nette augmente jusqu'en N–2, puis diminue jusqu'en N : votre prédécesseur a réduit ses contacts avec ce client, qui a sans doute réduit ses avoirs à la banque Cabusel. Le calcul de la marge nette globale actualisée permet d'apprécier la valeur réelle du client Germain. À la date d'aujourd'hui, sa valeur est de + 167,08 euros, compte tenu de l'ensemble des investissements réalisés pour conserver et fidéliser ce client sur la période N–5 à N.

19. Limiter le risque client

Exercice 1 page 51

1. Calcul de l'encours moyen de l'année N et évolution par rapport à N–1

Clients	Calcul de l'encours moyen N	Encours N–1	Écart encours N par rapport à N–1
Constructions Barré	$3\,600 \times \frac{60}{360} = 600$	400	600 – 400 = 200
Dupuis Bâtiment	$6\,600 \times \frac{30}{360} = 550$	800	550 – 800 = – 250
SNTP (Société nouvelle de travaux publics)	$5\,600 \times \frac{90}{360} = 1\,400$	1400	1 400 – 1 400 = 0

L'encours de la société Constructions Barré augmente d'une année à l'autre. Elle pourra donc bénéficier d'une ouverture de crédit de 50 % plus importante en N par rapport à N–1. La société Dupuis Bâtiment voit en revanche son encours diminuer de 250 milliers d'euros ; celui de la SNTP reste stable d'une année sur l'autre.

2. Risque couru avec chacun des clients

Clients	Calcul du risque couru avec chaque client (en milliers d'euros)	Commentaires
Constructions Barré	600 × 5 % = 30	Risque faible, mais petit client.
Dupuis Bâtiment	550 × 30 % = 165	Risque important de défaillance. Allonger éventuellement la durée du crédit client afin d'éviter les impayés. Prendre des garanties (clause de réserve de propriété, par exemple).
SNTP (Société nouvelle de travaux publics)	1 400 × 15 % = 210	Risque important, mais client important. Surveiller les délais de paiement (durée déjà en moyenne de 90 jours).

3. La négociation en cours

Clients	Encours autorisé année N	Encours utilisé	Encours disponible	Montant envisagé de la commande
Constructions Barré	600	500	600 – 500 = 100	120
Dupuis Bâtiment	550	500	550 – 500 = 50	200
SNTP	1 400	1 200	1 400 – 1 200 = 200	150

Commentaires :

Constructions Barré : encours autorisé légèrement dépassé de 120 – 100 = 20 milliers d'euros. Il faut éviter d'accorder un crédit trop long à ce client (30 jours, par exemple) de façon à rester dans le cadre de l'encours autorisé.

Dupuis Bâtiment : l'encours disponible de 50 milliers d'euros risque d'être fortement dépassé (de 200 – 50 = 150 milliers d'euros). Le risque est donc très important. Il convient donc de demander à ce client de régler une partie de ses achats antérieurs, ou de payer comptant sa nouvelle commande.

SNTP : l'encours disponible de 200 milliers d'euros offrira à ce client la possibilité d'un règlement aux conditions habituelles (90 jours).

Exercice 2 ▸ page 52

Analyse du risque couru avec chacun des clients

• Client Dutour

Le chiffre d'affaires réalisé par CAMA avec ce client a fortement chuté depuis trois ans : de (24 × 3 000), soit 72 000 euros en N–2, il est passé à (12 × 2 000) = 24 000 euros en N. Ce client connaît peut-être une baisse d'activité ou s'approvisionne auprès d'autres fournisseurs. Il faudra le vérifier. De plus, il ne respecte pas ses conditions de règlement (45 jours au lieu de 30 jours en N). Les incidents de paiement deviennent de plus en plus fréquents. Ils ont entraîné une depuis trois ans une réduction du délai accordé, qui est passé de 60 jours en moyenne en N–2 à 45 jours en N. Vous devez, lors de votre prochain entretien avec le client, rechercher la cause de ce non-respect des dates de paiement et du nombre d'incidents. Ceux-ci peuvent résulter, soit de problèmes de trésorerie, soit de conflits liés aux produits et prestations fournis par votre société. Ce client présente donc à l'heure actuelle un risque important : il convient d'être très prudent, en n'accordant pas pour le moment de délai de paiement supplémentaire. Si le client connaît des difficultés financières, il parait prudent de fixer un montant d'encours, afin de limiter le risque d'impayé.

• Client Noël

Le chiffre d'affaires que réalise votre société avec ce client est passé de (16 × 3 000) = 48 000 en N–2 à (24 × 4 000) = 96 000 en N. Il a donc doublé en l'espace de trois ans. En revanche, le nombre de références commandées en moyenne est limité (14 en N) et ne progresse que très faiblement (+ 2 en 3 ans). Vous êtes sans doute son fournisseur principal pour certains produits. Ce client s'approvisionne très certainement chez d'autres fournisseurs pour d'autres produits. Il présente donc de ce point de vue un certain risque commercial, que vous pouvez réduire en le fidélisant sur d'autres références de votre société. D'un point de vue financier, ce client peut être classé dans la catégorie des « bons payeurs », puisqu'il respecte toujours le délai de règlement qui lui est accordé. Aucun incident de paiement n'est à relever en N. Votre entreprise lui accorde d'ailleurs sa confiance, étant donné que le délai moyen de paiement est passé de 60 jours en N–2 à 90 jours en N. Ce client est donc à développer en toute confiance.

20. Le compte de résultat

Exercice 1 ○ page 53

1. Définitions

Dépenses et autres charges de gestion courante que l'entreprise supporte une ou plusieurs fois dans l'année. Les achats de biens ayant une durée de vie de plus d'un an en sont exclus (amortissements retenus).

Ressources provenant de l'activité de l'entreprise, telles les ventes.

Charges	Produits
Charges d'exploitation	Produits d'exploitation
Charges financières	Produits financiers
Charges exceptionnelles	Produits exceptionnels

Charges habituelles, tels les achats de biens non durables et de services.

Produits de l'activité habituelle de l'entreprise (essentiellement les ventes).

Charges versées par l'entreprise en contrepartie de capitaux mis à sa disposition.

Fruits des placements ou des prêts accordés par l'entreprise.

Charges imprévisibles ; elles constituent une fraction infime des charges.

Ne proviennent pas des activités ordinaires de l'entreprise.

2. Exemples

– Charges d'exploitation : achats de marchandises et de fournitures, loyers, assurances, personnel.
– Charges financières : intérêts des emprunts, escomptes accordés aux clients.
– Charges exceptionnelles : pénalités fiscales, amendes, perte de change.
– Produits d'exploitation : ventes de marchandises ou de produits finis, prestations de services.
– Produits financiers : intérêts perçus, dividendes, escomptes obtenus des fournisseurs.
– Produits exceptionnels : plus-values réalisées sur des ventes d'équipements.

3. et 4. Résultat

Résultat = total des produits – total des charges.
– Si le résultat est négatif : il s'agit d'une perte qui doit être mise sous les produits financiers.
– Si le résultat est positif : il s'agit d'un bénéfice qui doit être mis sous les charges financières.

Exercice 2 ○ page 54

1. La variation des stocks

Variation de stock = stock initial (en début d'année) – stock final (en fin d'année).
Elle permet de retenir la charge réelle de l'année.
Exemple : les achats de matières premières ne doivent pas forcément être imputés en totalité à l'année qui s'achève. Pour déterminer la consommation réelle de l'année il faut tenir compte des matières trouvées en stock au début de l'année en cours et des matières non utilisées et laissées en stock pour l'année prochaine.

2. Compte de résultat

Charges		Produits	
Charges d'exploitation :		**Produits d'exploitation :**	
Achats stockés de matières premières	1 556 779,86	Ventes de produits finis	3 153 240,00
Variation des stocks de matières 1res	22 981,70	Ventes de marchandises	1 248 380,00
Achats de marchandises	1 345 050,00	Total I	4 401 620,00
Variation des stocks de marchandises	35 800,00		
Entretien et réparations	117 766,00	Produits financiers :	
Primes d'assurance	21 343,00	Escomptes obtenus	8 121,72
Rémunérations d'intermédiaires et honoraires	80 493,08	Total II	8 121,72
Publicité, publications, relations publiques	109 763,89		
Transports de biens et transports collectifs	41 161,24	**Produits exceptionnels :**	
Frais postaux et de télécommunications	8 112,00	Produits de cessions d'éléments d'actif	7 319,09
Services bancaires et assimilés	14 863,78	Total III	7 319,09
Impôts, taxes et versements assimilés	250 880,00		
Charges de personnel	574 408,23		
Dotations aux amortissements des immobilisations	45 734,70		
Dotations aux provisions pour risques et charges	38 981,00		
Total I	4 264 118,48		
Charges financières :			
Charges d'intérêts	11 854,04		
Escomptes accordés	15 615,51		
Total II	27 469,56		
Charges exceptionnelles			
Pénalités, amendes fiscales et pénales	658,58		
Total III	658,58		
Total des charges (I+II+III)	4 292 246,61	Total des produits (I+II+III)	4 417 060,81
Solde créditeur = bénéfice	124 814,20	Solde débiteur = perte	
Total général	4 417 060,81	Total général	4 417 060,81

3. Commentaire

L'entreprise cliente réalise certes un bénéfice, mais qui ne représente que 2,83 % du chiffre d'affaires total. Il serait intéressant d'examiner le poids de chaque catégorie de charges et de disposer de l'évolution du résultat dans le passé.

Éléments	Calculs	Commentaires
Résultat d'exploitation	4 401 620 – 4 264 118,48 = 13 7501,52 €	Positif mais insuffisant proportionnellement aux ventes.
Résultat financier	8 121,72 – 27 469,56 = – 19 347,83 €	Déficitaire. Les commerciaux accorderaient-ils beaucoup de réductions financières ?
Résultat exceptionnel	7 319,09 – 658,58 = 6 660,51 €	Bénéficiaire.

21. Les soldes intermédiaires de gestion

Exercice 1 ○ page 55

1. Calcul des SIG

Produits	Montants	Charges	Montants	SIG	Montants
• Production vendue • Production stockée	4 800 308	• Déstockage de production	0		
Total	**5 108**	**Total**	**0**	**Production de l'exercice**	**5 108**
• Production de l'exercice	5 108	• Consommations de l'exercice en provenance de tiers (1 500 + 88 + 452 + 348)	2 388		
Total	**5 108**	**Total**	**2 388**	**Valeur ajoutée**	**2 720**
• Valeur ajoutée • Subventions d'exploitation	2 720 232	• Impôts, taxes • Charges de personnel	168 812		
Total	**2 952**	**Total**	**980**	**Excédent brut d'exploitation (EBE)**	**1972**
• EBE	1972	• DAP	180		
• Autres produits de gestion	64				
Total	**2 036**	**Total**	**180**	**Résultat d'exploitation**	**1 856**
• Résultat d'exploitation	1 856	• Charges financières	132		
• Produits financiers	168				
Total	**2 024**	**Total**	**132**	**Résultat courant avant impôts**	**1 892**
• Produits exceptionnels	160	• Charges exceptionnelles	60	**Résultat exceptionnel**	**100**
• Résultat courant avant impôts	1 892				
• Résultat exceptionnel (bénéfice)	100	• Impôt sur les bénéfices	679		
Total	**1 992**	**Total**	**679**	**Résultat de l'exercice**	**1 313**

2. Informations utiles

Il serait intéressant de connaître :
– le bilan de l'entreprise afin d'analyser ses équilibres financiers ;
– les informations comptables des années précédentes afin d'examiner leur évolution (dégradation, amélioration, stagnation) ;
– les grilles de référence des entreprises de même taille et du même secteur pour établir des comparaisons.

Exercice 2 ○ page 56

1. Nature du document

Il s'agit d'un compte de résultat. C'est un document comptable de synthèse regroupant les charges et les produits de l'entreprise pendant une période donnée (généralement une année).

2. Détermination des résultats

Résultat d'exploitation = 468 198,90 – 382 297,68	116 216,51 €
Résultat financier = 7 500,48 – 2 515,41	4 985,07 €
Résultat exceptionnel = 1372,05 – 418,47	953,58 €

3. Calcul des SIG

Comptes				SIG	
Produits (+)	**Montant**	**Charges (–)**	**Montant**	**Soldes**	**Montant**
Ventes de marchandises	483 514,19	Coût d'achat des marchandises vendues : 270 777,6 – 7 774,89	263 002,71	Marge commerciale	220 511,48
Marge commerciale	220 511,48	Consommations de l'exercice en provenance de tiers = 20 635,11 + 7 482	28 117,11	Valeur ajoutée	192 394,37
Valeur ajoutée	192 394,37	Impôts et taxes + charges de personnel	67 777,86	EBE	124 616,51
EBE + autres produits de gestion courante	139 616,51	Dotations aux amortissements et aux provisions	23 400,00	Résultat d'exploitation	116 216,51
Résultat d'exploitation + produits financiers	123 716,99	Charges financières	2 515,41	Résultat courant avant impôts	121 201,58
Résultat courant avant impôts + Résultat exceptionnel	122 155,16	Impôt sur les bénéfices	30 613,29	Résultat de l'exercice	91 541,87

Commentaires :

– Taux de marque global = $\frac{22\,0511{,}48}{483\,514{,}19} = 46\,\%$.

– La valeur ajoutée représente 40 % du chiffre d'affaires.
– L'EBE s'élève à 65 % de la valeur ajoutée alors que la moyenne nationale est de 33,33 % tous secteurs confondus.
– Le résultat net de l'exercice représente 19 % des ventes. Il serait intéressant de disposer des capitaux propres de cette entreprise (bilan) afin de calculer leur rendement (bénéfice net/capitaux propre × 100). 19 % (près de 1/5) représente néanmoins un bon résultat par rapport à la moyenne nationale tous secteurs confondus.

4. Situation du prospect

Il faudrait disposer des grilles de référence du secteur des meubles afin de les comparer avec cette entreprise ; cependant, c'est un client sans risques apparents car ses résultats sont très satisfaisants.

22. La capacité d'autofinancement

Exercice 1 ⊳ page 57

Calcul de la CAF

Première méthode

Produits encaissables		Charges décaissables	
Produits d'exploitation (17 738 + 26 894 + 2 961)	47 593	Charges d'exploitation (43 372 – 1 050)	42 322
Autres produits	2 506	Charges financières (154 + 189)	343
Produits financiers	3 290	Charges exceptionnelles	196
Produits exceptionnels (301 + 49)	350	Impôt sur les bénéfices	3 430
Total	53 739	Total	46 291

CAF = 53739 – 46291 = 7448 milliers d'euros.

Deuxième méthode

Résultat de l'exercice	6 426
+ Charges non décaissables : • DAP (1050 + 21 + 14) • Valeur comptable d'éléments d'actif cédés	 + 1085 + 266
– Produits non décaissables : • Reprises sur amortissements et provisions • Produits de cession d'éléments d'actif	 – 35 – 294
CAF	7 448

Remarque : ce tableau peut être présenté avec une colonne « moins » et une colonne « plus » comme dans l'exercice suivant.

Exercice 2 ⊳ page 58

1. Utilité de la CAF

La connaissance de la capacité d'autofinancement d'un client permet au vendeur de savoir si ce client dispose de moyens financiers propres ou s'il doit recourir à l'emprunt ou au crédit.

2. Calcul de la CAF

Éléments	Calculs	–	+
Résultat net			121 346
Dotations aux amortissements et aux provisions	42 120 + 600		42 720
Reprises sur amortissements et provisions	9 890 + 1 248	12 360	
Valeurs comptables des éléments d'actif cédés			153
Produits de cessions d'éléments d'actif		1 248	
CAF			15 0611 €

23. Le bilan comptable

Exercice 1 ○ page 59

1. et 2. Composantes du bilan

Bilan

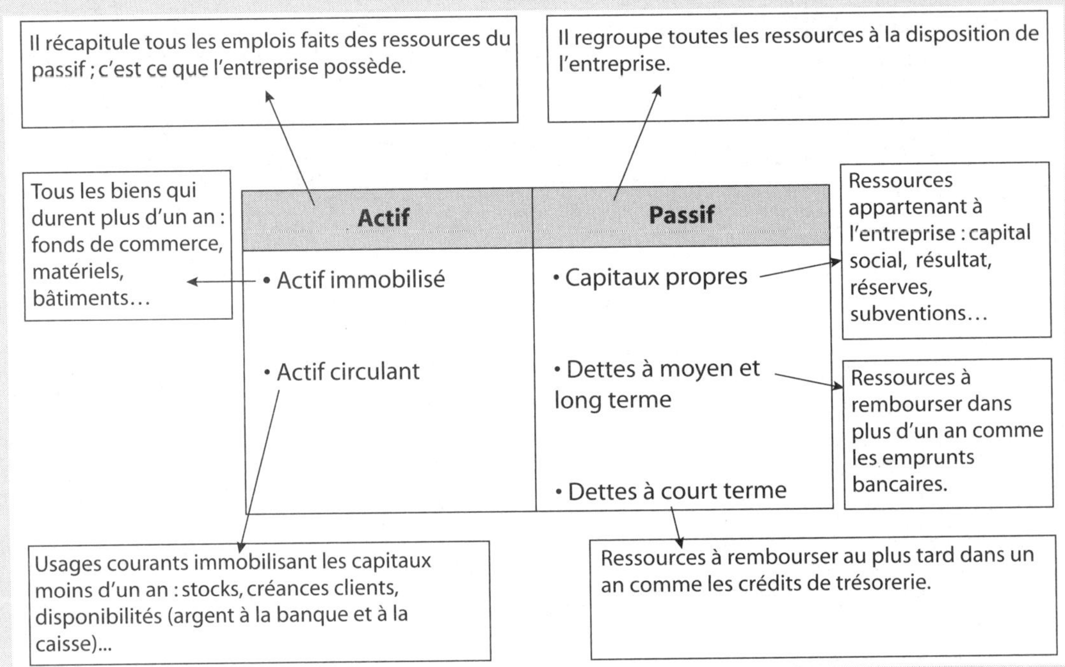

3. Résultat

Résultat = total de l'actif – total du passif.

Il apparaît dans les capitaux propres : positif, il constitue un bénéfice équivalent à une source possible de financement ; négatif, c'est une perte équivalente à des capitaux en moins.

Exercice 2 ○ page 60

1. Rattachement des comptes

– Bilan : de 1 à 14, correspondant aux comptes des classes 1 à 5 du plan comptable général.
– Comptes de résultat : de 15 à 26, correspondants aux classes 6 et 7 du PCG.

2. Bilan au 31/12/N

Actif		Passif	
Actif immobilisé:		**Capitaux propres**	
Immobilisations incorporelles	121 288	Capital	73 176
Immobilisations corporelles:		Résultat	249 472
Installations techniques, matériels et outillage	45 371	Total I	322 648
		Dettes	
Matériel de transport	52 963	Emprunts et dettes assimilées	24 392
Matériel de bureau et matériel informatique	32 364	Dettes fournisseurs	18 294
Mobilier	20 161	Dettes fiscales et sociales:	
Total I	272 148	Sécurité sociale et autres organismes sociaux	2 134
Actif circulant:		État et collectivités locales	23 379
Stocks de marchandises	66 000	Total II	68 199
Clients	15 367		
Banque	34 575		
Caisse	2 756		
Total II	118 699		
Total général	390 847	Total général	390 847

3. Résultat

Go Max réalise un bénéfice car ce que l'entreprise possède (la valeur totale de son actif) est supérieur au total de ses ressources (valeur totale de son passif hors résultat)

4. Vérification

Elle peut être effectuée en établissant le compte de résultat suivant :

Charges		Produits	
Achats de marchandises	974 800	Ventes de marchandises	1 267 240
Variation des stocks de marchandises	6 876	Revenus des valeurs mobilières de placement	11 909
Services extérieurs	15 123	Escomptes obtenus	8 563
Autres services extérieurs	11 761	Produits de cessions d'éléments d'actif	13 693
Impôts, taxes et versements assimilés	9 025		
Charges de personnel	32 929		
Charges financières	872		
Charges exceptionnelles	547		
Total charges	1 051 933	Total produits	1 301 404,7

Résultat = produits – charges = 249 472 €

24. Le bilan fonctionnel, le fonds de roulement et le besoin en fonds de roulement

Exercice 1 ▸ page 61

1. Bilan comptable

Actif	Brut	Amort. et provisions	Net	Passif	
Actif immobilisé :				**Capitaux propres :**	
Immoblisations incorporelles	280	60	220	Capital	40
Immobilisations corporelles	390	210	180	Réserves	115
Total	670	270	400	Résultat (bénéfice)	260
Actif circulant :				Total	415
Stocks	475	70	405	**Provisions pour risques et charges**	170
Créances	560	120	440	Total	170
Disponibilités	115		115		
Total	1 150	190	960	**Dettes :**	
				Emprunts	220
				Dettes fournisseurs	380
				Dettes fiscales et sociales	80
				Dettes diverses	95
				Total	775
Total général	**1 820**	**460**	**1 360**	**Total général**	**1 360**

2. Bilan fonctionnel

Actif	Brut	Passif	
Actif immobilisé :		**Capitaux permanents :**	
Immobilisations incorporelles	280	• Capitaux propres :	
Immobilisations corporelles	390	– Capital	40
Total	370	– Réserves	115
		– Résultat (bénéfice)	260
Actif circulant :		– Amortissements et provisions(1)	630
Stocks	475	• Emprunts(2)	135
Créances	560	Total	1 180
Disponibilités	115		
Total	1 150	Dettes à court terme	
		Dettes fournissseurs	380
		Dettes fiscales et sociales	80
		Dettes diverses	95
		Concours bancaires	85
		Total	640
Total général	**1 820**	**Total général**	**1 820**

(1) 170 + 60 + 210 + 70 + 120
(2) 220 – 85

3. Commentaire sur la situation du client

Cette entreprise réalise un bénéfice, mais son endettement représente 43 % des ressources {(135 + 640)/1 820} dont 35 % à court terme. Un prêt aggraverait son endettement et elle pourrait avoir des difficultés à rembourser un crédit supplémentaire à court terme. Il serait intéressant d'approfondir l'analyse en examinant le fonds de roulement net global, le besoin en fonds de roulement et la trésorerie nette.

Exercice 2 ○ page 62

1. Bilans fonctionnels

Plein'Air

Actif	Brut	Passif	
Actif immobilisé :		**Capitaux permanents :**	
Immobilisations incorporelles	575	• Capitaux propres :	
Immobilisations corporelles	1 875	– Capital	313
Immobilisations financières	300	– Résultat de l'exercice	898
Total I	2 750	– Amortissements et provisions (1)	1 418
Actif circulant :		• Emprunts (2)	78
Stocks	463	Total I	2 705
Créances	195	**Dettes circulantes :**	
Disponibilités	33	Dettes fournisseurs	230
Total II	690	Dettes fiscales et sociales	40
		Concours bancaires	465
		Total II	735
Total général	**3 440**	**Total général**	**3 440**

(1) 1 100 + 30 + 288.
(2) 543 – 465.

Prestige SA

Actif	Brut	Passif	
Actif immobilisé :		**Capitaux permanents :**	
– Immobilisations incorporelles	406	• Capitaux propres :	
– Immobilisations corporelles	10 039	– Capital	2 600
– Immobilisations financières	753	– Réserves	422
Total I	11 198	– Résultat de l'exercice	978
Actif circulant :		– Subventions d'investissement	371
• Stocks	2 548	• Provisions réglementées	520
• Créances		• Provisions pour risques et charges	1 300
– Clients et comptes rattachés	2 551	• Amortissements et provisions	3 834
– Autres	631	• Emprunts	2 791
• Disponibilités :	221	Total I	12 816
Total II	5 951	**Dettes circulantes :**	
		Dettes fournisseurs et comptes rattachés	2 698
		Dettes sociales et fiscales	130
		Autres dettes	315
		Concours bancaires	1 190
		Total II	4 333
Total général	**17 149**	**Total général**	**17 149**

2. FRNG, BFR et trésorerie nette

	Plein'Air	Prestige SA
FRNG	2 705 – 2 750 = – 45 ; soit – 45 000 €.	12 816 – 11 198 = 1 618 milliers d'€
BFR	(463 + 195) – (230 + 40) = 388 ; soit 388 000 €.	(5 951 – 221) – (4 333 – 1 190) = 2 587 milliers d'€
Trésorerie nette	– 45 –388 = – 433 milliers d'€.	1 618 – 2 588 = – 969 milliers d'€

3. Commentaires

• Plein'Air : l'activité saisonnière de Plein'Air explique la trésorerie nette négative. Le bilan est dressé en janvier ; date à laquelle les ventes de produits de jardin sont pratiquement nulles alors que l'entreprise a besoin de fonds pour préparer la prochaine saison ; le BFR est alors important et la trésorerie faible, voire négative.
Le FRNG est négatif ; l'entreprise finance une partie de ses immobilisations avec des capitaux disponibles à court terme (passif circulant). Cette situation est risquée car l'entreprise pourrait être contrainte de vendre des immobilisations pour rembourser des dettes à court terme. Un FRNG positif aurait couvert une partie du BRF et allégé les concours bancaires (crédits bancaires de trésorerie). Pour ces derniers, il vaut mieux recourir à un crédit de campagne qu'à des découverts bancaires plus coûteux.

• Prestige SA : contrairement à Plein'Air, Prestige SA, a un FRNG positif, signe de stabilité financière car les immobilisations sont amplement financées par les capitaux permanents (des capitaux durables à la disposition de l'entreprise) ; mais elle a un BFR très élevé conduisant à une trésorerie nette négative et d'un montant élevé. Ce BFR s'explique par des stocks importants et des créances clients excessives. Ces deux éléments sont insuffisamment couverts par les crédits fournisseurs. La situation à court terme est risquée et il faut exclure tout concours bancaire supplémentaire.

25. Les ratios

Exercice 1 ○ page 63

1. Bilan financier

Actif	Net	Passif	
Actif immobilisé :		**Capitaux propres** :	
Immobilisations incorporelles	96	Capital	184
Immobilisations corporelles (1)	1 220	Réserves	104
Immobilisations financières	344	Plus-value nette (2)	100
Total I	1 660	Provisions pour risques et charges (3)	304
Actif circulant :		Total I	692
Stocks	600	**Dettes à moyen et long terme** : (4)	
Créances	136	Emprunts	528
Disponibilités	72	Total II	528
Total II	808	**Dettes à court terme** :	
		Dettes financières (5)	136
		Dettes d'exploitation	456
		Dividendes (6)	600
		Dettes diverses (7)	56
		Total III	1 248
Total général	2 468	Total général	2 468

(1) 1 120 000 + 100 000 (plus-value sur le terrain).
(2) Plus-value sur le terrain.
(3) 360 000 – 56 000 (dommages et intérêts)
(4) 664 000 – 136 000 (emprunts à plus d'un an).
(5) Emprunts arrivant à échéance.
(6) Bénéfice à distribuer aux associés.
(7) Dommages et intérêts.

2. Bilan condensé

Actif	Passif
Actif immobilisé 67 %	Capitaux propres 28 %
	DLMT 21 %
Actifs circulant 33 %	Dettes à court terme 51 %

Commentaire

- Les dettes à court terme représentent plus de la moitié du passif : l'entreprise pourra-t-elle honorer ses échéances ?
- Les dettes totales représentent 72 % des ressources : l'endettement n'est-il pas excessif ?
- L'entreprise n'est pas solvable à court terme car l'actif circulant ne permet de rembourser les dettes circulantes.

Conclusion : Aupied présente des risques financiers.

Exercice 2 ▸ page 64

1. Bilan financier

Actif	Net	Passif	
Actif immobilisé :		**Capitaux propres :**	
Immobilisations incorporelles	36	Capital	150
Immobilisations corporelles :		Réserves 95 + (155 × 10 %)	110,5
Terrains	50	Plus-value nette	10
Constructions	92	Provisions pour risques et charges 105 + (155 × 10 %)	120,5
Installations techniques, matériels et outillages	160	Total I	391
Autres immobilisations corporelles	63	**Dettes à long et moyen terme :**	
Immobilisations financières :		Emprunts (110 × 85 %)	93,5
Prêts (42 – 8)	34	Total II	93,5
Total I	435	**Dettes à court terme :**	
Actif circulant :		Dettes financières (110 × 15 %, soit 100 % – 85 %)	16,5
Stocks :		Dettes fournisseurs	123
Matières premières	103	Dettes fiscales et sociales	11
Autres approvisionnements	19	Dettes diverses	40
Produits finis	66	Dividendes (155 × 80 %)	124
Créances clients	121	Total III	314,5
Prêts	8		
Valeurs mobilières de placements	9		
Disponibilités	39		
Total II	364		
Total général	**799**	**Total général**	**799**

2. Ratios appropriés

Calcul des ratios :

- Ratio de rotation du stock de produits finis = $\frac{924}{\frac{(72+66)}{2}}$ = 13,4, soit un délai de rotation de $\frac{360}{13,4}$ = 27 jours.

- Ratio de rotation des stocks de matières premières = $\frac{542}{\frac{(92+103)}{2}}$ = environ 6. Donc, le délai de rotation = $\frac{360}{6}$ = 60 jours.

- Délai de recouvrement des créances clients = $\left(\frac{121}{1292}\right) \times 360$ = 90 jours.

- Délai de paiement des dettes fournisseurs = $\left(\frac{123}{542}\right) \times 360$ = 82 jours.

- Liquidité générale = $\frac{364}{314,5}$ = 1,16.

- Liquidité restreinte = $\frac{121+8+9+39}{314,5}$ = 0,56.

- Endettement = $\frac{93,5+314,5}{799}$ = 0,51.

- Marge nette = $\frac{155}{\frac{1\,292}{1,196}}$ = 14,35 %.

- Rentabilité financière (rendement des capitaux propres) = $\frac{155}{(150+95+10+105)}$ = 43 %.

Commentaires :

- La marge nette et la rentabilité financière sont satisfaisantes ; il faudrait cependant examiner leur évolution au cours des années passées.
- Plex renouvellerait son stock de matières premières tous les deux mois et exigerait des délais de paiement de près de trois mois (82 jours). Elle accorde à peu près les mêmes délais à ses clients.
- C'est une entreprise solvable à court terme puisque son actif circulant couvre 1,16 fois ses dettes circulantes (dettes à court terme)
- Son endettement représente un peu plus de la moitié de ses ressources. C'est une situation sans risques ; il faut cependant comparer à la grille de ratios des entreprises du même secteur d'activité et examiner l'évolution de ce ratio depuis quelques années.

3. Outils possibles de complément

Il serait intéressant d'établir le bilan fonctionnel afin d'analyser le FRNG, le BFR et la trésorerie nette. Ces éléments nous informeraient sur le financement des immobilisations et sur la situation de la trésorerie.

26. Les documents commerciaux

Exercice 1 ○ page 65

Calculs préalables

• Métrage des trois pièces (= périmètre des pièces) :

– bureau :	(5m × 2) + ((4m × 2)	= 18 mètres linéaire
– salle d'attente	(3m × 4)	= 12 mètres linéaire
– hall d'entrée	(2m × 2) + (6m × 2)	= 16 mètres linéaire
Soit au total		= 46 mètres linéaire

• Surface des plafonds : $(5 \times 4) + (2 \times 6) + (3 \times 3) = 41\ m^2$.

• Surface du bureau : $5 \times 4 = 20\ m^2$.

• Nombre de rouleaux de tapisserie nécessaires : $\frac{46 \text{ ml}}{2} = 23$ rouleaux.

• Peinture fibre de verre : $\frac{23 \text{ rouleaux}}{5} = 4{,}6$ soit 5 pots de peinture fibre de verre.

• Colle fibre de ferre : $\frac{23 \text{ rouleaux}}{6} = 3{,}83$ soit 4 paquets de colle.

• Peinture plafond : 1 pot (couvre $60\ m^2$)

• Peinture bois : $(1\text{kg} \times 6 \text{ portes}) + \left(\frac{46 \text{ ml plinthes}}{25} \times 1\text{kg}\right) = 7{,}84$ soit environ 8 kg.

• Parquet flottant : $35\ € \times 20\ m^2 = 700\ €$.

Devis :

Désignation	Quantité	PU	Total
Fournitures :			
Tapisserie fibre de verre	23	14,00	322,00
Peinture fibre de verre	5	35,00	175,00
Colle fibre de verre	4	8,00	32,00
Peinture plafond	1	30,00	30,00
Peinture bois	8	18,00	144,00
Parquet flottant	20	35,00	700,00
Total fournitures			1 403,00
Remise 20 % sur fournitures			– 280,60
Net fournitures			1 122,40
Main d'œuvre :			
Tapisserie	46	35,00	1 610,00
Peinture plafond	41	8,00	328,00
Peinture portes	6	45,00	270,00
Peinture plinthes	46	3,00	138,00
Pose parquet	20	15,00	300,00
Total main-d'œuvre			2 646,00
Total fournitures + main-d'œuvre HT			3 768,40
TVA à 19,6 %			738,61
Net à payer			4 507,01

Exercice 2 ○ page 66

1. Bon de commande

Désignation	Quantité	Prix brut HT	Montant brut HT
Papier blanc format A4 Boîte de chemises cartonnées Paquet d'enveloppes Boîte crayons bille	10 5 8 6	4,00 3,50 2,00 5,00	40,00 17,50 16,00 30,00
TOTAL HT			103,50
Remise 5 %			5,18
Net commercial			98,32
TVA à 19,6 %			19,27
Montant net TTC			117,59

2. Erreurs de facturation

L'entreprise Dubus a facturé 12 ramettes de papier blanc au lieu de 10, 10 paquets d'enveloppes au lieu de 8 et les 3 boîtes de crayon bille à 10 euros au lieu de 6 boîtes à 5 euros. De plus, elle a oublié de déduire la remise de 5 % et demande un règlement par chèque à réception de la facture alors que le client a négocié un règlement à 30 jours fin de mois.
La facture aurait dû être conforme au bon de commande rédigé le 18 mars.

Le client a donc réglé 138,14 – 117,59 = 20,55 € TTC en trop, soit $\frac{20,55}{1,196}$ = 17,18 € HT. Cette somme doit lui être rendue par facture d'avoir.

3. Établissement de la facture d'avoir

Désignation	*Montants*
Erreur de facturation facture de doit du 18 mars ; net HT	*17,18*
TVA à 19,6 %	*3,37*
Montant net TTC à votre crédit	*20,55*

27. La TVA, les marges et le coefficient multiplicateur

Exercice 1 ○ page 67

1. Coûts d'achat HT

Éléments	Coût total TTC (€)	Coûts HT
Tissus	19 620	16 404,68[1]
Boutons et fils	1 308	1 093,65
Autres consommations intermédiaires	6 976	5 832,78
Total	27 904	23 331,10

[1] 19 620/1,196

2. Valeur ajoutée

Ventes totales HT = $\dfrac{41\,862{,}50}{1{,}196}$ = 35 002,09 €.

Valeur ajoutée globale = 35 002,09 – 23 331,10 = 11 670,99 €.

Valeur ajoutée unitaire = $\dfrac{11\,670{,}99}{8\,752}$ = 13,38 €.

3. TVA

TVA collectée = 41 862,50 – 35 002,09 = 6 860,41 €.
TVA déductible = 27 904 – 23 331,10 = 4 572,90 €.
TVA à décaisser = 6 860,41 – 4 572,90 = 2 287,51 €.

4. Incidences de la TVA

1. Elle peut entraîner une baisse des ventes en raison d'un coût plus élevé pour le consommateur. Les professionnels réclament ainsi une baisse des taux de TVA pour soutenir la demande dans leur secteur (restauration, bâtiment…).

2. Incidence sur la trésorerie : la TVA doit être avancée par l'entreprise à ses fournisseurs et n'est récupérée que lorsqu'elle vend ses produits. La négociation des délais de paiement avec les fournisseurs et avec les clients peut résoudre ou aggraver ce problème.

Exercice 2 > page 67

1. Les objectifs du directeur commercial

Il s'agit d'informer les vendeurs sur les marges afin de les inciter à les préserver au cours de leurs négociations avec leurs clients.

2. Tableau complété

Référence	A123	A142	E13	E18	T102	T104	T145
Prix d'achat	643	892	750	843	546	762	980
Frais de port	34	34	34	40	25	25	25
Emballage	4	4	6	6	5	6	9
Frais de gestion commerciale	15	15	15	15	18	18	22
Prix de vente	1212,18	1 655,4	1 216,6	1 369,06	835,2	1 149,85	1 470,3
Coût d'achat	643 + 34 + 4 = 681	930	790	889	576	793	1 014
Marge brute	1212,18 – 681 = 531,18	725,4	426,6	480,06	259,2	356,85	456,3
Marge nette	531,18 – 15 = 516,18	710,4	411,6	465,06	241,2	338,85	434,3
Taux de marge	$\dfrac{531{,}18}{681}$ = 78 %	78 %	54 %	54 %	45 %	45 %	45 %
Taux de marque	$\dfrac{531{,}18}{1\,212{,}18}$ = 44 %	44 %	35 %	35 %	31 %	31 %	31 %

Exercice 3 > page 68

1. Tableau complété

Éléments	Outil 1	Outil 2	Outil 3	Outil 4	Outil 5
Coût d'achat	26	37	32	47	18
Prix de vente TTC	47	62	56	82	29
Prix de vente HT	$\frac{47}{1,196}$ = 39,52	52,05	46,82	68,95	24,37
Marge brute	39,52 – 26 = 13,52	15,05	14,82	21,95	6,37
Taux de marge	$\frac{13,52}{26}$ = 34 %	29 %	32 %	32 %	26 %

2. Conséquences de la réduction

1. Cette réduction est geste commercial pouvant fidéliser le client mais elle entraîne une baisse non négligeable de la marge commerciale.
2. Le commercial subit une baisse de sa rémunération composée de deux éléments :

Produit	Quantité	Prix de vente brut HT	Réduction	Net commercial	Coût d'achat	Marge brute
Outil 1	85	39,52	39,52 × 10 % = 3,95	39,52 – 3,95 = 35,56	26	35,56 – 26 = 9,56
Outil 2	50	52,05	5,20	46,84	37	9,84
Outil 3	50	46,82	4,68	42,14	32	10,14
Outil 4	60	68,95	6,90	62,06	47	15,06
Outil 5	100	24,37	2,44	21,94	18	3,94

Chiffre d'affaires total hors réduction = (85 × 39,52) + (50 × 52,05) + … = 14 876,92 €.
Chiffre d'affaires total avec la réduction = (85 × 35,56) + (50 × 46,84) + … = 13 389,23 €.

Produit	Marge brute unitaire hors réduction	Marge brute avec la réduction	Baisse unitaire de la marge	Perte globale de marge pour l'entreprise
Outil 1	13,52	9,56	3,95	335,88
Outil 2	15,05	9,84	5,20	260,24
Outil 3	14,82	10,14	4,68	234,11
Outil 4	21,95	15,06	6,90	413,73
Outil 5	6,37	3,94	2,44	243,73
Total				**1 487,69 €**

Éléments	Calcul	Montant	Perte de revenu pour le commercial
Commission hors réduction	14 876,92 × 0,09	1 338,9228	
Commission avec réduction	13 389,23 × 0,09	1 205,0307	133,8921
Prime avant réduction	250 +100 + 75	425	
Prime après réduction	250 + 100	350	75
Total			**208,89 €**

Exercice 4 ▸ page 68

1. Calcul du coefficient multiplicateur

Prix de vente TTC du détergent = (1,75 + 0,20) × 1,32 = 2,57 €

	Lessive		Détergent	
	Calcul	Coefficient	Calcul	Coefficient
Formule 1	$\frac{(1+0,196)}{(1-0,25)}$	1,5947		
Formule 2			$\frac{2,57}{(1,75+0,20)}$	1,3179

2. Utilité du coefficient multiplicateur

Le coefficient multiplicateur permet aux commerçants de fixer leur prix de vente TTC à partir du coût d'achat HT (prix d'achat HT + frais accessoires d'achat). Cela permet un gain de temps en évitant des calculs répétitifs pour des produits vendus dans les mêmes conditions.

28. Les réductions

Exercice 1 ▸ page 69

Clients	Nature	Objectifs
Breton	Remise	Encourager le client à passer la commande et le fidéliser
Lemenu	Escompte de règlement	Inciter le client à régler plus rapidement sa facture en lui versant l'équivalent d'intérêts
Boulay	Ristourne	Remercier le client et le fidéliser
Chauvin	Rabais	Écouler des produits comportant des défauts
Thion	Remise	Remercier le client et le fidéliser
Michel	Rabais	Éviter l'insatisfaction du client et le fidéliser
Dutronc	Escompte de règlement	Inciter le client à régler plus rapidement sa facture en lui versant l'équivalent d'intérêts

Exercice 2 ▸ page 69

1. Nature et montant des réductions

Clients	Nature de la réduction	Montant (en €)
Diouf	Remise	8 520 × 5 % = 426
Tremblaye	Remise et rabais	12742 × 6 % = 764,52
		(12 742 – 764,52) × 1,5 % = 179,66
Goal SA	Escompte de règlement	159,125
Leprince	Rabais	175,38
Anger	Remise et escompte de règlement	27998 × 5 % = 1399,90
		(27 998 – 1 399,90) × 1,5 % = 398,97

2. Factures simplifiées

Facture du client Tremblaye :

Éléments	Montants
Montant brut HT	12 742
– Remise	764,52
– Rabais	179,52
Net commercial HT	11 797,96
TVA	2 312,40
Montant net à payer TTC	14 110,36

Facture du client Anger :

Éléments	Montants
Montant brut HT	27 998,00
– Remise	1 399,90
= Net commercial HT	26 598,10
– Escompte de règlement	398,97
= Net financier HT	26 199,13
+TVA	5 135,03
= Montant net à payer TTC	31 334,16

Exercice 3 ○ page 70

1. Calcul de la ristourne

Client	Montant total du CA (€)	Calculs de la ristourne	Montant
1	3 120	3 120 × 2,5 %	78,00
2	12 345	(5 000 × 2,5 %) + (5 000 × 3 %) + (2 345 × 3,5 %)	357,08
3	75 200	(5 000 × 2,5 %) + (5 000 × 3 %) + (10 000 × 3,5 %) + (55 200 × 4 %)	2 833,00

2. Facture simplifiée du client 1

Éléments	Montants
Montant brut HT	3 120,00
– Ristourne	78,00
= Net commercial HT	3 042,00
+TVA	596,23
= Montant net à payer TTC	3 638,23

Exercice 4 ▸ page 70

1. Calcul de la remise

Éléments	Calculs	Montants
Ventes HT	$\frac{162\,000}{1,196}$	13 5451,51
Coût d'achat		95 800,00
Marge commerciale hors remise		39 651,51
Remise	135 451,50 × 6,5 %	8 804,35
Net commercial	135 451,51 – 8 804,35	12 6647,16
Marge commerciale après la remise	126 647,16 – 95 800	30 847,16
Commission sur la vente hors remise	135 451,51 × 7 %	9 481,61
Commission sur la vente après la remise	126 647,16 × 7 %	8 865,30

2. Conséquences de la remise

1. La fidélisation du client.
2. Une baisse de 28,5 % de la marge de votre entreprise et une rémunération inférieure de 616,30 € pour vous. Il faudrait cependant tenir compte du chiffre d'affaires supplémentaire qui aurait été obtenu grâce à cette remise.

29. Les règlements

Exercice 1 ▸ page 71

1. Montant net à payer

Désignation	Référence	Quantité	Prix unitaire HT	Montant total
Clubs	C528	25	64 €	1 600,00 €
Clubs	C874	40	35 €	1 400,00 €
Étuis	E10058	15	275 €	4 125,00 €
Balles compétition	BC23	200	4 €	800,00 €
Montant brut				7 925,00 €
Remise 10 %				792,50 €
Net commercial HT				7 132,50 €
(1) Port forfaitaire HT				110,00 €
Net à payer HT				7 242,50 €
TVA à 19,6 % (sur 7 132,50 + 110,00)				1 419,53 €
Net à payer TTC				8 662,03 €
Acompte de 500 € reçu le 15/09/N, solde à régler				8 162,03 €

(1) Net commercial HT inférieur à 7 500 € : port forfaitaire 110 €.

2. Possibilités de règlement

Dans tous les cas, le client devra régler un acompte de 500 € le 15 septembre N.
Le client peut régler le solde de sa facture, soit 8 662,03 – 500 € = 8 162,03 € :
– au comptant, dans un délai de 10 jours, soit avant le 25/09 /N, sous escompte de règlement de 7 242,50 × 2 % = 144,85 €, soit un règlement de (7 242,50 – 144,85) × 1,196 – 500 = 7 988,79 €.
– à crédit : par lettre de change de 8 162,03 €, à 30 jours fin de mois, à échéance du 31 octobre N, étant donné que le net à payer hors taxes de la commande est inférieur à 9 000 €.

3. Intérêt d'un règlement par lettre de change

Le règlement par lettre de change peut permettre, pour votre entreprise, un refinancement auprès de sa banque. En effet, la lettre de change constitue une créance mobilisable, c'est-à-dire cessible à un établissement bancaire. En cas de problème de trésorerie, l'entreprise Top Green pourra donc céder sa créance sur son client Sport Expert à sa banque. De plus, le paiement par lettre de change offre la possibilité au client de régler sa facture après avoir reconstitué lui-même sa trésorerie (il aura eu le temps en 45 jours de revendre une partie des produits qu'il vous a achetés), ce qui vous offre une sécurité plus importante qu'un règlement par chèque, qui présente le risque d'une absence de provision.

4. Conseils au client

D'un strict point de vue financier, le règlement comptant sous escompte est la solution la plus avantageuse. Mais le règlement par lettre de change offre l'avantage au client d'un report de l'échéance de la dette à 45 jours, ce qui lui permet éventuellement de reconstituer sa trésorerie.
D'un point de vue commercial, vous pourrez conseiller à votre client d'augmenter légèrement le montant de sa commande, afin de pouvoir bénéficier du franco de port (le net commercial doit passer de 7 132,50 à 7 500 €, et le brut à $\frac{7\,500}{0{,}90}$ = 8 333,33 €, compte tenu de la remise de 10 % qui a été consentie).
De plus, si le montant total facturé dépasse 9 000 € HT, le client peut bénéficier d'un règlement à 60 jours fin de mois au lieu de 30 jours, soit le 30 novembre. Il convient donc de pousser la vente.

Exercice 2 ○ page 72

1. Montant de la facture à régler par M. Dumoulin

Net à payer = 7 500 + 220 + 170 = 7 890 €.

2. Somme à payer

– à la commande : 7 890 × 30 % = 2 367 €.
– à la livraison : 7 890 × 0,20 = 1 578 €.
– solde 7 890 – (2 367+ 1 578) = 3 945 €, soit cinq mensualités de $\frac{3\,945}{5}$ = 789 €, majorée chacune de 15 € pour frais = 804 €.

Exercice 3 ○ page 72

1. Comparaison du coût des quatre solutions de règlement proposées

Comptant sous escompte de 7 % :
montant de l'escompte accordé : 150 000 × 0,07 = 10 500 €
– 30 % à la commande et deux traites au 30 juin et 31 décembre :
montant à refinancer : 150 000 × 70 % = 105 000 €, soit pour chaque traite $\frac{105\,000}{2}$ = 52 500 €, pour une durée de 6 mois pour la première traite et d'un an pour la seconde.

Intérêts à payer au banquier : $\left(52\,500 \times 0{,}11 \times \frac{6}{12}\right) + (52\,500 \times 0{,}11) = 8\,662{,}50$ €,

Règlement en trois traites :

montant de chaque traite : $\frac{150\,000}{3} = 50\ 000$ €, durée de 4 mois, 8 mois et 12 mois.

Intérêts à payer à la banque : $\left(50\,000 \times 0{,}11 \times \frac{4}{12}\right) + \left(50\,000 \times 0{,}11 \times \frac{8}{12}\right) + (50\,000 \times 0{,}11) = 11\,000$ €.

2. La solution la plus avantageuse pour l'entreprise Locatou est la seconde : 30 % à la commande et deux traites d'un montant de 52 500 € aux 30/06 et 31/12 (coût de refinancement estimé à 8 662,50 € au taux de 11 %). Les deux autres solutions coûtent presque deux fois plus cher (respectivement 10 500 € pour la première et 11 000 € pour la troisième).

30. Le crédit client

Exercice 1 ○ page 73

1. 2. et 3. Compte du client Beaumarchais

Date	Libellé	Factures	Règlements et avoirs	Solde
1/01	Solde initial			460,00
4/01	Facture de vente V01 36	54 879,33		55 339,33
9/01	Facture d'avoir A01 25		5 244,10	50 095,23
17/01	Facture de vente V01 95	15 878,66		65 973,89
31/01	Règlement chèque CH 5284		65 973,89	0
8/02	Facture de vente V02 258	26 574,35		26 574,35
19/02	Facture de vente V02 366	18 355,47		44 929,82
28/02	Règlement chèque CH 6992		44 929,82	0
2/03	Facture de vente V03 899	74 825,00		74 825,00
12/03	Facture d'avoir A03 147		15 254,25	59 570,75
31/03	Règlement chèque CH 9154		59 570,75	0

Exercice 2 ○ page 73

1. Analyse du compte du client Dumoulin

Le client Dumoulin achète régulièrement (en moyenne une fois par mois) des ramettes de papier format A4, des stylos bille et des enveloppes commerciales. L'entreprise Reproxplus a réalisé un chiffre d'affaires, pour le 1er trimestre N de :

2 760,00 + 784,00 + 14 750,00 – 528,00 + 657,00 + 1 875,00 = 20 298,00 €.

Ce chiffre d'affaires est réalisé principalement avec les ramettes de papier A4, qui représentent $\frac{2\,760{,}00 - 528{,}00 + 14\,750{,}00}{20\,298{,}00} \times 100 = 83{,}66\,\%$ du chiffre d'affaires.

Cependant, l'entreprise Reproxplus n'a pas reçu de commande de ramettes de papier A4 au mois de mars. Est-ce dû à un litige ? (Avoir du 8/02 pour livraison non conforme.) A-t-elle changé de fournisseur pour ces produits ? Autant de points à éclaircir lors de la prochaine visite.

2. Conditions de règlement

Le client Dumoulin a réglé les factures de l'année précédente le 30/01, et celles du mois de janvier le 28/02, soit avec un mois de décalage. En revanche, la facture du mois de février, déduction faite de l'avoir du 8 mars, a été réglée dix jours plus tard. Le client a attendu le règlement du litige sur la livraison non conforme pour régler sa facture.

3. Règlement à effectuer à la date du 31/03

Il doit payer les factures du mois de mars, qui correspondent au solde du compte à cette date, soit 2 532,00 €.

4. Les éléments de politique commerciale à développer

Il convient de« récupérer » le client sur l'essentiel de votre chiffre d'affaires, c'est-à-dire les ramettes A4, en revoyant peut être les conditions commerciales (remises, ristournes, geste commercial pour « réparer » le litige). Il faudra l'inciter à commander d'autres produits et accorder des remises sur les produits les moins souvent commandés afin de relancer les ventes. D'un point de vue financier, il paraît souhaitable de surveiller les règlements.

5. Autres éléments à étudier

Le compte client, même s'il est source d'informations précieuses pour le commercial, ne suffit pas à rendre compte de tous les aspects de la relation entre le vendeur et son client. Vous pourrez compléter votre étude du client par l'examen des duplicatas des bons de commande, des devis proposés au client, des comptes-rendus de visite, de la correspondance avec le client, des comptes-rendus d'appels téléphoniques, etc.

Exercice 3 ○ page 74

1. 2. Analyse de la situation des clients

Le client Louis n'a pas réglé ses deux dernières factures. Il aurait dû régler sa facture de 12 000 euros le 30/04 et accuse donc un retard d'un mois. La facture de 4 870 euros devait être réglée le 31/05. Son règlement n'est pas encore effectué. Il convient donc de ne plus accepter de nouvelle commande de ce client tant que les créances ne seront pas recouvrées. Votre prochaine visite devra solutionner ce problème d'impayés.
Le client Yves devait régler le montant de sa facture de 28 000 euros le 15 mai. Il a donc 15 jours de retard. Vous le contacterez par téléphone afin de connaître la raison du retard, qui peut résulter d'un simple oubli, d'un litige (qu'il faudra solutionner) ou d'une difficulté de trésorerie (proposer dans ce cas une nouvelle échéance).
Le client Bernas a deux factures impayées : une facture de 9 450 euros devait être réglée le 28/02, soit trois mois de retard. La commande de 4 870 euros du mois de mars (facture du 10 mars) n'aurait donc pas dû être honorée tant que le client n'avait pas réglé la facture précédente. Un meilleur suivi des règlements des clients à leur échéance doit permettre d'éviter une telle erreur commerciale.

31. Les calculs d'intérêts

Exercice 1 ○ page 75

1. Types d'intérêts

– M. et Mme Le comte : intérêts simples car ils sont retirés à la fin de chaque période.
– M. Maréchal : intérêts composés car ils se cumulent à la fin de chaque année et rapportent à leur tour des intérêts l'année suivante.
– Le couple Bertrand : intérêts composés.
– M. Tixier : intérêts simples.
– Mlle Étienne : intérêts composés.

2. Valeur acquise

Nom	Intérêts	Valeur acquise
M. et Mme Lecomte	$4\,000 \times 2{,}25\,\% \times 6 = 600$ €	$4\,000 + 600 = 4\,600$ €
M. Maréchal		$50\,000 \times (1 + 0{,}035)^5 = 59\,384{,}62$ €
Le couple Bertrand		$15\,000 \times (1 + 0{,}04)^8 = 20\,528{,}54$ €
M. Tixier	$35\,000 \times 3\,\% \times \frac{5}{12} = 437{,}50$ €	$35\,000 + 437{,}50 = 35\,437{,}50$ €
Mlle Étienne		$3\,600 \times \left[(1 + 0{,}05)^8 - \frac{1}{0{,}05}\right] \times (1 + 0{,}05) = 36\,095{,}63$ €

3. Cas de Mme Rastel

Valeur actuelle = $25\,000 \times (1 + 0{,}045)^{-4} = 20\,964{,}03$ €.

Exercice 2 ▸ page 75

1. Différence entre les deux taux

Le taux proportionnel est obtenu en divisant le taux d'intérêt annuel par le nombre de périodes retenu (mois, trimestres…).
Le taux équivalent consiste à trouver un taux périodique (mensuel, bimensuel, trimestriel…) qui rapporterait les mêmes intérêts que le taux annuel en capitalisant les intérêts à la fin de chaque période.

2. Calcul des taux

Taux proportionnel mensuel = $\frac{4{,}83}{12} = 0{,}4025\,\%$.

Taux équivalent mensuel = $(1 + 0{,}0483)^{1/12} - 1 = 0{,}0039\,\%$.

Exercice 3 ▸ page 76

1. Valeur acquise

Valeur acquise = $45700 \times (1 + 0{,}0375)^8 = 61\,350{,}91$ €

2. Capital nécessaire

Valeur actuelle du capital nécessaire pour obtenir 85 000 € = $85\,000 \times (1 + 0{,}0375)^{-8} = 63\,316{,}09$ €.
Capital supplémentaire nécessaire = $63\,316{,}09 - 45700 = 17\,616{,}09$ €.

Exercice 4 ▸ page 76

Client	Taux	Calculs	Coût (€)
1	3,25 %	$648 \times 3{,}25\,\% \times \frac{3}{12}$	5,27
2	Taux proportionnel = $\frac{3\,\%}{12} = 0{,}25\,\%$	$(2\,400 \times 0{,}25\,\%) + (1\,600 \times 0{,}25\,\%) + (800 \times 0{,}25\,\%)$	12
	Montant du crédit = 3 400 – 1 000 = 2 400 €		
	Remboursement mensuel = $\frac{2\,400}{3} = 800$ €		
3	4 %	$1\,850 \times 4\,\% \times \frac{50}{360} =$	10,28
		$1\,850 \times 4\,\% \times \frac{3}{12} =$	18,5
		$1\,850 \times 4 \times \frac{6}{12} =$	37

32. Les remboursements d'emprunts

Exercice 1 ▸ page 77

1. Montant de l'amortissement annuel

Total de l'investissement = 43 551 €.
Montant de l'emprunt = (30 000 + 20 000 + 13 500) – 15 500 = 48 000 €.

Amortissement constant = $\frac{48\,000}{3} = 16\,000$ €.

2. Tableau d'amortissement constant

Année	Capital dû en début d'année	Intérêts	Amortissement	Annuité	Capital dû en fin d'année
1	48 000	2 400	16 000	18 400	32 000
2	32 000	1 600	16 000	17 600	16 000
3	16 000	800	16 000	16 800	0

Exercice 2 ▸ page 77

1. Montant de l'annuité

Emprunt = $120\,000\,000 \times \frac{2}{3} = 80\,000\,000$ €.

Annuité constante = $\frac{80 \text{ millions} \times 0{,}05}{[1 - (1 + 0{,}05)^{-4}]} = 22\,560\,946{,}61$ €.

2. Tableau d'amortissement

Année	Capital dû en début d'année	Intérêts	Amortissement	Annuité	Capital dû en fin d'année
1	80 000 000,00	4 000 000,00	18 560 946,61	22 560 946,61	61 439 053,39
2	61 439 053,39	3 071 952,67	19 488 993,94	22 560 946,61	41 950 059,45
3	41 950 059,45	2 097 502,97	20 463 443,64	22 560 946,61	21 486 615,82
4	21 486 615,82	1 074 330,79	21 486 615,82	22 560 946,61	0,00
Total		10 243 786,43	**80 000 000,00**	90 243 786,43	

Exercice 3 ▸ page 78

1. Montant de la mensualité constante

Emprunt = 20 000 – 6 000 = 14 000 €.

Nombre de mensualités = 3 × 12 = 36 mois.

Taux équivalent = $(1 + 0{,}0398)^{1/12} - 1 = 0{,}33\ \%$.

Mensualité constante = $14\,000 \times \left[\dfrac{0{,}0033}{(1 - (1 + 0{,}0033)^{-3 \times 12})}\right] = 412{,}77$ €.

2. Tableau d'amortissement

Mois	Capital dû en début d'année	Intérêts	Amortissement	Mensualité constante	Capital dû en fin d'année
1	14 000,00	45,61	367,16	412,77	13 632,84
2	13 632,84	44,41	368,36	412,77	13 264,48
3	13 264,48	43,21	369,56	412,77	12 894,92
… Jusqu'à 36 mois					

Exercice 4 ▸ page 78

1. Montants de la mensualité constante et de l'amortissement constant

Montant du crédit = 43 551 – 8 500 = 35 051 €.

Montant de l'amortissement constant = $\dfrac{35\,051}{24} = 1\,460{,}46$ €.

Taux d'intérêt mensuel proportionnel = $\dfrac{4{,}32}{12} = 0{,}36\ \%$.

Montant de la mensualité constante = $\dfrac{0{,}0036}{(1 - (1 + 0{,}0036)^{-24})} = 1\,527{,}08$ €.

2. Tableau d'amortissement constant

Mois	Capital dû en début d'année	Intérêts	Amortissement constant	Mensualité	Capital dû en fin d'année
1	35 051,00	126,18	1 460,46	1 586,64	33 590,54
2	33 590,54	120,93	1 460,46	1 581,38	32 130,08
3	32 130,08	115,67	1 460,46	1 576,13	30 669,63
4	30 669,63	110,41	1 460,46	1 570,87	29 209,17
5	29 209,17	105,15	1 460,46	1 565,61	27 748,71
6	27 748,71	99,90	1 460,46	1 560,35	26 288,25
7	26 288,25	94,64	1 460,46	1 555,10	24 827,79
8	24 827,79	89,38	1 460,46	1 549,84	23 367,33
9	23 367,33	84,12	1 460,46	1 544,58	21 906,88
10	21 906,88	78,86	1 460,46	1539,32	20 446,42
11	20 446,42	73,61	1 460,46	1 534,07	18 985,96
12	18 985,96	68,35	1 460,46	1 528,81	17 525,50
13	17 525,50	63,09	1 460,46	1 523,55	16 065,04
14	16 065,04	57,83	1 460,46	1 518,29	14 604,58
15	14 604,58	52,58	1 460,46	1 513,03	13 144,13
16	13 144,13	47,32	1 460,46	1 507,78	11 683,67
17	11 683,67	42,06	1 460,46	1 502,52	10 223,21
18	10 223,21	36,80	1 460,46	1 497,26	8 762,75
19	8 762,75	31,55	1 460,46	1 492,00	7 302,29
20	7 302,29	26,29	1 460,46	1 486,75	5 841,83
21	5 841,83	21,03	1 460,46	1481,49	4 381,38
22	4 381,38	15,77	1 460,46	1476,23	2 920,92
23	2 920,92	10,52	1 460,46	1 470,97	1 460,46
24	1 460,46	5,26	1 460,46	1 465,72	0,00
Total		**1 577,30 €**	35 051,00		

Tableau d'amortissement avec mensualités constantes

Mois	Capital dû en début d'année	Intérêts	Amortissement	Mensualité constante	Capital dû en fin d'année
1	35 051,00	126,18	1 400,90	1 527,08	33 650,10
2	33 650,10	121,14	1 405,94	1 527,08	32 244,16
3	32 244,16	116,08	1 411,01	1 527,08	30 833,15
4	30 833,15	111,00	1 416,08	1 527,08	29 417,07
5	29 417,07	105,90	1 421,18	1 527,08	27 995,88
6	27 995,88	100,79	1 426,30	1 527,08	26 569,58
7	26 569,58	95,65	1 431,43	1 527,08	25 138,15
8	25 138,15	90,50	1 436,59	1 527,08	23 701,56
9	23 701,56	85,33	1 441,76	1 527,08	22 259,80
10	22 259,80	80,14	1 446,95	1 527,08	20 812,86
11	20 812,86	74,93	1 452,16	1 527,08	19 360,70
12	19 360,70	69,70	1 457,39	1 527,08	17 903,31
13	17 903,31	64,45	1 462,63	1 527,08	16 440,68
14	16 440,68	59,19	1 467,90	1 527,08	14 972,78
15	1 4972,78	53,90	1 473,18	1 527,08	13 499,60
16	13 499,60	48,60	1 478,49	1 527,08	12 021,11
17	12 021,11	43,28	1 483,81	1 527,08	10 537,31
18	10 537,31	37,93	1 489,15	1 527,08	9 048,16
19	9 048,16	32,57	1 494,51	1 527,08	7 553,65
20	7 553,65	27,19	1 499,89	1 527,08	6 053,75
21	6 053,75	21,79	1 505,29	1 527,08	4 548,46
22	4 548,46	16,37	1 510,71	1 527,08	3 037,75
23	3 037,75	10,94	1 516,15	1 527,08	1 521,61
24	1 521,61	5,48	1 521,61	1 527,08	0,00
Total		**1 599,02 €**	35 051,00		

3. Comparaison des coûts

L'amortissement par mensualités constantes coûte 21,72 € de moins (1 599,02 – 1 577,30). C'est donc la solution la moins coûteuse pour le client.

33. Le choix et le financement des investissements

Exercice 1 ○ page 79

1. Client Debussy

Valeur acquise = 165 000 €.
Valeur actuelle du capital à placer = 165 000 × $(1 + 0{,}06)^{-5}$ = 123 297,60 €.

2. Entreprise Thelma

Amortissement constant = $\frac{450\ 000}{80}$ = 56 250 €.

Tableau d'amortissement de l'emprunt :

Année	Capital dû en début d'année	Intérêts	Amortissement	Annuité	Capital dû en fin d'année
1	450 000	27 000	56 250	83 250	393 750
2	393 750	23 625	56 250	79 875	337 500
3	337 500	20 250	56 250	76 500	281 250
4	281 250	16 875	56 250	73 125	225 000
5	225 000	13 500	56 250	69 750	168 750
6	168 750	10 125	56 250	66 375	112 500
7	112 500	6 750	56 250	63 000	56 250
8	56 250	3 375	56 250	59 625	0

Valeur actuelle des annuités = $83\ 250 \times 1{,}03^{-1} + 79\ 875 \times 1{,}03^{-2} + 76\ 500 \times 1{,}03^{-3} + 73\ 125 \times 1{,}03^{-4} + 69\ 750 \times 1{,}03^{-5} + 66\ 375 \times 1{,}03^{-6} + 63\ 000 \times 1{,}03^{-7} + 59\ 625 \times 1{,}03^{-8} = 505\ 142{,}314$ €.

3. M. et Mme Lebrun

Valeur actuelle du versement à effectuer = $80\ 000 \times (1 + 0{,}045)^{-10} = 51\ 514{,}21$ €.

4. Mlle Lecorfec

Il serait erroné de se contenter de comparer la somme des rendements car cela ne tiendrait pas compte de l'effet de l'inflation (1 € aujourd'hui n'équivaut pas à 1 € dans une ou plusieurs années). Il faut actualiser les rendements prévisionnels pour les comparer.

- Valeur actuelle des rendements du premier placement = $1\ 520 \times (1 + 0{,}02)^{-1} + 1\ 520 \times (1 + 0{,}02)^{-2} + \ldots\ldots + 1\ 520 \times (1 + 0{,}02)^{-5} = 1\ 520 \times \frac{[1-(1 + 0{,}02)^{-5}]}{0{,}02} = 7\ 164{,}46$ €.
- Valeur actuelle des rendements du second placement = $2\ 100 \times (1 + 0{,}02)^{-1} + 1\ 950 \times (1 + 0{,}02)^{-2} + 1\ 800 \times (1 + 0{,}02)^{-3} + 1\ 000 \times (1 + 0{,}02)^{-4} + 750 \times (1 + 0{,}02)^{-5} = 7\ 232{,}43$ €.

Convertis en euros d'aujourd'hui, les rendements du premier placement sont moins élevés que ceux du second.

Exercice 2 ▸ page 80

1. Tableau des encaissements et décaissements

Amortissement annuel de la machine = $\frac{206\ 800}{6}$ = 34 466,67 €.

Ventes annuelles = 7 650 × 12 = 91 800 €.

Annuités de remboursement de l'emprunt = $\frac{206\ 800 \times 0{,}065}{1-(1 + 0{,}065)^{-6}}$ = 42 718,327 €.

Tableau d'amortissement de l'emprunt :

Année	Capital dû en début d'année	Intérêts	Amortissement	Annuité	Capital dû en fin d'année
1	206 800,00	13 442,00	29 276,33	42 718,33	177 523,67
2	177 523,67	11 539,04	31 179,29	42 718,33	146 344,38
3	146 344,38	9 512,39	33 205,94	42 718,33	113 138,44
4	113 138,44	7 354,00	35 364,33	42 718,33	77 774,11
5	77 774,11	5 055,32	37 663,01	42 718,33	40 111,11
6	40 111,11	2 607,22	40 111,11	42 718,33	0,00

Calcul de l'impôt

Année / Éléments	1	2	3	4	5	6
Ventes	91 800,00	91 800,00	91 800,00	91 800,00	91 800,00	91 800,00
Charges d'exploitation	11 500,00	11 500,00	11 500,00	11 500,00	11 500,00	11 500,00
Intérêts de l'emprunt	13 442,00	11 539,04	9 512,39	7 354,00	5 055,32	2 607,22
Amortissement de la machine	34 466,67	34 466,67	34 466,67	34 466,67	34 466,67	34 466,67
Bénéfice	32 391,33	34 294,29	36 320,94	38 479,33	40 778,01	43 226,11
Impôt	10 797,11	11 431,43	12 106,98	12 826,44	13 592,67	14 408,70
Bénéfice net	21 594,22	22 862,86	24 213,96	25 652,89	27 185,34	28 817,41

Encaissements et décaissements réels

Année / Éléments	1	2	3	4	5	6
Encaissements:						
Ventes	91 800,00	91 800,00	91 800,00	91 800,00	91 800,00	91 800,00
Total des encaissements	**91 800,00**	**91 800,00**	**91 800,00**	**91 800,00**	**91 800,00**	**91 800,00**
Décaissements:						
Charges d'exploitation	11 500,00	11 500,00	11 500,00	11 500,00	11 500,00	11 500,00
Intérêts de l'emprunt	13 442,00	11 539,04	9 512,39	7 354,00	5 055,32	2 607,22
Amortissement de l'emprunt	29 276,33	31 179,29	33 205,94	35 364,33	37 663,01	40 111,11
Impôt	10 797,11	11 431,43	12 106,98	12 826,44	13 592,67	14 408,70
Total des décaissements	**65 015,44**	**65 649,76**	**66 325,31**	**67 044,77**	**67 811,00**	**68 627,03**

Remarque : l'amortissement de la machine est une charge enregistrée en comptabilité mais qui ne constitue pas une réelle sortie d'argent (décaissement), contrairement à l'amortissement de l'emprunt (remboursement).

2. Flux nets de trésorerie (FNT)

Année	1	2	3	4	5	6
Encaissements	91 800,00	91 800,00	91 800,00	91 800,00	91 800,00	91 800,00
Décaissements	65 015,44	65 649,76	66 325,31	67 044,77	67 811,00	68 627,03
FNT	26 784,56	26 150,24	25 474,69	24 755,23	23 989,00	23 172,97

Exercice 3 > page 80

1. La valeur actuelle

• FNT de la proposition du confrère :
Coût de la machine = 235 000 + 5 700 = 240 700 €.

Amortissement annuel de la machine = $\frac{240\,700}{6}$ = 40 116,67 €.

Ventes annuelles = 7 650 × 12 = 105 000 €.
Emprunt = 240 700 –35 000 = 205 700 €.

Annuités de remboursement de l'emprunt = $\frac{205\,700 \times 0{,}06}{1-(1+0{,}06)^{-6}}$ = 41 831,69 €.

• Tableau d'amortissement de l'emprunt

Année	Capital dû en début d'année	Intérêts	Amortissement	Annuité	Capital dû en fin d'année
1	205 700,00	12 342,00	29 489,69	41 831,69	176 210,31
2	176 210,31	10 572,62	31 259,07	41 831,69	144 951,23
3	144 951,23	8 697,07	33 134,62	41 831,69	111 816,61
4	111 816,61	6 709,00	35 122,70	41 831,69	76 693,92
5	76 693,92	4 601,64	37 230,06	41 831,69	39 463,86
6	39 463,86	2 367,83	39 463,86	41 831,69	0,00

• Calcul de l'impôt

Éléments / Année	1	2	3	4	5	6
Ventes	105 000,00	105 000,00	105 000,00	105 000,00	105 000,00	105 000,00
Charges d'exploitation	14 200,00	20 000,00	14 200,00	20 000,00	14 200,00	14 200,00
Intérêts de l'emprunt	12 342,00	10 572,62	8 697,07	6 709,00	4 601,64	2 367,83
Amortissement de la machine	40 116,67	40 116,67	40 116,67	40 116,67	40 116,67	40 116,67
Bénéfice	38 341,33	34 310,71	41 986,26	38 174,34	46 081,70	48 315,50
Impôt	12 780,44	11 436,90	13 995,42	12 724,78	15 360,57	16 105,17
Bénéfice net	25 560,89	22 873,81	27 990,84	25 449,56	30 721,13	32 210,33

• Encaissements et décaissements réels

Éléments \ Année	1	2	3	4	5	6
Encaissements:						
Ventes	105 000,00	105 000,00	105 000,00	105 000,00	105 000,00	105 000,00
Total des encaissements	**105 000,00**	**105 000,00**	**105 000,00**	**105 000,00**	**105 000,00**	**105 000,00**
Décaissements:						
Charges d'exploitation	14 200,00	20 000,00	14 200,00	20 000,00	14 200,00	14 200,00
Intérêts de l'emprunt	12 342,00	10 572,62	8 697,07	6 709,00	4 601,64	2 367,83
Amortissement de l'emprunt	29 489,69	31 259,07	33 134,62	35 122,70	37 230,06	39 463,86
Impôt	12 780,44	11 436,90	13 995,42	12 724,78	15 360,57	16 105,17
Total des décaissements	**68 812,14**	**73 268,60**	**70 027,11**	**74 556,47**	**71 392,26**	**72 136,86**

• Flux nets de trésorerie

Année	1	2	3	4	5	6
Encaissements	105 000,00	105 000,00	105 000,00	105 000,00	105 000,00	105 000,00
Décaissements	68 812,14	73 268,60	70 27,11	74 556,47	71 392,26	72 136,86
FNT	36 187,86	31 731,40	34 972,89	30 443,53	33 607,74	32 863,14

• Valeur actuelle (VA)

Votre proposition : $VA = 26\,784{,}56 \times 1{,}04^{-1} + 26\,150{,}24 \times 1{,}04^{-2} + 25\,474{,}69 \times 1{,}04^{-3} + 24\,755{,}23 \times 1{,}04^{-4} + 23\,989 \times 1{,}04^{-5} + 23\,172{,}971 \times 1{,}04^{-6} = 131\,770{,}68$ €.

Proposition du confrère : VA = 139 842,84 €.

2. Comparaison

Critères	Votre proposition	Proposition du confrère
VAN (Valeur actuelle nette)	131 770,68	139 842,843
Indice de profitabilité = VAN/Coût de la machine	64 %	58 %
Retour sur investissement (ROI)	63 %	59 %

Proposition du confrère :

Bénéfice net actualisé $= 25\,560{,}89 \times 1{,}04^{-1} + 22\,873{,}81 \times 1{,}04^{-2} + 27\,990{,}84 \times 1{,}04^{-3} + 25\,449{,}56 \times 1{,}04^{-4} + 30\,721{,}13 \times 1{,}04^{-5} + 32\,210{,}33 \times 1{,}04^{-6} = 143\,070{,}87$ €.

$$ROI = \frac{143\,070{,}87}{240\,700} = 59\%.$$

Votre proposition :

Bénéfice net actualisé = 130 475,18 €.

$$ROI = \frac{130\,475{,}18}{206\,800} = 63\,\%.$$

La proposition du confrère procure certes une VAN plus élevée, assurant au client des rentrées de trésorerie, mais au final, le retour sur investissement de notre proposition est plus intéressant (supérieur de 4 % à celui du confrère).

Remarque : nous n'avons pas utilisé le délai de récupération car l'entreprise paie son investissement progressivement par le remboursement de son emprunt.

Exercice 4 ○ page 80

Pour l'emprunt :

Taux équivalent = $(1 + 0,05)^{1/12} - 1 = 0,41\%$

Mensualité constante = $10\,000 \times \dfrac{0,0041}{(1 - (1 + 0,0041)^{-2 \times 12})} = 438,22$ €.

Total annuel des mensualités = $438,22 \times 12 = 5\,258,60$ €.

Valeur actuelle des dépenses = $5\,000 + 5\,258,60 \times (1 + 0,02)^{-1} + 5\,258,60 \times (1 + 0,02)^{-2} = 15\,302,51$ €.

Pour le crédit-bail :

Coût annuel = $12 \times 460 = 5\,520$ €.

Valeur actuelle des dépenses = $5\,400 \times (1 + 0,02)^{-1} + 5\,400 \times (1 + 0,02)^{-2} + 2\,000 \times (1 + 0,02)^{-2} = 14\,081,51$ €.

Conclusion : vous réaliserez une économie de 1 221 € (15 302,51 – 14 081,51) en choisissant le crédit-bail.

34. Les amortissements

Exercice 1 ○ page 81

1. Calcul des éléments de l'amortissement

Immobilisation	Valeur d'origine	Taux d'amortissement	Annuité
Machine de nettoyage	45 500 + 1 800 = 47 300	100/10 = 10 %	47 300 × 10 % = 4 730 €
Véhicule	23 000	100/5 = 20 %	23 000 × 20 % = 4 600 €
Mobilier	4 544,80/1,196 = 3 800	100/4 = 25 %	3 800 / 4 = 950 €

2. Tableaux d'amortissement du véhicule

Année	Valeur d'origine	Amortissement	Amortissements cumulés	Valeur comptable nette
N	23 000,00	4 600,00	4 600,00	18 400,00
N+1	23 000,00	4 600,00	9 200,00	13 800,00
N+2	23 000,00	4 600,00	13 800,00	9 200,00
N+3	23 000,00	4 600,00	18 400,00	4 600,00
N+4	23 000,00	4 600,00	23 000,00	0,00

3. Conséquences de la cession

Cette vente permet à l'entreprise de réaliser une plus-value de 6 000 – 4 600 = 1 400 €.

Exercice 2 ○ page 81

1. Choix du système d'amortissement dégressif

Il permet d'amortir plus rapidement et de pouvoir ainsi :
- augmenter les charges les premières années et payer moins d'impôt sur les bénéfices ;
- remplacer plus rapidement les équipements devenus vite obsolètes (fortes innovations).

2. Calcul des éléments de l'amortissement

Immobilisation	Base amortissable	Taux d'amortissement	Première annuité
Machine programmable	(45 600/1,196) + (970/1,196) + 6 300 = 45 238,13 €	(1/6) × 1,75 = 29,17 %	45 238,13 × 29,17 % × 10/12 = 10 996,64 €
Matériel informatique	8 600 + 750 = 9 350 €	(1/3) × 1,25 = 41,67 %	9 350 × 41,67 % × 2/10 = 649,36 €

3. Tableaux d'amortissement

Année	VCN début année	Amortissement	Amortissements cumulés	VCN fin année
N	9 350,00	649,36	649,36	8 700,64
N+1	8 700,64	4 350,32	4 999,68	4 350,32
N+2	4 350,32	4 350,32	9 350,00	0,00

Exercice 3 ○ page 82

1. Bilan au 31/12/N

À l'actif, il faut remplir la colonne du milieu intitulée « Amortissements et provisions » (brut – net).
Exemples :

Actif	Brut	Amortissements et provisions	Net
Actif immobilisé :			
Immobilisations incorporelles	113 202	32 443	80 759
Installations techniques	54 445	24 200	30 245

2. Conséquences de cet investissement pour Frévia

Conséquences sur le bilan

Amortissement du nouvel investissement en N = 750 × 20 % = 150 milliers d'€
Cet amortissement diminuera la valeur des immobilisations qui apparaîtront pour leur valeur comptable nette.

Crédit accordé au client = $750 \times \frac{2}{3}$ = 500 milliers d'€.

Ce crédit alourdira :

– les emprunts au passif pour : $500 \times \frac{3}{4}$ = 375 milliers d'€ ;

– les dettes à court terme (dettes circulantes) de : $500 \times \frac{1}{4}$ = 125 milliers d'€.

En effet, Frévia devra rembourser un quart du crédit dès l'année N.
Mais, cet investissement accroît très peu l'endettement de l'entreprise :

$$\frac{75}{(123\,500 + 12\,196 + 1\,423 + 8\,740)} = +\,0{,}05\ \%.$$

Il serait également intéressant de déterminer le FRNG et le BFR et la trésorerie nette au 31/12/N–1 et à la fin de l'année N pour mesurer l'impact de cet investissement par le biais de son amortissement et la dette qu'il génère.

2. Conséquences de l'amortissement sur le bénéfice et sur les flux nets de trésorerie

Éléments \ Année	1	2	3	4	5
Ventes	660 000	660 000	660 000	660 000	660 000
Charges d'exploitation	35 000	11 500	11 500	11 500	11 500
Intérêts de l'emprunt	20 000	16 000	12 000	8 000	4 000
Amortissement de l'équipement	150 000	150 000	150 000	150 000	150 000
Bénéfice	455 000	482 500	486 500	490 500	494 500
Impôt	151 667	160 833	162167	163 500	164 833
Bénéfice net	303 333	321 667	324 333	327 000	329 667
FNT	453 333	471 667	474 333	477 000	479 667

L'amortissement a des avantages et des inconvénients :
- il diminue le bénéfice (inconvénient)
- il diminue l'impôt sur les bénéfices (avantage)
- il réduit les flux nets de trésorerie et donc la VAN (voir la fiche sur le choix et le financement de l'investissement)

35. Les coûts commerciaux

Exercice 1 ▸ page 83

1. Coût d'achat unitaire

Éléments	Calculs	Montants
Achats		1 350
Charges d'approvisionnement	37 600/180	208,89
Stockage	(3 100 × 2/5)/180	6,89
Autres	(12 800 × 52%)/180	36,98
Coût d'achat unitaire		1 602,76 €

Compte de stock de la chaudière C203

Éléments	Quantité	Coût unitaire	Montant	Éléments	Quantité	Coût unitaire	Montant
Stock initial	25,00	1 599,00	39 975,00	Sorties	195,00	1 602,30	312 448,02
Entrées	180,00	1 602,76	28 8496,00	Stock final	10,00	1 602,30	16 022,98
Total	205,00	1 602,30	32 8471,00	Total	205,00	1 602,30	328 471,00

2. Coût de distribution et coût de revient

Éléments	Calculs	Montants
Rémunération des commerciaux	6 % × 2 250	135
Publicité	1 % × 2 250	22,50
Livraison		18,00
Stockage	(3 100 × 3/5)/195	9,54
Autres	(12 800 × 48 %)/195	31,51
Coût de distribution		**216,55 €**

Coût de revient unitaire : 1 602,76 + 216,55 = 1 819,31 €.

3. Taux de marge

Taux de marge = $\frac{(2\,250 - 1\,602{,}76)}{1\,602{,}76}$ = 40 %.

4. Réflexion sur le prix de vente

La chaudière proposée par Durand coûte aux clients 75 € de plus que chez les concurrents. Il faut analyser plusieurs éléments :
– des prestations qualitatives assurées par Durand peuvent justifier ce surcoût, tel le SAV (maintenance, garanties…) ;
– si cela n'est pas le cas, il faudrait s'aligner sur les concurrents en réduisant les coûts après réexamen de toutes les charges et/ou en diminuant la marge commerciale, qui s'élève à 40 %.

Exercice 2 ○ page 83

1. Coût d'achat du bois

Éléments	Calculs	Montants
Achats	12 × 3 750	45 000
Frais de livraison		5 460,00
Droits de douanes		4 050,00
Coût d'achat total		54 510,00
Coût d'achat du m²	54 510/3 750	14,54

Résultat arrondi
Compte du stock de bois au 31/03 :

Éléments	Quantité	Coût unitaire	Montant	Éléments	Quantité	Coût unitaire	Montant
Stock initial	550,00	11,20	6 160,00	Sorties	3 360,00	14,11	47 418,98
Entrées	3 750,00	14,54	54 525,00	Stock final	940,00	14,11	13 266,02
Total	4 300,00	14,11	60 685,00	Total	4 300,00	14,11	60 685,00

2. Coût de production d'une chaise

Éléments	Calculs	Montants
Coût d'achat du bois		47 418,98
Heures-machine	(10/60 × 25) × 1 680	7 000,00
Heures de main-d'œuvre	(15/60 × 17,60) × 1 680	7 392,00
Emballage	3,70 × 1 680	6 216,00
Coût de production total		68 026,98
Coût de production unitaire	68 026,98/1 680	40,49

Compte de stock Rio

Éléments	Quantité	Coût unitaire	Montant	Éléments	Quantité	Coût unitaire	Montant
Stock initial	260,00	37,20	9 672,00	Sorties	1 410,00	40,05	56 470,50
Entrées	1 680,00	40,49	68 023,20	Stock final	530,00	40,05	21 226,50
Total	1 940,00	40,05	77 695,20	Total	1 940,00	40,05	77 695,20

3. Coût de distribution et coût de revient

Coût de distribution unitaire $= \frac{7\,980}{1\,410} = 5{,}66$ €.

Coût de revient unitaire des chaises vendues = 40,05 + 5,66 = 45,71 €.

4. Fixation du prix de vente

Prix de vente HT = 40,49 × 1,68 = 68,02 €.

Exercice 3 ◦ page 84

Éléments	Calculs	Montants
Communication		5 600
Transport		230
Hôtel	45 × 3 × 3	405
Restauration	40 × 3 × 3	360
Rémunération fixe	340 × 3	1 020
Commissions	Commercial 1 : (6 000 × 3,5 %) + (11 000 × 5,5 %) + (5 500 × 6 %)	1 145
	Commercial 2 : (6 000 × 3,5 %) + (5 250 × 5,5 %)	498,75
	Commercial 3 : (6 000 × 3,5 %) + (5 250 × 5,5 %)	498,75
Transport de matériel		980
Location du stand		1 830
Coût total de l'action commerciale		**12 567,50**

36. Le seuil de rentabilité

Exercice 1 ◦ page 85

1. Tableau de répartition des charges prévisionnelles

Charges	Montant (€)	Fixe	Variable
Achats de matières et composants	1 150 000		1 150 000
Charges administratives	18 500	15 725	2 775
Charges de personnel	148 000	133 200	14 800
Amortissements des équipements	136 000	136 000	
Autres charges d'exploitation	198 500	154 830	43 670
Total	1 651 000	439 755	1 211 245

2. Résultat prévisionnel hors actions publipromotionnelles

Coût de revient unitaire = $\frac{1\,051\,000}{90\,000}$ = 11,68 €.

Prix de vente HT au consommateur = $\frac{32{,}90}{1{,}196}$ = 27,51 €.

Prix de vente HT au distributeur = 27,51 × 67 % = 18,43 € (en effet : 67 % = 100 % – 33 %).
Marge bénéficiaire totale = (18,43 – 11,68) × 90 000 = 607 500 €.

3. Résultat prévisionnel avec actions publipromotionnelles

Coût de revient unitaire = $\frac{(1\,051\,000 \times 1{,}04)}{(90\,000 \times 1{,}07)}$ = 11,35 €.

Marge bénéficiaire totale = (18,43 – 11,35) × (90 000 × 1,07) = 681 804 €.

Soit une hausse de $\frac{(681\,804 - 607\,500)}{607\,500} \times 100$ = 12 %.

4. Seuil de rentabilité et point mort

Coût de revient unitaire = $\frac{(1\,051\,000 \times 1{,}04)}{(90\,000 \times 1{,}07)}$ = 11,35 €.

Marge bénéficiaire totale = (18,43 – 11,35) × (90 000 × 1,07) = 681 804 €.

Soit une hausse de $\frac{(681\,804 - 607\,500)}{607\,500} \times 100$ = 12 % .

Éléments	Calculs	Montants	Pourcentage
CA HT	90 000 × 1,07 × 18,43	1 774 809,00	100 %
CV	611 245 × 1,04	635 694,80	
MSCV		1 139 114,20	64,18 %
CF	439 755 × 1,04	457 345,20	
Résultat		681 769,00	38 %

SR en valeur = $\frac{1\,774\,809 \times 457\,345{,}20}{4\,573\,045{,}20}$ = 712 572 €.

SR en volume = $\frac{712\,572}{18{,}43}$ = 38 664 rouleurs.

Point mort = $\left(\frac{712\,572}{1\,774\,809}\right)$ = 4,8 mois ; soit fin août.

Exercice 2 ▸ page 86

1. Seuil de rentabilité en volume

Prix d'achat unitaire HT = $\frac{74{,}74}{1{,}196}$ = 62,49 €.

Prix de vente unitaire HT = 62,49 × 1,45 = 90,61 €.
Marge sur coût variable = 100 % – 37,5 % = 62,5 %.

Seuil de rentabilité = $\frac{22\,500}{62{,}5\,\%}$ = 36 000 €.

Seuil de rentabilité en volume = $\frac{36\,000}{90{,}61}$ = 398 lampes.

2. Nombre d'articles à vendre

Résultat = marge sur coût variable – charges fixes

25 % × CA = 62,5 % × CA – 22 500

(0,625 – 0,25) × CA = 22500 → CA (chiffre d'affaires) = 60 000 €.

Il faudra donc vendre : $\frac{60\,000}{90,61}$ = 662 lampes.

Exercice 3 ○ page 86

1. Résultat de la campagne de prospection

Répartition des charges :

Charges variables	Calcul	Montant	Charges fixes	Calcul	Montant
Coût d'achat des marchandises		12 800,00	Coût d'impression des catalogues	6 500 × 3,10	20 150,00
Frais d'envoi des commandes	2 250 × 2,15	4 837,50	Frais d'envoi des catalogues	6 500 × 0,85	5 525,00
Total		17 637,50	Total		25 675,00

Compte de résultat différentiel :

Éléments	Calculs	Montants	%
CA HT	2 250 × 23	51 750,00	
CV		17 637,50	
MSCV		34 112,50	65,92 %
CF		25 675,00	
Résultat		8 437,50	16 %

2. Seuil de rentabilité

SR en valeur = 38 950 €.

SR en volume = $\frac{38\,950}{23}$ = 1 693 commandes.

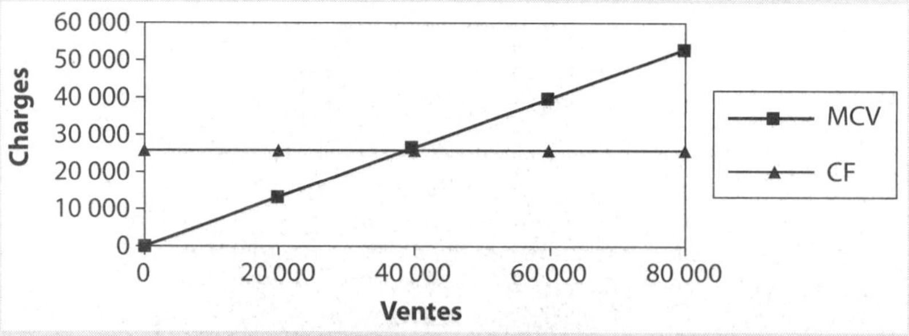

Le seuil de rentabilité correspond à l'intersection entre les deux courbes (environ 40 000 €)

Charges variables	Calcul	Montant	Charges fixes	Calcul	Montant
Coût d'achat des marchandises	12 800 × 1,10	14 080,00	Coût d'impression des catalogues	6 500 × 3,10	20 150,00
Frais d'envoi des commandes	2 250 × 1,10 × 2,15	5 321,25	Frais d'envoi des catalogues	6 500 × 0,85	5 525,00
Frais d'envoi du cadeau	2 250 × 1,10 × 2	4 950,00	Charges fixes supplémentaires	25 675 × 2 %	513,50
Total		24 351,25	Total	6 500 × 3,10	26 188,50

Compte de résultat différentiel :

Éléments	Calculs	Montants	Pourcentage
CA HT	2 250 × 23 × 1,1	56 925,00	
CV		24 351,25	
MSCV		32 573,75	57,22%
CF		26 188,50	
Résultat		6 385,25	11%

Seuil de rentabilité en valeur = 45 766 €.

SR en volume = $\frac{45\ 766}{23}$ = 1 990 commandes.

3. Cadeau

L'envoi du cadeau est inintéressant pour Colivres car il diminue son résultat de 5 % (soit 16 % – 11 %) et augmente son seuil de rentabilité.

37. Les budgets commerciaux

Exercice 1 ○ page 87

1. Ventes mensuelles prévisionnelles pour l'année N (en milliers d'unités)

Mois	Janvier	Février	Mars	Avril	Mai	Juin	Total 1
PIXMS256	6,25	10,417	12,5	27,083	29,167	31,25	116,667
PIXMS512	3,75	6,25	7,5	16,250	17,5	18,75	70
PIXMS1024	2,50	4,167	5	10,833	11,667	12,50	46,667
Total 1	12,5	20,834	25	54,166	58,334	62,50	233,334
Mois	**Juillet**	**Août**	**Septembre**	**Octobre**	**Novembre**	**Décembre**	**Total 2**
PIXMS256	25	16,667	12,5	14,583	31,25	33,333	133,333
PIXMS512	15	10	7,5	8,750	18,75	20	80
PIXMS1024	10	6,667	5	5,833	12,50	13,333	53,333
Total 2	50	33,334	25	29,166	62,50	66,666	266,666
Total des ventes prévisionnelles des trois produits pour l'année N = total 1 + total 2							500

2. Budget des ventes pour l'année N (en milliers d'euros)

Mois	Janvier	Février	Mars	Avril	Mai	Juin	Total 1
PIXMS256	(1) 781,25	1 301,25	1 562,50	3 385,375	3 645,875	3 906,25	14 582,50
PIXMS512	(2) 656,25	1 093,75	1 312,50	2 843,75	3 062,50	(5) 2 812,50	11 781,25
PIXMS1024	(3) 550,00	916,74	1 100,00	2 383,26	(6) 2 566,74	2 500,00	10 016,74
Total 1	1 987,50	3 311,74	3 975,00	8 612,385	9 275,115	9 218,75	36 380,49
Mois	**Juillet**	**Août**	**Septembre**	**Octobre**	**Novembre**	**Décembre**	**Total 2**
PIXMS256	(4) 2 500,00	1 666,7	1 250,00	1 458,30	3 125,00	3 333,30	13 333,30
PIXMS512	2 250,00	1 500	1 125,00	1 312,50	2 812,50	3 000,00	12 000
PIXMS1024	2 000,00	1 333,40	1 000,00	(7) 1 049,94	2 250,00	2 399,94	10 033,28
Total 2	6 750,00	4 500,10	3 375,00	3 820,74	8 187,50	8 733,24	35 366,58
Total des ventes prévisionnelles des trois produits pour l'année N = total 1 + total 2							71 746,77

(1) 6,25 × 125 = 781,25.
(2) 3,75 × 175 = 656,25.
(3) 2,5 × 220 = 550.
(4) 25 × 100 = 2 500.
(5) 18,75 × 150 = 2 812,50.
(6) 11,667 × 200 = 2 566,74.
(7) 5,833 × 180 = 1 049,94.

Exercice 2 ○ page 87

1. Budget des frais de vente de l'équipe commerciale

Éléments	Janvier	Février	Mars	Avril	Mai	Juin
Rémunération des 30 vendeurs : – salaire fixe (1) – commissions (2) – primes (3)	27 24 3	27 30 3	27 42 3	27 48 3	27 57 3	27 72 3
Total 1 : salaires versés aux vendeurs	54	60	72	78	87	102
Rémunération du personnel de vente sédentaire : – directeur des ventes (4) – chefs des ventes (5) – secrétaires commerciales (6)	4,8 9,3 5,4	4,8 9,3 5,4	4,8 9,3 5,4	4,8 9,3 5,4	4,8 9,3 5,4	4,8 9,3 5,4
Total 2 : salaires versés au personnel sédentaire	19,5	19,5	19,5	19,5	19,5	19,5
Total salaires versés = total 1 + total 2	73,5	79,5	81,5	97,5	106,5	121,5
Charges sociales sur salaires (7)	29,4	31,8	32,6	39	42,6	48,6
Total salaires charges sociales comprises	102,9	111,3	114,10	136,5	149,10	170,1
Frais de vie des vendeurs : – hôtel, restaurant (8) Frais de déplacement (9) – amortissement véhicule (10)	9 8 12	9 10 12	9 14 12	9 16 12	9 19 12	9 24 12
Total frais de vie	29	31	35	37	40	45
Total des frais de vente de l'équipe commerciale (11)	131,9	142,3	149,10	173,5	189,10	215,10

(Voir notes page suivante.)

(1) 900 euros × 30 vendeurs = 27 000 euros soit 27 milliers d'euros.
(2) 800 × 0,03 = 24 milliers d'euros.
(3) 100 × 30 = 3 000 euros soit 3 milliers d'euros.
(4) 4 800 euros = 4,8 milliers d'euros.
(5) 3 × 3 100 = 9 300 euros soit 9,3 milliers d'euros.
(6) 4 × 1 350 = 5 400 euros soit 5,4 milliers d'euros.
(7) 73,5 × 0,40 = 29,4.
(8) 300 × 30 = 9 000 euros soit 9 milliers d'euros.
(9) 800 × 0,01 = 8 milliers d'euros.
(10) 400 × 30 = 12 000 euros soit 12 milliers d'euros par mois.
(11) Salaires et charges sociales + frais de vie + frais de déplacement = 102,9 + 29 = 131,9 milliers d'euros.

2. Budget des autres charges commerciales

Éléments	Janvier	Février	Mars	Avril	Mai	Juin
Campagne de communication (1)			150	150	150	
Campagne de mercatique directe : – fichier – publipostage – relance téléphonique		 20 25 	 30			
Frais divers : – documentation – amortissement – frais de fonctionnement	5 12 1,5	5 12 1,5	5 12 1,5	5 12 1,5	5 12 1,5	5 12 1,5
Total	18,5	63,5	195,5	168,5	168,5	18,5

(1) $\frac{450\ 000}{3\ 150\ 000}$ euros, soit 150 milliers d'euros.

3. Budget d'ensemble des charges de distribution

Éléments	Janvier	Février	Mars	Avril	Mai	Juin
Frais de vente de l'équipe	131,9	142,3	149,10	173,5	189,10	215,10
Autres charges commerciales	18,5	63,5	195,5	168,5	168,50	18,50
Charges de distribution	160,4	1205,8	344,60	342	357,60	233,60

38. L'équipe commerciale

Exercice 1 ▸ page 89

1. La force de vente à géométrie variable

Cette expression désigne une force de vente externe (ou déléguée) supplétive, c'est-à-dire qui repose sur des personnes extérieures à l'entreprise, à qui celle-ci confie une mission de vente ou de prospection.

2. Recours à ce type d'équipe commerciale

D'après le texte, une entreprise peut être conduite à utiliser les services d'une force de vente supplétive dans les cas suivants :
– en raison de la saisonnalité des ventes, le coût d'une force de vente propre s'avère trop élevé pour quelques mois d'activité par an (exemples : le traiteur intraitable, Electronic Arts) ;
– le lancement de nouveaux produits (exemples : Sim's 2, Burnout3) ;

– la « conquête d'un nouveau territoire », par une couverture rapide et complète du fichier prospects et clients ou d'une zone géographique (exemple : Vedrenne) ;
– l'implantation sur un marché étranger (exemple : Sirona GmbH).

D'autres circonstances peuvent justifier le recours à une force de vente supplétive : pénétrer un nouveau circuit de distribution, redynamiser les ventes, tester un nouveau marché ou encore surmonter une crise.

3. Missions confiées à ce type de force de vente

Il peut s'agir de missions permanentes ou ponctuelles, qui peuvent concerner :
– la prospection et la vente ;
– le marchandisage et l'animation des ventes en magasin ;
– l'approvisionnement des rayons et la logistique, pour optimiser l'écoulement des produits et éviter les ruptures en période de pointe des ventes ou à l'occasion du lancement d'un nouveau produit.

Exercice 2 › page 90

1. Le VRP

Le VRP (voyageur représentant placier) est un vendeur bénéficiant d'un statut réglementé par différentes lois : il doit exercer un travail de prospection d'une clientèle à l'extérieur de l'entreprise, pour le compte d'un (VRP exclusif) ou de plusieurs (VRP multicartes dans le cas d'employeurs non concurrents) employeurs. Il est tenu d'exercer sa profession de manière exclusive et constante et ne doit réaliser aucune opération commerciale pour son compte personnel. Il doit être lié à son employeur par un contrat déterminant la nature des prestations de services ou des marchandises offertes à la vente ou à l'achat, la région dans laquelle il doit exercer son activité ou les catégories de clients qu'il est chargé de prospecter, la forme de rémunération proposée. Le statut de VRP offre des garanties au commercial vis-à-vis de son employeur : fixité du secteur, indemnités de clientèle et de retour sur échantillonnage en cas de résiliation du contrat, rémunération minimale garantie (520 fois le taux horaire du SMIC par trimestre), etc.

2. Avantages et inconvénients pour la société Randocycles

Avantages		Inconvénients	
VRP exclusif	**VRP multicartes**	**VRP exclusif**	**VRP multicartes**
Promotion de tous les produits de l'entreprise. Meilleur contrôle de l'activité du vendeur (car un seul employeur). Possibilité d'imposer des activités annexes à la vente (animation, réunions, formation, livraison, etc.).	Apport d'un portefeuille de clients. Meilleure couverture de clientèle. Vendeur très rapidement opérationnel. Coût proportionnel au chiffre d'affaires réalisé. Peu de prise de risque.	Coût élevé (travail à temps plein pour l'entreprise). Nécessité d'organiser et d'encadrer en permanence l'activité des vendeurs.	Tendance à privilégier les cartes les plus rentables, les gros clients plutôt que les petits clients. Commissions élevées si le marché se développe.

3. Chiffre d'affaires à partir duquel l'entreprise a intérêt à opter pour une équipe de VRP exclusifs

Il convient d'établir l'équation du coût de chaque type de force de vente, en posant :
– x = le montant du chiffre d'affaires prévu ;
– y = le coût total de la force de vente.
Le coût de la force de vente peut s'exprimer de la façon suivante :
Recours à des VRP exclusifs : la rémunération versée comporte une partie fixe et une partie variable (ne pas oublier de prendre en compte les charges sociales) :
– coût fixe par vendeur : $[(1\,200 \times 1{,}40) + (300 + 200)] \times 12 = 26\,160$;

– coût variable : (0,02 × 1,40) x = 0,028x ;
– coût total y = 0,028x + 26 160.
Recours à des VRP multicartes :
Le salaire et les remboursements de frais ne reposent que sur des commissions variables en fonction du chiffre d'affaires :
– soit y = 0,15x.
Déterminons le chiffre d'affaires x pour lequel le coût total de la force de vente avec VRP exclusifs devient inférieur à celui des VRP multicartes :
$0{,}028x + 26\,160 < 0{,}15x$
$26\,160 < 0{,}15x - 0{,}028x$
$26\,160 < 0{,}122x$
$x <= \frac{26\,160}{0{,}122} = 214\,426{,}23$ € pour un vendeur.

4. Solution à conseiller

L'entreprise Randocycles aura intérêt à choisir de distribuer ses produits en ayant recours à une équipe commerciale composée de VRP exclusifs. En effet, d'un point de vue financier, le recours aux VRP exclusifs s'avère plus intéressant pour elle dès lors que le chiffre d'affaires moyen réalisé par secteur dépasse 214 426,23 euros. Étant donné le potentiel de chaque secteur, qui est en moyenne de 500 000 euros de chiffre d'affaires, cette solution permettra de mieux rentabiliser l'action de l'équipe. De plus, d'un point de vue commercial, le recours à des VRP exclusifs doit permettre un développement optimal et plus rapide des ventes (voir analyse des avantages et inconvénients de la question 2).

39. Le manageur commercial

Exercice 1 ○ page 91

1. Les rôles du manageur

Un manageur « doit accepter de jouer différents rôles » : être directif, c'est-à-dire faire preuve d'autorité, mais aussi « jouer sur l'émotion », c'est-à-dire adopter un style communicatif et participatif. L'exercice des fonctions de management exige en effet aujourd'hui beaucoup plus que des fonctions d'autorité. Il repose essentiellement sur le *leadership*, qui fonde sa légitimité dans une relation dynamique entre le manageur, ses subordonnés et la situation à laquelle ils sont confrontés. Or, les rôles du manageur se sont déplacés, au fil des années, vers la gestion des équipes plus que vers leurs fonctions premières : animer, motiver, impliquer et faire adhérer aux valeurs de l'entreprise Le management d'équipe doit donc retrouver son caractère « émotionnel », qui repose certes sur les compétences, la personnalité, et le statut du manageur, mais aussi sur son sens du relationnel, son aptitude à écouter et à communiquer.

2. Les qualités du manageur

Dans ce cadre, relevant d'un style de management d'équipe consultatif, communicatif et participatif, le manageur doit développer les qualités suivantes :
– la maîtrise de soi : il doit à la fois résister aux pressions, créer et maintenir un climat de confiance avec ses collaborateurs ;
– l'empathie : c'est-à-dire comprendre les besoins et les motivations des autres, pratiquer l'écoute active et se montrer disponible ;
– faire preuve de confiance : savoir déléguer, se créer des alliés.

3. Les deux dimensions du management commercial

Le management commercial présente deux dimensions :
– une dimension verticale, induite par l'organisation, qui oblige le manageur à respecter le cadre de la politique générale définie par l'entreprise. Cet axe vertical représente les relations hiérarchiques que le manageur entretient avec ses supérieurs d'une part, et avec son équipe d'autre part ;
– un management horizontal, induit par les hommes, qui symbolise les relations de travail au sein de l'équipe. En effet, le manageur doit « assumer le fait d'être solidaire à la fois des décisions de l'entreprise et de son équipe ». Pour être efficace, il doit appréhender l'organisation comme un système social. Il doit faire preuve d'écoute, de diplomatie et de clairvoyance, de « valorisation positive », d'énergie et de conviction (transmises aux autres), afin d'impliquer son équipe et la rassurer.

4. Nécessité de la délégation

La délégation est nécessaire, principalement pour deux raisons :
– le manageur ne peut pas cumuler toutes les fonctions, il en confie une partie à certains de ses collaborateurs, avec le risque que ces derniers acceptent une responsabilité par obligation (syndrome de l'imposteur), ce qui peut les conduire à la démotivation, voire à la dépression ;
– la délégation dans le cadre d'un management de style participatif, s'appuyant sur une forte coopération des individus, la mise en place d'un véritable esprit d'équipe. Ce type de relation est basé sur la confiance, l'ouverture d'esprit, l'accompagnement, la disponibilité.
En ce sens, la délégation constitue l'élément déterminant du travail des commerciaux.

Exercice 2 ○ page 92

1. Se renseigner sur les membres de l'équipe

L'installation dans un nouveau poste pour un manageur est un moment délicat qui conditionne beaucoup les relations qui vont s'instaurer par la suite avec son équipe. Sa crédibilité se joue essentiellement sur la connaissance qu'il a de sa nouvelle équipe. Dès les premiers jours, ses collaborateurs guettent les éventuelles erreurs ou lacunes. Il faut donc faire preuve de curiosité et aller chercher l'information au préalable, en particulier auprès du DRH ou de son propre supérieur hiérarchique. Il faut s'intéresser aux spécificités du métier de ses nouveaux collaborateurs, à leurs résultats passés, aux difficultés qu'ils rencontrent, en privilégiant l'analyse du contexte présent. Il faut éviter de se faire une idée sur les personnes avant d'intégrer le poste, en évitant d'écouter les avis (positifs ou négatifs) des uns et des autres. Il conviendra de se forger soi-même une opinion.

2. Se présenter à toute l'équipe

Dès son arrivée, le manageur doit réunir ses collaborateurs pour se présenter. Il doit exprimer sa satisfaction d'être parmi eux, en s'appuyant sur des éléments positifs, comme par exemple les résultats de l'équipe. Il ne faut jamais formuler de propos négatifs à la première réunion, pas plus sur les gens déjà en place que sur le manageur qui vient de partir. Cette réunion n'a pas pour objet de présenter le plan d'action et les réformes que le nouveau manageur a l'intention de mener par la suite. Il s'agit simplement d'une prise de contact durant laquelle il doit montrer sa connaissance du service qu'il rejoint, et doit annoncer ce qui doit se passer durant les semaines à venir : période d'observation, connaissance individuelle de chacun.

3. Connaître les collaborateurs

À la suite de la réunion collective de son équipe de vente, le manageur doit rencontrer individuellement chacun de ses vendeurs, afin de commencer à se faire une idée sur leurs compétences et leur personnalité. Cette approche individuelle pourra être complétée par un accompagnement et une observation sur le terrain (durée d'un mois environ). Le manageur se place alors dans la position d'un auditeur qui cherche à apprendre comment se déroule le quotidien d'un service. Pendant cette période, seules des décisions de court terme doivent être prises. Les actions de moyen terme doivent attendre la fin du diagnostic. À la fin de cette phase d'observation et d'analyse, une seconde réunion permettra au manageur de restituer ses réflexions (en mettant l'accent sur les éléments positifs) et il pourra annoncer les mesures qu'il souhaite prendre pour faire fonctionner l'équipe, et le style de management qu'il entend adopter.

40. L'organisation de l'équipe

Exercice 1 ○ page 93

1. Organisation actuelle de l'équipe

L'entreprise Europe Bois dispose pour le moment d'une structure géographique : les ventes sont organisées par région, et chaque vendeur se voit attribuer un secteur géographique correspondant à un département. Ce type d'organisation convient très bien à une entreprise dont la gamme de produits est homogène et peu étendue, ce qui était le cas lorsque l'entreprise ne distribuait que des produits à base de bois. Le vendeur est alors un spécialiste de ses produits. Il offre à ses clients l'avantage d'une bonne connaissance de leurs besoins, ainsi qu'une grande proximité dans la relation.

2. Nouvelle organisation

L'organisation actuelle de la force de vente convenait à une entreprise qui vend un nombre limité de produits. Avec l'élargissement de la gamme et la volonté de l'entreprise de développer son chiffre d'affaires, l'entreprise Europe Bois doit plutôt s'orienter vers une structure mixte par marché et par produits : en effet, les commerciaux vont être amenés à commercialiser de nombreux produits très diversifiés et seront conduits à démarcher une clientèle dont les besoins sont parfois tout à fait différents, et les méthodes d'approche de ces clients sont aussi très diverses. La spécialisation actuelle « bois » des commerciaux risque d'être insuffisante pour distribuer des produits techniques comme les dégauchisseuses et les raboteuses. Il paraît donc souhaitable de spécialiser les commerciaux par famille de produits : matériaux bois, outillage électrique et portatif, afin de maintenir un bon niveau de qualification des vendeurs face à leurs clients. À côté de cette structure par produits, Europe Bois devrait développer une structure par marché/client, pour tenir compte des besoins spécifiques de certains clients (grands comptes, grossistes, centrales d'achat notamment).

Exercice 2 ○ page 94

1. Temps nécessaire aux vendeurs pour réaliser les visites

Compte tenu des contraintes liées au nombre de clients à visiter, au nombre de visites à réaliser, et à la durée des visites, le temps nécessaire pour visiter la clientèle actuelle et prospecter efficacement peut être évalué de la façon suivante pour chacun des secteurs :

- Nombre de visites par an et par catégorie de client

– professionnels : 6 × 2 = 12 h
– agriculteurs : 4 × 4 = 16 h
– collectivités : 2 × 2 = 4 h
– prospection : 1 × 1 = 1 h

- Temps de visite (en heures)

Secteurs	Yonne	Côte-d'Or	Nièvre	Saône-et-Loire	Total
Professionnels	100 × 12 = 1 200	115 × 12 = 1 380	50 × 12 = 600	95 × 12 = 1 140	4 320
Agriculteurs	40 × 16 = 640	50 × 16 = 800	30 × 16 = 480	45 × 16 = 720	2 640
Collectivités	20 × 4 = 80	25 × 4 = 100	12 × 4 = 48	30 × 4 = 120	348
Prospects	100 × 1 = 100	120 × 1= 120	32 × 1 = 32	60 × 1 = 60	312
Total	2 020	2 400	1 160	2 040	7 620

L'ensemble de la région Bourgogne nécessite 7 620 heures pour les visites aux clients actuels et aux prospects : 2 020 heures pour l'Yonne, 2 400 heures pour la Côte-d'Or, 1 160 heures pour la Nièvre et 2 040 heures pour la Saône-et-Loire.

2. Temps à consacrer en moyenne aux visites par chaque vendeur

• Nombre de semaines de travail :
52 semaines – 5 semaines de congés – 2 semaines de salons – 1 semaine de formation – 1 semaine de congés personnel ou maladie = 43 semaines de travail par an.

• Nombre de jours de visites par an et par vendeur :
– nombre de jours de travail par semaine : 7 jours – vendredi (réunion au siège) – samedi et dimanche = 4 jours de travail par semaine ;
– nombre de jours de travail par an : 4 × 43 semaines = 172 jours.

• Nombre d'heures de visites par an :
172 jours de travail × 8 heures par jour = 1 376 heures de visites par an et par vendeur.

3. Conclusion

Analysons les écarts entre le nombre d'heures de visites nécessaires pour assurer une couverture optimale de chaque secteur et le nombre d'heures de visites réalisables annuellement par un vendeur :

Écarts	Nombre d'heures de visite réalisable par un vendeur (1)	Nombre d'heures de visites à réaliser (2)	Écart (1) – (2)
Yonne	1 376	2 020	– 644
Côte-d'Or	1 376	2 400	– 1 024
Nièvre	1 376	1 160	+ 216
Saône-et-Loire	1 376	2 040	– 664
Écart global	5 504	7 620	– 2 116

Les quatre vendeurs de la région Bourgogne peuvent réaliser 4 × 1 376 soit 5 504 heures de visites par an. Or, le nombre d'heures de visites nécessaire est de 7 620 heures. Il n'est donc pas possible d'assurer toutes les visites, car 2 116 heures de visite ne peuvent être effectuées. Il manque $\frac{2\,116}{1\,376} = 1{,}54$, soit environ un poste et demi.

L'écart global de 2116 heures se décompose en trois écarts négatifs (départements de l'Yonne, de la Côte- d'Or et de la Saône et Loire). Seul le département de la Nièvre présente un écart positif. En conséquence, trois vendeurs sur les quatre ne peuvent pas visiter correctement leur clientèle actuelle et potentielle. Il leur sera, dans ces conditions, pratiquement impossible de développer leur portefeuille, ainsi que leur chiffre d'affaires.

4. Nouvelle organisation du travail de l'équipe

Compte tenu des calculs précédents, l'entreprise Descamps Diffusion devrait recruter un vendeur à temps plein et un autre à temps partiel. Afin de pouvoir atteindre l'objectif d'augmentation des ventes de 10 %, et en supposant l'existence d'une corrélation entre le temps consacré aux visites et le chiffre d'affaires réalisé, il serait souhaitable de pouvoir disposer de :
7 620 × 10 % = 762 heures de visites effectives supplémentaires, ce qui porterait le besoin en personnel supplémentaire à 2 116 + 762 = 2 878 heures, soit approximativement deux postes à temps complet.

Dans l'hypothèse de la création d'un poste et demi de vendeur (soit 5,5 postes en tout), la répartition des secteurs pourrait être la suivante :

Charge de travail moyenne par secteur : $\frac{7\,620}{5{,}5} = 1\,385$ heures.

Découpage possible de la région (différentes solutions possibles à justifier) :

Secteurs	Départements	Nombre d'heures de visites
Secteur 1	Nièvre 1 160 heures + 244 heures dans l'Yonne	1 385 heures
Secteur 2	Yonne	1 385 heures
Secteur 3	Côte-d'Or	1 385 heures
Secteur 4	Côte-d'or : 1 015 heures + 391 heures dans l'Yonne	1 406 heures
Secteur 5	Saône-et-Loire	1 385 heures
Secteur 6	Saône-et-Loire : temps partiel	655 heures
Total		7 601 heures

5. Autres solutions permettant à l'équipe d'atteindre ses objectifs

Si l'augmentation du nombre de vendeurs dans l'équipe s'avère impossible, d'autres solutions sont envisageables, pour permettre aux vendeurs d'optimiser leurs visites et d'atteindre leurs objectifs :
– réduire le nombre de visites annuel à réaliser, ce qui permettrait de dégager du temps pour mieux couvrir le secteur ;
– trouver un autre moyen de prospection (téléphone, mercatique directe) ;
– réduire les temps passés hors clients (salons, travail administratif, congé du samedi) ;
– optimiser le temps passé en clientèle en réduisant le temps passé sur la route (mise en place d'un logiciel de gestion de tournées) ;
– créer une équipe chargée de la maintenance et externaliser les livraisons, pour alléger la charge de travail des commerciaux en privilégiant le face-à-face clients, etc.

41. Le recrutement

Exercice 1 ▸ page 95

1. Le recrutement par simulation

Le recrutement par simulation, mis en place par l'ANPE, consiste à vérifier, par un test du candidat « en action », ses aptitudes pour occuper un profil de poste. Il s'agit d'une version moderne de l'essai professionnel, couramment utilisé dans l'industrie au siècle dernier. Néanmoins, la simulation se différencie de l'essai par l'absence de caractère technique, directement lié aux compétences professionnelles. Il s'agit moins de prendre les meilleurs, mais plutôt les plus habiles et les plus aptes à occuper un poste. Cette procédure, qui laisse moins de place au CV, à la formation et à l'expérience professionnelle, met tous les candidats sur un même pied d'égalité.

2. Les étapes d'une procédure de recrutement

• Les étapes traditionnelles :
– élaborer le profil du poste à pourvoir ;
– élaborer le profil recherché pour le candidat ;
– définir le mode de recrutement ;
– sélectionner les candidats (tris sur lettre de motivation et CV) ;
– s'entretenir avec les candidats (entretiens, tests…) ;
– sélectionner le collaborateur ;
– accueillir le collaborateur et l'intégrer.

• Les étapes d'une procédure de recrutement par simulation :
Cette procédure doit respecter plusieurs étapes :
– analyse par l'employeur, en concertation avec l'ANPE, du poste de travail à pourvoir ;
– création par l'agence d'exercices de simulation adaptés aux qualités requises pour le poste ;
– tests des exercices de simulation par les salariés de l'entreprise déjà en poste afin de définir de façon précise les critères d'évaluation ;
– appel à candidatures par l'ANPE ;
– présentation de l'entreprise et des postes à pourvoir par l'employeur ;
– réalisation des tests et sélection des candidats.

3. Intérêt de cette méthode de recrutement pour l'entreprise

Cette méthode permet à l'employeur de « dénicher des candidats qui n'ont peut être pas la formation et l'expérience professionnelle correspondant au poste offert », mais qui ont les aptitudes, les habiletés nécessaires pour réussir. Elle permet en outre de recruter des salariés motivés, réceptifs à des actions de formation, et ayant une volonté de progresser.

Exercice 2 ▸ page 96

1. Un bon recrutement est un investissement

Une opération de recrutement est longue et coûteuse, notamment lorsqu'il s'agit de recruter des collaborateurs de haut niveau. Elle nécessite souvent une recherche approfondie des candidats, par le biais de cabinets de recrutement, de spécialistes psychologues, d'entretiens et de tests multiples, sans oublier les frais de communication (annonces), qui engendrent des coûts importants. Pourquoi engager de telles dépenses ? On ne recrute pas un nouveau collaborateur pour quelques mois, mais pour de nombreuses années. Il est donc nécessaire de réaliser cette opération avec beaucoup de sérieux et de professionnalisme, afin de pouvoir escompter une rentabilisation de ce véritable capital humain.

2. Coût prévisionnel d'une opération de recrutement

Ce coût peut s'envisager selon deux hypothèses :

• Hypothèse « haute » :	25 % du salaire annuel, soit 0,25 × 90 000	= 22 500 €
	Coût des annonces : 1 500 × 5	= 7 500 €
	Annonces sur Internet :	= 2000 €

soit un coût total de 22 500 + 7 500 + 2 000 = 32 000 €.

• Hypothèse « basse » :	15 % du salaire annuel, soit 0,15 × 90 000	= 13 500 €
	Coût des annonces : 80 × 5	= 400 €
	Annonces sur Internet :	= 2 000 €

soit un coût total de 13 500 + 400 + 2 000 = 15 900 €.
Le coût prévisionnel moyen d'un recrutement est donc potentiellement compris entre15 900 et 32 000 €.

3. Les méthodes de recrutement

• Le chasseur de têtes, spécialiste de l'approche directe, est un professionnel du recrutement mandaté par une entreprise pour traquer et débusquer le candidat idéal. Ce type de recruteur ne chasse pas un emploi, mais un profil, souvent rare, et très pointu (hauts cadres dirigeants). Il prospecte essentiellement et en toute discrétion, pour le compte d'une entreprise. En passant par son intermédiaire, un patron s'évite une perte de temps, voire une erreur de sélection qui pourrait lui coûter cher.

• Autres méthodes de recrutement : candidature spontanée, cooptation, promotion interne, relations avec les écoles (associations d'anciens élèves), Internet, cabinets de recrutement, etc.

Exercice 3 > page 96

1. Conception de l'annonce de recrutement

L'annonce doit paraître dans la presse quotidienne régionale (*La Voix du Nord*, supplément annonces du dimanche, ou *Nord Matin*, *Nord Éclair*…). Plusieurs parutions peuvent s'avérer nécessaires. L'annonce devra présenter l'entreprise (nom, adresse, activité), le lieu de travail du poste, le profil souhaité du candidat (formation, expérience, qualités attendues), éventuellement quelques informations relatives au salaire, aux avantages offerts. Elle devra également préciser le plan d'action exigé du candidat : modalités de contact, documents à fournir.

Afin d'attirer l'attention, l'annonce devra être de taille suffisante, comporter un graphisme (logo, photo, illustration…) et mettre en évidence les éléments essentiels (nom de l'entreprise, poste, lieu de travail…).

BIGARD

LEADER EUROPÉEN DE LA MODE AU TRAVAIL RECHERCHE UN

Commercial

HF ♦ *Partie Nord*

Vous avez l'âme d'un vendeur, une très bonne présentation, une expérience (souhaitée), vous êtes rigoureux et organisé.

Venez rejoindre notre équipe et vendre nos vêtements professionnels haut de gamme directement auprès de notre clientèle : hôtellerie, restauration, métiers de bouche, collectivités, etc.

Nous vous offrons : • une rémunération motivante • une voiture de société • une formation • un statut de VRP

Envoyez votre candidature avec photo sous réf D/VDN à Bigard – service du personnel, 58 rue des Lilas – 88026 Épinal Cedex. E-mail : sperso@bigard.fr

2. Profil du poste

(Toute proposition de réponse cohérente et argumentée est acceptable.)

- Formation, expérience : diplôme BTS Commercial, de préférence NRC ou Force de vente, avec si possible une expérience (1 ou 2 ans) dans la vente non sédentaire et la gestion d'un secteur. Une expérience de la clientèle à prospecter et ou des produits peut être un plus.
- Les aptitudes du candidat : aptitudes physiques (présentation, élocution….), morales (ambition, maîtrise de soi…) et intellectuelles (esprit d'initiative, autonomie, capacité d'adaptation, sens de l'organisation sens des responsabilités…).
- La motivation pour le poste.

42. Les objectifs commerciaux et le tableau de bord

Exercice 1 ○ page 97

1. Objectifs individuels

Prévision des ventes pour N+1 :
L'équation de la droite de tendance obtenue par la méthode des moindres carrés est :
y = 2 765 x – 866,67.
Prévision du parc de N+1 : y = 2 765 × 4 – 866,67 = 10 194 maisons.
Nombre de maison à équiper = 10 194 – 7 980 = 2 214 maisons supplémentaires.
Part de marché convoitée par Énergisol = 2 214 × 36 % = 797 maisons.

Objectifs individuels des commerciaux : $\frac{797}{5}$ = 133 maisons.

2. Contacts établis

Nombre de contacts nécessaires pour assurer les ventes de N+1 = x :
x × 35 % × 42 % = 797
x = 5 422 contacts
Le nombre de contacts établis en N est suffisant (5 642).

3. Nombre de commerciaux

Nombre de visites pouvant être assuré par les commerciaux = 22 × 38 × 5 = 4 180 visites.
Nombre de visites nécessaires :
– premier rendez-vous = 5 642 × 35 % = 1 775 rencontres ;
– visite après la vente = 797 × 2 = 1 594 visites.
Total = 3 569 visites.
Conclusion : les objectifs sont sous-estimés car les commerciaux peuvent assurer : 4 180 – 3 569 = 611 visites supplémentaires.
Le nombre de contacts établis en N étant supérieur au nombre de contacts nécessaires, il est possible d'augmenter les objectifs.

Exercice 2 ○ page 98

1. Tableau de bord

Indicateurs		Objectif	Résultat	Écart	Appréciation (symbole, graphiques...)
Prospection	1. Prospection = nombre de visites de prospection réalisées/nombre de visites de prospection prévues				
	2. Visite de clients = nombre de visites de clients réalisées/nombre de visites prévues				
	3. Visite par jour = nombre de visites / nombre de jours				
	4. Taux de transformation = (nombre de commandes/nombre de visites) × 100				

Indicateurs		Objectif	Résultat	Écart	Appréciation (symbole, graphiques…)
Productivité	5. CA moyen par visite (en €) = CA du vendeur / nombre de visites				
	6. Commande moyenne (€)= CA /nombre de commandes				
	7. Distance moyenne parcourue par visite = nombre de km parcourus/nombre de visites				
Rentabilité	8. Taux de marge brute = (marge brute/coût d'achat HT) x 100				
	9. Coût de la visite (en €) = charges du vendeur/nombre de visites				
	10. Coût d'acquisition du client (en €) = charges du vendeur /nombre de clients nouveaux				
	11. Coût moyen des commandes (€) = charges du commercial / nombre de commandes				

2. Simulation

Tableau de bord d'ensemble

Indicateurs		commercial 1	co. 2	co. 3	co. 4	co. 5	co. 6
Prospection	1	1,3	1,1	0,8	1,3	1,0	0,8
	2	1	0,86	1,14	1,29	1,5	0,75
	3	4,8	3,5	2,7	2,9	3,1	1,5
	4	13 %	34 %	15 %	24 %	26 %	13 %
Productivité	5	354,17	628,57	370,37	655,17	516,13	533,33
	6	2 833,3	1 833,3	2 500,0	2 714,3	2 000,0	4 000,0
	7	27	29	29	43	40	43
Rentabilité	8	37 %	31 %	51 %	19 %	45 %	34 %
	9	21,25	37,71	22,22	39,31	30,97	32,00
	10	85	82,5	50	47,5	120	40
	11	170,00	110,0	150,0	162,9	120,0	240,0

Calculs pour le commercial 1 :
(À la mi-avril, les objectifs mensuels sont divisés par 2)

1/. $\dfrac{38}{\left(\dfrac{60}{2}\right)}$

2/. $\dfrac{10}{\left(\dfrac{60}{2}\right)}$

3/. $\dfrac{(38+10)}{10}$

4/. $\frac{6}{(38+10)} \times 100$

5/. $\frac{17\,000}{(38+10)}$

6/. $\frac{17\,000}{6}$

7/. $\frac{1\,296}{(538+10)}$

8/. $\left(\frac{(17-12{,}45)}{12{,}45}\right) \times 100$

9/. $\frac{1\,020}{(38+10)}$

10/. $\frac{(1\,020 \times 25\,\%)}{3}$

11/. $\frac{1\,020}{6}$

Tableau individuel : il faut prévoir un tableau par commercial. Excel permet de programmer les calculs en introduisant des formules dans chaque cellule et d'établir des liens automatiques avec le tableau d'ensemble. Il est également possible de prévoir des graphiques liés automatiquement aux résultats de chaque commercial.

Commercial 1 :

Indicateurs		**Objectif**		**Résultat**	**Écart**	**Ratio**	**Appréciation**
		Calcul	**Objectif**				
Prospection	1	$\frac{60}{2}$	30	38	8	1,27	+
	2	$\frac{\left(\frac{60}{3}\right)}{2}$	10	10	0	1	=
	3	$\frac{(30+30)}{10}$	6	4,8	– 1,2	0,8	–
	4		15 %	13 %	– 0,03	0,83	
Productivité	5		400	354,17	– 45,83	0,89	
	6		1 500	2 833,3	1 333,3	1,89	
	7		30	27	– 3	0,9	
Rentabilité	8		31 %	37 %	0,06	1,18	
	9		25	21,25	– 3,75	0,85	
	10		60	85	25	1,42	
	11		150	170,0	20	1,13	

43. La rémunération

Exercice 1 ○ page 99

1. Rémunération des trois commerciaux pour le mois d'avril N

Opérations	Bertrand Fignon		Marc Huret		Éric Boivin	
Fixe	1 400		1 400		1 400	
Commissions	20 000 × 2 % (28 000 – 20 000) × 3 %	400 240	17 000 × 2 %	340	20 000 × 2 % (30 000 – 20 000) × 3 % (33 000 – 30 000) × 4 %	400 300 120
	Total	640	Total	340	Total	820
Prospection	Objectif atteint	100	Objectif dépassé de 5 prospects 100 + (20 × 5)	200	Objectif dépassé de 10 prospects 100 + (10 × 20)	300
Animations	25 × 8	200	3 × 25	75	6 × 25	150
Salaire total	2 340		2 015		2 670	

2. Analyse du système de rémunération

Ce système de rémunération privilégie la partie fixe, qui représente près de 60 % de la rémunération moyenne mensuelle, ce qui sécurise le salarié. La partie variable du salaire est représentée par des commissions calculées par tranche et des primes de prospection et d'animation. Ces primes permettent de bien orienter l'activité des vendeurs. Les taux de commission, bien que progressifs, ne permettent pas à l'entreprise d'inciter les vendeurs à développer leur chiffre d'affaires. Les écarts de salaires entre les bons vendeurs qui dépassent leur objectif (Éric Boivin et Bertrand Fignon) et ceux qui ne l'atteignent pas (Marc Huret) ne sont pas suffisamment significatifs. Il serait donc souhaitable de réduire la partie fixe du salaire au profit de la partie variable, pour stimuler le travail des vendeurs.

3. Conséquences des remises accordées par les vendeurs

Les remises accordées par l'équipe commerciale permettent certes de développer le chiffre d'affaires, mais elles réduisent dangereusement la marge de l'entreprise et mettent en péril sa rentabilité. Il serait donc souhaitable de sensibiliser l'équipe aux conséquences des réductions accordées, en prenant comme base de calcul des commissions, non pas le chiffre d'affaires réalisé, mais la marge dégagée, ou en accordant des primes aux vendeurs qui ne dépassent pas un certain taux de remise.

Exercice 2 ○ page 100

1. Calcul de la rémunération des deux vendeurs de la société Agri Équipements (en euros)

	Henri Dordain	Albert Collet
Commission	70 0000 × 0,4 % = 2 800	950 000 × 0,4 % = 3 800
Pourcentage de réalisation de l'objectif	$\frac{700\,000 - 550\,000}{550\,000} \times 100 = 27{,}27\ \%$	$\frac{950\,000 - 900\,000}{900\,000} \times 100 = 5{,}55\ \%$
Prime d'objectif	400	200
Nombre moyen de visites réalisées par jour ouvrable	$\frac{106}{23} = 4{,}61$	$\frac{82}{23} = 3{,}57$
Prime nombre moyen de visites	200	100
Nombre moyen d'accessoires vendus	$\frac{45}{12} = 3{,}75$	$\frac{100}{18} = 5{,}56$
Prime nombre moyen d'accessoires vendus	150	300
Prime de ventes au comptant	60 × 6 = 360	60 × 7 = 420
Total	2 800 + 400 + 200 + 150 + 360 = 3 910	3 800 + 200 +100 + 300 + 420 = 4 820

2. Avantages et inconvénients du système de rémunération

Pour le commercial

Avantages	Inconvénients
Sentiment de justice (les efforts sont récompensés) Possibilité d'augmenter ses gains en fonction d'objectifs personnels.	Absence de fixe : risque de baisse de revenus en cas d'activité saisonnière ou de conjoncture défavorable. Plafonnement de la prime de réalisation de l'objectif : n'incite pas un commercial à se dépasser.

Pour l'entreprise

Avantages	Inconvénients
Coût des ventes en fonction du chiffre d'affaires. Système qui récompense les efforts (commission et prime uniquement). Bonne stimulation de l'activité (nombreuses primes). Bonne orientation de l'activité du vendeur vers les objectifs de l'entreprise.	Complexité du calcul suivi des encaissements, calcul des paramètres d'attribution des primes). Risque de ventes « forcées » (primes liées au nombre d'accessoires vendus). Risque de voir les vendeurs réaliser du chiffre d'affaires au détriment de la prospection et d'autres activités (conseil, information, formation).

44. L'organisation du travail commercial

Exercice 1 ◦ page 101

1. Intérêt de l'informatisation de la force de vente

L'informatisation de la force de vente permet au manageur de mieux organiser l'activité commerciale de l'équipe, en fournissant aux vendeurs des outils leur permettant de mieux connaître le client afin de le fidéliser, de réaliser des gains de productivité (gain de temps sur les tâches administratives routinières), d'être plus efficaces face à leur client.
Elle constitue également un puissant moyen d'orientation, de suivi, et de contrôle de l'activité des commerciaux.

2. Informatisation de l'équipe commerciale

• Difficultés
La principale difficulté rencontrée par Sicover pour l'informatisation de sa force de vente réside dans le fait de devoir convertir à l'informatique une équipe de vente plutôt senior, avec des niveaux de maîtrise de l'outil informatique très disparates et des méthodes de travail bien ancrées (12 ans d'ancienneté moyenne dans la société). Difficile, dans ces conditions, de changer les habitudes !

• Étapes de mise en œuvre
La mise en œuvre de l'informatisation des vendeurs s'est faite de façon progressive et en douceur, sur une période de trois ans :
– équipement de la force de vente en PC portables, avec utilisation des fonctions logicielles de base (traitement de texte, Internet…) et formation individualisée de chaque vendeur ;
– un an plus tard, réflexion commune vendeurs-cadres commerciaux sur la mise en place d'un CRM dans le cadre d'un management participatif : l'équipe de vente est donc associée au développement de l'outil informatique, en tant que support d'aide à la vente (formation et information) auprès de la clientèle de prescripteurs et d'entreprises de pose ;
– six mois après, le CRM s'enrichit d'un outil de gestion de la relation client, que les vendeurs apprennent à utiliser au cours d'une formation de 3 à 4 jours ;
– au bout de deux ans, 50 % des vendeurs utilisent l'outil, l'objectif étant de convertir les 50 % restants, « méfiants envers un éventuel flicage informatique », en l'espace d'une année.

• Objectif poursuivi par l'entreprise
Sicover cherche particulièrement, dans la mise en œuvre de ce projet, à construire une relation personnalisée et profitable sur le long terme avec ses clients. L'informatisation des vendeurs doit permettre à l'entreprise, par l'automatisation d'une partie de son activité, d'améliorer sa productivité et de développer son chiffre d'affaires, tout en faisant bénéficier les clients d'une offre parfaitement adaptée.

Exercice 2 ◦ page 101

1. Commentaires des résultats de l'enquête

Le temps a beau être une valeur relative, il n'en reste pas moins gérable : en effet, 43,3 % des personnes ayant accepté de répondre à l'enquête en ligne estiment qu'elles gèrent leur temps de travail « correctement », et 35,7 % qu'elles le gèrent « plutôt bien », voire même « parfaitement ». Un bel optimisme ponctué d'embûches, c'est-à-dire d'éléments capables de perturber une bonne gestion du temps, au premier rang desquelles on trouve les « imprévus, les erreurs et les urgences ». Autant d'évènements qui, par nature, restent difficilement planifiables, à moins de prévoir, par défaut, des plages de temps libre pour traiter les points inopinés. Une démarche « luxueuse », quand un manageur ou un commercial doit gérer un emploi du temps déjà bien chargé.

Une autre embûche passe la barre des 50 % : les sollicitations en tout genre des collaborateurs. Ce « piège à temps », bien connu des manageurs, ne doit pourtant pas être considéré systématiquement comme un dérapage, car les sollicitations font partie de la mission d'encadrement. C'est surtout leur caractère répétitif qui entraîne des effets perturbateurs.

Il est à noter que, dans les suggestions spontanées, les manageurs commerciaux évoquent trois autres paramètres susceptibles de déstabiliser la gestion du temps : les charges de travail trop élevées, les conditions de travail, et enfin l'organisation du service ou de l'entreprise. Pour limiter le poids de ces embûches, la première solution est la hiérarchisation des tâches, qu'ont citée 31,1 % des répondants. La planification, ainsi que l'évaluation du temps nécessaire sont cités par 28,2 % des commerciaux. S'ajoutent à cette liste deux autres facteurs : la délégation des tâches et l'anticipation. La planification étant reconnue comme l'une des méthodes de gestion du temps les plus efficaces, le rôle de l'agenda apparaît prépondérant : pour 77 % des répondants, l'agenda ou le PDA (*Personnal Digital Assistant* = agenda électronique ou organiseur) est un allié indispensable pour maîtriser le temps. Reste une interrogation : comment s'organisent les 33 % restants ? Grâce à leur mémoire ? à un assistant ?

2. Les activités qui font perdre du temps au commercial

Certaines activités chronophages font perdre du temps au commercial. Les principales sont les suivantes (liste non exhaustive) :
– le téléphone : conversations parfois trop longues ou inutiles ;
– les réunions trop fréquentes ou qui durent trop longtemps ;
– les transports lors des visites en clientèle ;
– le manque d'organisation ;
– les dérangements : des collègues, des clients, de la hiérarchie ;
– les imprévus ;
– la paperasse : tâches administratives qui prennent trop de temps ;
– le matériel obsolète ou inadapté.

3. Solutions permettant à un commercial de mieux gérer son temps

Les principales solutions permettant à un commercial de mieux gérer son temps sont les suivantes :
– utiliser des agendas : agendas individuels, agendas partagés dans le cadre du travail collaboratif ;
– planifier les tâches : en se fixant des objectifs, en évaluant les tâches à accomplir et le temps à y consacrer, en évaluant leur urgence et leur importance, et en réservant une place sur l'agenda ;
– programmer les activités (programmation quotidienne, hebdomadaire, mensuelle, annuelle) ;
– déléguer certaines tâches que l'on n'est pas capable d'assurer ;
– contrôler les activités chronophages pour atteindre l'objectif de répartition du temps.

Exercice 3 ○ page 102

1. Avantages du logiciel de gestion de tournées pour le commercial

Le logiciel d'optimisation de tournées facilite la préparation des visites, en fournissant aux commerciaux des solutions rapides et simples pour élaborer le circuit des visites. Il permet de gagner du temps en fournissant le meilleur itinéraire permettant de rencontrer les clients et en organisant de façon optimale les déplacements. Couplé avec les messageries Outlook et Lotus Notes, il facilite la prise de rendez-vous en fonction de l'adresse des clients à visiter.

2. Utilité du logiciel de gestion de tournées pour le manageur

Les commerciaux passent traditionnellement la moitié de leur temps de travail sur les routes.
Le logiciel de gestion de tournées offre donc l'avantage de réduire ce temps improductif pour l'entreprise, temps que le commercial peut réaffecter aux visites clients et prospects. D'autre part, ce type de logiciel permet de réduire le nombre de kilomètres parcourus et permet donc de substantielles économies sur les frais de déplacement. Enfin, si ce logiciel réduit un tant soit peu l'autonomie du vendeur, le manageur y gagne en organisation et en suivi plus rigoureux des visites. La planification de l'activité est grandement facilitée.

45. Le contrôle de l'équipe commerciale

Exercice 1 ○ page 103

1. Objectifs individuels

Objectif annuel global = 9 500 × 1,10 = 10 450 récupérateurs

Gammes	Réservoirs simples	Réservoirs verticaux	Citernes autoportantes	Récupérateurs à enterrer
Objectifs	10 450 × 30 % = 3 135	3 657,5	2 090	1 567,5

Objectif trimestriel commercial :

Gammes	Réservoirs simples	Réservoirs verticaux	Citernes autoportantes	Récupérateurs à enterrer
Objectifs	157 (1)	183	105	79

(1) $\frac{\left(\frac{3\ 135}{5}\right)}{4}$ (5 vendeurs et 4 trimestres).

2. Mesure des performances

Commercial	Réservoirs simples	Réservoirs verticaux	Citernes autoportantes	Récupérateurs à enterrer
Hugo	140%	153%	104%	32%
Inès	131%	158%	109%	38%
Karim	159%	148%	103%	41%
Katy	135%	153%	111%	35%
Lucas	105%	102%	101%	61 %

Réalisation de l'objectif

Réservoirs simples pour Hugo : $\frac{220}{157}$ = 140 %.

Commentaire :

Les objectifs sont largement dépassés pour les deux premières gammes et sont atteints ou légèrement dépassés pour les récupérateurs à enterrer. Les commerciaux ont en revanche beaucoup de difficultés à les réaliser pour la nouvelle gamme.

Lucas atteint ses objectifs sans trop les dépasser et obtient de bien meilleurs résultats que ses collègues pour la nouvelle gamme.

3. Actions correctives

Ces écarts entre les objectifs et les réalisations peuvent avoir plusieurs explications :

- Le manque de temps pour prospecter :

– nombre de produits à vendre = 157 + 183 + 105 + 79 = 524 ;

– nombre de visites nécessaire = 524 × 2 = 1 028 visites ;

– nombre de visites possible = $\left(\frac{46}{4}\right) \times 5 \times 15$ = 863 visites.

Les commerciaux ne peuvent assurer que 1 028 – 920 = 128 visites.

- Une prospection insuffisante pour les nouveaux produits : les commerciaux effectuent de nombreuses visites pour la vente de réservoirs simples au détriment des récupérateurs à enterrer.
- Une argumentation insuffisante sur les nouveaux produits.
- Le coût des récupérateurs à enterrer pourrait constituer un frein à l'achat (prix d'achat et travaux d'installation).

Il faudrait envisager les actions correctives suivantes :
– une formation à la vente de la nouvelle gamme s'appuyant notamment sur l'expérience de Lucas ;
– une prime et/ou une commission plus élevée sur la nouvelle gamme ;
– une baisse du prix des produits de la nouvelle gamme par une réduction du taux de marge (le plus élevé de toutes les gammes).

Exercice 2 ▸ page 104

1. Objectifs trimestriels des ventes

• Prévisions des ventes :
– équation de la droite de tendance : y = 69,286 x + 491,67 ;
– prévision du chiffre d'affaires de l'année 7 : y = 69,286 × 7 + 491,67 = 976,672 milliers d'€.

• Prévisions trimestrielles :

Trimestre	1	2	3	4
Ventes	(976,67/4) × 0,2 = 48,83	68,37	175,80	683,67

Prévision des ventes par représentant :

Trimestres	1	2	3	4
J. Charron	48,83 × 0,4 = 19,53	27,35	70,32	273,47
P. Chambault	29,30	41,02	105,48	410,20

2. Comparaison des résultats

Ratios	Calculs pour J. Charron	J. Charron	P. Chambault
Ventes /objectifs des ventes	280/273,47	1,02	0,98
Nombre de commandes/nombre de visites	130/(210 + 60)	0,48	0,33
CA /nombre de visites	280 000/270	1 037,04 €	1 185,29 €
CA/ nombre de commandes	280 000/130	2 153,85 €	3 566,37 €
Nombre de km/nombre de visites	7 040/270	26,07	32,94
Coût /nombre de visites	26 168/270	96,92 €	97,91 €
Nouveaux clients/portefeuille clients	17/220	7,7%	15,6%
Premières commandes/ total des commandes	17/130	13,1%	37,2%

• Les deux représentants atteignent sensiblement l'objectif de ventes (ratio ≈ 1).
• Les points forts de J. Charron :
– il concrétise une visite sur deux (48 % de commandes contre 33 % pour Chambault) ;
– il parcourt moins de kilomètres par visite (≈ 26 km contre près de 33 km pour Chambault).
• Les points forts de P. Chambault :
– le chiffre d'affaires moyen par visite est plus élevé ;
– le chiffre d'affaires moyen par commande est supérieur de plus de 65 % à celui de Charron ;
– il a deux fois plus de nouveaux clients que Charron auprès desquels il est plus persuasif (37,2 % contre 13,1 %).
Au total, Charron obtient plus de commandes (il est plus persuasif), mais elles sont d'un montant moindre, et il prospecte moins.

46. Le travail collaboratif

Exercice 1 > page 105

1. Raisons de la mise en place d'une solution de travail collaboratif

La société EADS Socata souhaite organiser ses équipes commerciales en groupes de projets, en mettant en place des dispositifs de recherche de créneaux. Elle cherche à favoriser le travail en équipe à distance. La solution mise en place favorise l'autocontrôle et permet une bonne synergie des compétences (sont concernés les services achat, qualité, commercial et marketing). La communication en réseau accélère tous les flux de décision et permet de réduire coûts et délais par une meilleure optimisation des moyens et une mise en commun des ressources (gestion du prêt de ressources).

2. Outils de travail collaboratif utilisés

EADS Socata utilise principalement des outils de planification et de coordination de l'action, tel l'agenda partagé, ou la possibilité de synchronisation avec des assistants personnels (palm et Pocket PC, terminaux exploités par la société). Les accès ont été définis de façon très simple : accès traditionnels clients serveurs et Web…
Ces applications permettent de mieux structurer l'espace de travail, puisque l'information est rapidement accessible et partagée entre les différents membres de l'équipe. Elles permettent une gestion conjointe et coordonnée, à distance, des décisions, qui impliquent différents acteurs associés à la gestion d'un projet.

3. Le déploiement de ces outils

Au départ, un déploiement est décidé auprès d'une centaine de collaborateurs représentant les différents services de l'entreprise. Celle-ci veille à simplifier l'installation et l'administration du système en favorisant des accès sous forme client serveur et Web. Des formations sont dispensées aux salariés pour faciliter la prise en main. La direction implique les cadres dans la planification des réunions *via* l'outil, ceux-ci faisant de même avec leurs équipes.

Exercice 2 > page 106

1. Raisons de la mise en place du travail collaboratif

Avec la mise en place du travail collaboratif, la société Air Liquide cherche principalement à « optimiser les déplacements de ses salariés », afin de réduire les coûts, liés notamment aux réunions ou aux formations : les déplacements coûtent de plus en plus cher et sont chronophages. Le travail collaboratif permet également, en ce qui concerne la formation, de proposer à toutes les entités du groupe une solution globale.

2. L'outil mis en place et son utilisation

L'outil utilisé par Air Liquide est un outil de partage de l'information, la webconférence, qui permet de tenir des conférences et de mettre en commun des ressources. Ces derniers sont réunis dans un même espace de travail dans lequel les informations ne sont déposées qu'une seule fois. Les ressources disponibles sont alors partagées sans avoir à les télécharger auparavant.
Ce système permet à tous les collaborateurs du groupe, quels que soient leur type de connexion (haut débit ou bas débit) ou leur système d'exploitation informatique, de réaliser des réunions instantanément, sans limite du nombre d'utilisateurs. Afin de développer l'utilisation de l'outil, Air Liquide a mis en place un plan de communication et de marketing interne, afin de faire connaître l'existence du portail et les possibilités offertes par l'espace d'information.
Au départ, les usages ont concerné le travail collaboratif de groupes réduits (deux à trois personnes), partageant l'information sur un même sujet, « sans avoir à réserver une salle », c'est-à-dire sans organisation par-

ticulière de l'espace de travail, comme c'est le cas pour les visioconférences. Il est également utilisé pour des réunions davantage orientées vers la formation.

3. Les perspectives d'évolution du collecticiel

Pour le moment, l'outil est uniquement utilisé pour la communication en interne, principalement par les informaticiens, les fonctions commerciales, administratives et financières. Il permet, par la mise en commun des savoirs, d'éviter de réinventer les mêmes solutions et il favorise l'apprentissage collectif. Air Liquide fait donc partie des « entreprises apprenantes, de *e-learning*, de gestion des connaissances *(Knowledge management)*. Parmi les axes de développement figure la possibilité d'utiliser l'outil en externe, en échangeant principalement des informations avec les clients, avec, à la clé, une meilleure satisfaction et une meilleure image de la société.

47. Les techniques d'animation

Exercice 1 ○ page 107

1. Raisons de la mise en place d'un programme de formation

Schneider Electric a mis en place un vaste programme de formation de ses huit mille commerciaux répartis dans 180 pays. Le groupe cherche à faire progresser l'efficacité de sa force de vente, notamment dans les pays moins développés. Son objectif est de former les vendeurs aux fondamentaux de l'entretien commercial et à l'exploitation de leur portefeuille clients.

2. Le *e-learning*

Le *e-learning* (ou e-formation) est une formation au cours de laquelle le stagiaire est dans son entreprise, devant son ordinateur. Il est intégré dans un groupe virtuel, formé d'un animateur et d'apprenants, pour suivre une formation en ligne.

Avantages et inconvénients

Le *e-learning* présente les avantages suivants : rapidité de mise en place, acquisitions de nouvelles compétences, pas de perte de temps en déplacement, coût moindre qu'une formation traditionnelle, individualisation du parcours de formation.

Mais il nécessite un investissement informatique (matériel et logiciel Mercuri International) et humain (formateurs locaux, consultants, relais *coach*). Il présente également l'inconvénient de l'absence de face-à-face avec le formateur, que l'entreprise Schneider Electric arrive à contourner par l'accompagnement terrain de ses commerciaux.

3. Le *coaching*

Le *coaching* est une méthode d'accompagnement personnalisé d'une personne dans un cadre professionnel, dans le but de développer son potentiel et son savoir-faire. Chez Schneider Electric, chaque jeune vendeur est coaché par un vendeur senior confirmé. Le *coaching* permet de comprendre les problèmes rencontrés par le vendeur face à son client, et de mieux mettre en pratique la formation théorique dispensée par *e-learning*, afin d'être plus rapidement efficace. Le *coach* a pour mission de déceler les points forts du vendeur (à renforcer) et ses faiblesses (qu'il doit s'attacher à réduire).

4. Les différentes étapes de l'action de formation

Cette action de formation à l'échelle planétaire a suivi plusieurs étapes :

– les vendeurs suivent d'abord seize modules d'*e-learning* de 20 minutes sous forme ludique, correspondant aux étapes théoriques de l'entretien de vente, avec *coaching* par un senior ;
– atelier de mise en pratique de deux jours : mise en situation ;

– retour sur le terrain des commerciaux accompagnés de leur *coach*, avec entretiens de *debriefing*, pour une période de 2 ou 3 mois ;
– deuxième atelier (de consolidation) avec de nouvelles mises en situation ;
– remise d'un diplôme à l'issue de la formation.

Exercice 2 ○ page 108

1. Moyens mis en œuvre pour animer les réseaux

• Sofinco

Afin de stimuler son réseau de revendeurs, Sofinco a recours à un *challenge*, destiné à promouvoir l'offre de sa filiale de crédit automobile Viaxel, sur le thème de la course automobile. Ce *challenge* est déployé au niveau des concessions par les 160 commerciaux Viaxel. Il récompense les meilleurs vendeurs de crédit des concessions auto et moto par des chèques cadeaux. Il s'agit à la fois d'un *challenge* individuel et d'équipe, organisé sur une période de 6 mois.

• Xérox

Xérox apporte un soutien à son réseau en mettant à sa disposition un portail lui permettant de personnaliser ses campagnes de marketing direct. Ce portail est un outil extranet mis au point par Friedman International, fournissant des supports de communication prêts à l'emploi et permettant aux utilisateurs revendeurs Xérox de créer rapidement des campagnes et évènements personnalisés, d'obtenir des outils de PLV et démonstration, des cadeaux publicitaires à remettre aux clients, etc.

2. Objectifs recherchés

• Sofinco

Sofinco cherche principalement, par ce *challenge*, à devancer les concurrents (banques ou assureurs) de sa filiale Viaxel, dans l'offre de crédit auto-moto. Il cherche à faire en sorte que les vendeurs automobiles dépassent leurs objectifs en termes de chiffre d'affaires, montant des financements, prestations complémentaires vendus.

• Xérox

Plusieurs objectifs sont recherchés par Xérox dans la mise en place de ce portail :
– faciliter la communication de ses nouveaux produits, en relayant sa communication nationale par une communication locale personnalisée (mercatique directe) ;
– accélérer la commercialisation de tous les produits de sa gamme par la fourniture de documentation marketing sous des formes diversifiées (brochures commerciales, exemples d'impression, CD de formation) et d'offres packagées de campagnes de mercatique directe, par la réalisation complète de mailings (du document au routage), bannières, *e-mailing*, etc. ;
– créer des liens étroits avec ses revendeurs pour les convaincre de mettre en avant ses produits plutôt que ceux des concurrents et les fidéliser, et s'assurer qu'ils véhiculent bien son image et ses valeurs.

1 Carloni

L'entreprise Carloni, fondée après la Seconde Guerre mondiale par Auguste Carloni, est une SARL dont le siège social est situé à Valenciennes, dans le Nord. Elle a pour activité principale la fabrication et la commercialisation de glaces. À ses débuts artisanale, l'entreprise devient dans les années 1980-1990 une PME qui emploie plus d'une trentaine de salariés. Les produits qui ont fait le succès de l'entreprise, les crèmes glacées à l'italienne, sont fabriqués sur deux sites :
- Valenciennes : pour les glaces en vrac et les petits pots (20 parfums) ;
- Denain : pour les spécialités en portion et à partager, ainsi que les bâtonnets (25 références).

Les glaces Carloni se distinguent des produits fournis par les industriels par leurs ingrédients de base naturels et par le fait qu'aucun colorant artificiel ou conservateur n'est ajouté. La fabrication est totalement artisanale (turbines et sorbetières) et les glaces sont garanties par une charte de qualité. Elles bénéficient donc d'une réputation de savoir-faire, de qualité et de respect de la tradition italienne.

Carloni assure depuis la création de l'entreprise la distribution de ses produits, en vente directe non sédentaire, par tournée de fourgonnette. Vingt vendeurs-livreurs sillonnent quotidiennement, d'avril à septembre, les régions de Valenciennes et Denain, en proposant les produits en porte-à-porte. Ce concept a permis à l'entreprise de se développer, à une époque où de nombreux ménages n'étaient pas équipés d'un congélateur, voire d'un réfrigérateur, et où la crème glacée était encore un produit d'exception.

Depuis quelques années, l'entreprise connaît des difficultés, marquées principalement par une régression des ventes par tournée et une augmentation des charges de distribution. Le fils d'Auguste Carloni, Sylvio, nouvellement diplômé du BTS NRC, vient de prendre la direction de l'entreprise, après le départ en retraite de son père. Il souhaite donner un nouvel élan à l'entreprise. Pour cela, il envisage de réaliser, dans un premier temps, une étude de la demande de glaces sur sa zone de chalandise, suivie dans un second temps de plusieurs actions :
- la réorganisation et l'élargissement du réseau de vente ;
- le lancement d'une nouvelle gamme de produits ;
- la mise en place d'une campagne de communication.

Première partie : Étude de la demande (annexe 1)

Corrigé ▶ p. 229

Le responsable de l'entreprise souhaite pouvoir se situer sur son marché des glaces à l'italienne, et en particulier sur celui des spécialités. À cet effet, il vous communique des statistiques concernant la zone de chalandise, que vous êtes chargé(e) d'analyser.

Travail à faire

1. Calculez les parts de marché de l'entreprise de N–4 à N. Concluez.
2. Déterminez le taux d'évolution des ventes de l'entreprise Carloni, ainsi que celui du marché de N–4 par rapport à N. Concluez.
3. Calculez, pour la famille des spécialités, le taux de fidélité à la marque de N–4 à N. Quels enseignements pouvez-vous en tirer ?
4. Comment l'entreprise peut-elle mesurer la satisfaction de sa clientèle ?

Deuxième partie — Réorganisation et élargissement du réseau de vente

Corrigé ▷ p. 229

M. Carloni souhaite regagner des parts de marché en développant son réseau de distribution et en fidélisant sa clientèle. À partir des informations contenues dans l'annexe 2, vous répondrez aux questions suivantes.

Travail à faire

1. Quels avantages et inconvénients présente l'actuel canal (direct) utilisé par l'entreprise pour distribuer ses produits ? Proposez des mesures qui pourraient permettre de le pérenniser et de mieux le rentabiliser.

2. La société souhaite élargir son circuit de distribution à la vente sédentaire. Quelle(s) solution(s) s'offre(nt) à elle, compte tenu de la nécessité de maintenir et de développer l'image des produits Carloni ?

Troisième partie — Lancement d'une nouvelle gamme de produits (annexe 3)

Corrigé ▷ p. 230

L'entreprise Carloni souhaite lancer une nouvelle gamme de produits, des spécialités à base de fruits, agrumes et fleurs : fruits des bois, griottes, melon, orange-carotte-citron, pamplemousse rose, tomate verte, violette, rose, réglisse, etc.

Vous êtes chargé(e) de déterminer le prix de vente public de ces nouveaux produits et de mettre en place la campagne de communication de lancement.

Travail à faire

1. Compte tenu des résultats de l'enquête fournis en annexe, déterminez le prix de vente public à conseiller aux distributeurs.

2. Quels peuvent être les prescripteurs pour ces produits ?

3. Quelles seront les cibles de communication à atteindre ?

4. Compte tenu des cibles définies et d'un budget de communication limité, quels médias et supports publicitaires vous paraissent envisageables ?

5. Proposez des actions de communication hors média permettant de dynamiser les ventes.

Annexe 1 ○ Étude de marché

Une étude réalisée par le syndicat régional des artisans glaciers a fourni les renseignements suivants :

Évolution des ventes de glaces à l'italienne dans la circonscription des villes de Valenciennes et Denain (en tonnes)

Années	N–4	N–3	N–2	N–1	N
Carloni	750	730	710	700	670
Marché global	3 000	3 200	3 350	3 600	3 750

Évolution des achats de spécialités par les clients de la circonscription de Valenciennes-Denain (en euros)

Années	N–4	N–3	N–2	N–1	N
Achat de spécialités de la marque Carloni	40	35	32	28	24
Achat moyen de spécialités	120	140	170	200	240

Annexe 2 ○ Évolution du marché français de la glace depuis les trois dernières années

Répartition de la consommation par segment (en pourcentage)

	À domicile	Hors domicile
N	74 %	26 %
N–1	77 %	23 %
N–2	79 %	21 %

Répartition des ventes hors domicile (en pourcentage)

Années	Magasins spécialisés	Boulangeries, pâtisseries	Cafés, hôtels restaurants	Vente non sédentaire	Divers (spectacle, cinéma, etc.)
N	26 %	22 %	33 %	11%	8 %
N–1	22 %	25 %	29 %	13 %	11 %
N–2	17 %	28 %	24 %	15 %	14 %

Distribution des glaces en France pour les produits consommés à domicile par circuit de distribution (en pourcentage)

Années	Vente directe à domicile	Hypermarchés	Supermarchés	Freezer centers	Supérettes
N	15 %	33 %	38 %	11%	3 %
N–1	17 %	35 %	36 %	9 %	3 %
N–2	19 %	37 %	34 %	7 %	3 %

Annexe 3 ▶ Le prix psychologique

Résultats d'une enquête portant sur un échantillon de 200 personnes auxquelles a été présentée la nouvelle gamme de produits et qui ont répondu aux deux questions suivantes :
– **Question A** : À partir de quel prix n'achèteriez-vous pas cette crème glacée en raison du prix trop élevé ?
– **Question B** : À partir de quel prix n'achèteriez-vous pas cette crème glacée en raison d'un doute sur la qualité ?

Prix en euros	Nombre de réponses Question A	Nombre de réponses Question B
10	0	60
11	0	50
12	20	40
13	30	30
14	40	20
15	50	0
16	60	0
Total	200	200

2 Le projet Intex

La société Intex distribue des équipements de terrassement. Entreprise familiale fondée en 1951, elle a diversifié ses activités et ses marchés par un processus de croissance interne jusqu'en 1983, puis par croissance externe dans l'optique de s'implanter sur le marché européen. Intex prévoit ainsi la création en Normandie d'une unité de vente composée de sept commerciaux et de deux administratifs.

Première partie : Préparer le financement du projet

Corrigé ➲ p. 231

Les éléments prévisionnels concernant ce projet sont les suivants.

Éléments	Description	Montant
Local situé à Caen	Location	12 000 € par mois
Rémunération mensuelle des commerciaux	Fixe	1 380 €
	Variable	5% du chiffre d'affaires
Rémunération mensuelle de chaque administratif		1 700 €
Charges sociales		43 % des rémunérations brutes du personnel
Assurances annuelles	IARD...	35 500 €
Charges de fonctionnement mensuelles	Téléphone, chauffage, fournitures...	15 900 €
Achats d'équipement de bureau		28 000 €
Achats de matériel de transport		645 000 €
Publicité	Publipostage auprès des clients professionnels, communication média, participation à des manifestations commerciales régionales, parrainage...	2,5 % du chiffre d'affaires
Frais d'établissement	Création de l'antenne normande (démarches administratives...)	25 000 €
Autres charges mensuelles		48 000 €

80 % de l'investissement initial sera financé par un emprunt au taux de 5 %, remboursable en 3 ans par annuités constantes.
Les immobilisations sont amortissables en linéaire. La durée d'amortissement est de 4 ans.

Travail à faire

1. Présentez le tableau d'amortissement de l'emprunt.

2. Dressez le tableau d'amortissement des immobilisations.

Deuxième partie : Examiner la faisabilité du projet

Corrigé ▶ p. 232

Vous disposez des précisions suivantes :
- Les charges de fonctionnement sont fixes à hauteur de 15 %.
- Les deux tiers des autres charges mensuelles sont variables.
- Le chiffre d'affaires annuel HT est estimé à 2 600 000 €.
- Le démarrage de l'activité est prévu pour le 01/01/N.

Travail à faire

1. Présentez dans un tableau les charges fixes et les charges variables prévisionnelles annuelles.

2. Déterminez le seuil de rentabilité et le point mort de ce projet.

Troisième partie : Comparer deux possibilités d'investissement

Corrigé ▶ p. 232

L'implantation dans le sud-ouest de la France constitue une seconde alternative pour Intex.
Les prévisions pour ce projet sont les suivantes :

Éléments	Montant
Chiffre d'affaires annuel HT	2 720 000 €
Achats d'équipement	700 000 € payés comptant
Dépenses annuelles	Les deux premières années : 1 900 000 € Les deux dernières années : 1 700 000 €

Les immobilisations sont amortissables en linéaire sur 4 ans.
Le taux d'actualisation retenu est 4 %.
L'impôt sur les bénéfices est de 33,33 % (comptez 1/3).
Intex souhaite comparer les deux alternatives sur une durée de 4 ans.

Travail à faire

1. Déterminez les flux nets de trésorerie annuels qui seraient générés en Normandie et dans le Sud-Ouest.

2. Calculez dans chaque cas la VAN, le délai de récupération et l'indice de profitabilité.

3. Quelle est votre conclusion ? Que pouvez-vous recommander à Intex ?

3 La société DMF

L'entreprise DMF est une PME située dans le Dauphiné. Elle commercialise des produits de sécurité destinés à la construction : portails et volets électriques, fenêtres PVC et ALU, clôtures, fermetures de sécurité pour l'habitat, le commerce et l'industrie, portes de garages sectionnelles, rideaux métalliques, stores, alarmes…

Sa clientèle est composée de deux segments : les professionnels et les particuliers. Sur son secteur, DFM détient 9 % du marché des particuliers et 14 % de celui des professionnels.

La force de vente est constituée de deux commerciaux par segment.

La répartition des portefeuilles est la suivante :

Vendeur	Particuliers	Professionnels
Duteil	40 %	
Froger	60 %	
Gabriel		50 %
David		50 %

Vous managez cette équipe de commerciaux et vous vous apprêtez à fixer les objectifs quantitatifs du premier trimestre.

Première partie Prévisions des ventes

Corrigé ➲ p. 235

Vous disposez des informations suivantes.
1. Statistiques des ventes de DFM aux particuliers (en milliers d'€)

Année	N–3	N–2	N–1	N
Trimestre 1	470	520	580	610
Trimestre 2	630	680	765	840
Trimestre 3	290	313	400	430
Trimestre 4	730	720	800	920

2. Statistiques des ventes de DFM aux professionnels (en milliers d'€)

Année	N–3	N–2	N–1	N
Trimestre 1	400	450	500	580
Trimestre 2	405	430	490	590
Trimestre 3	395	460	498	570
Trimestre 4	395	450	502	580

3. Statistiques des constructions de logements neufs par les particuliers dans la zone de chalandise

Année	N–3	N–2	N–1	N
Constructions	12 400	13 020	14 322	15 325

Travail à faire

1. Précisez l'utilité des statistiques de logements neufs pour vos prévisions.
2. Déterminez les ventes prévisionnelles de DMF pour l'année N+1, en justifiant le choix de vos méthodes.
3. Prévoyez les ventes trimestrielles de l'année N+1.

Deuxième partie : Fixation des objectifs quantitatifs

Corrigé ➲ p. 235

Un commercial prospecte cinq jours par semaine. Il bénéficie de cinq semaines de congés et d'une semaine de formation par an et il peut assurer sept visites par jour. Une vente nécessite deux visites. Le marché potentiel est divisé entre les particuliers et les professionnels.

Le marché des particuliers recouvre :
- les logements neufs ;
- l'équipement d'anciens logements.

La commande moyenne d'un particulier s'élève à 1 600 €.

Le marché des professionnels représente 1 200 prospects (marché global de DFM et de ses concurrents). DFM souhaiterait maintenir sa position sur ces deux marchés.

Travail à faire

1. Calculez le nombre de visites nécessaires pour couvrir le marché et celui que peuvent effectuer les commerciaux. L'équipe commerciale pourra-t-elle assurer le nombre de visites nécessaire à la réalisation des objectifs ?
2. Déterminez les objectifs individuels des commerciaux (ventes, prospection, visites) pour le premier trimestre N+1.

Troisième partie : Analyse de l'équilibre financier d'un client

Corrigé ➲ p. 237

DFM souhaite assurer une plus grande couverture du marché en concluant un contrat avec l'entreprise Delmer. Cette dernière s'engagerait à distribuer les produits de DFM dans la région de Valence et négocie d'importantes conditions de paiement en contrepartie.

Vous disposez des informations comptables suivantes.

Bilan de Delmer au 31/12/N

ACTIF	Brut	Amort. et provisions	Net	PASSIF	
Actif immobilisé	8 250	722	7 528	Capitaux propres :	
Total	8 250	722	7 528	Capital	3 050
Actif circulant :				Résultat de l'exercice	2 694
Stocks	1 387	300	1 087	Provisions	952
Créances	585	165	420	Total	6 696
Disponibilités	99		99	Emprunts	1 628
Total	2 071	465	1 606	Total	1 628
				Dettes fournisseurs	690
				Dettes fiscales et sociales	120
				Total	810
Total général	10 321	1 187	9 134	Total général	9 134

Travail à faire

1. Analysez la situation financière de Delmer et donnez votre avis sur la confiance à lui accorder.
2. De quelles autres informations auriez-vous besoin pour approfondir votre analyse ?

4 Vêt 2000

La société Vêt 2000, située à Vannes dans le Morbihan, a été créée en 1971 par Gaël Le Plouennec. Elle est spécialisée dans la fabrication et la distribution de vêtements de travail destinés plus particulièrement aux professionnels de la pêche, mais aussi de la navigation et de la plaisance. Sa gamme de produits est très diversifiée : de la tenue de travail des marins-pêcheurs à celle du personnel d'équipage des paquebots. Elle couvre la plupart des besoins liés à la pratique d'activités en mer : pantalons, vestes et vareuses étanches en toile cirée, coupe-vent, casquettes, chemises, pulls marins, gants, chemises, tabliers, combinaisons uniformes, etc.

Les produits sont distribués uniquement sur la région Ouest, dans les cinq départements suivants : Morbihan, Finistère, Côtes-d'Armor, Ille-et-Vilaine et Loire-Atlantique. Ils bénéficient d'une bonne réputation auprès des industriels de la pêche, de par leur excellente qualité, leur confort et leur durabilité. Le suivi des collections, ainsi que les services offerts par Vêt 2000 (personnalisation des tenues aux couleurs de l'entreprise, marquage…) sont très appréciés par la clientèle.

Chaque département est visité par un représentant exclusif, qui se rend chez les clients actuels et prospecte une nouvelle clientèle. Trois catégories de clients peuvent être distinguées :
– les entreprises de pêche, de transport maritime, de transformation, ainsi que les armateurs ;
– les coopératives piscicoles ;
– les distributeurs de matériel et de vêtements de pêche.

M. Le Plouennec assurait jusqu'à présent seul la direction de son entreprise et le management de son équipe commerciale. Face à un développement important de son activité, il vient de vous recruter en tant qu'assistant(e) manageur commercial(e), pour organiser et superviser le travail de l'équipe commerciale. Dans un premier temps, il vous charge de réaliser les missions ci-après.

Première partie — L'organisation de l'équipe commerciale Ouest

Corrigé ➲ p. 239

Répartition des secteurs de la région Ouest

Clients	Morbihan	Finistère	Côtes-d'Armor	Ille-et-Vilaine	Loire-Atlantique
Entreprises	250	300	240	200	220
Coopératives	180	170	120	110	120
Distributeurs	70	60	30	35	40

Organisation actuelle de la force de vente de Vêt 2000 :
- Entreprises : visites annuelles.
- Coopératives : visites semestrielles.
- Distributeurs : visites trimestrielles.

Une visite dure en moyenne 2 heures, temps de trajet compris.

Les commerciaux doivent réaliser une visite de prospection pour cinq visites aux clients actuels.

Les commerciaux sont salariés de l'entreprise et ont le statut de VRP. Ils disposent de cinq semaines de congés par an et participent à des salons professionnels (une semaine par an) et à des séminaires de formation (une semaine par an). On évalue à une semaine environ le temps de travail perdu pour des raisons diverses (congés maladie, pour évènements familiaux, convenance personnelle). Les vendeurs travaillent cinq jours par semaine, à raison de 9 heures par jour (pause déjeuner : 1 heure). Ils consacrent la journée du vendredi aux réunions, à la rédaction de leurs rapports de visite, au travail administratif, à la prise de rendez-vous et à l'organisation des tournées.

Travail à faire

1. Calculez le nombre de visites à réaliser pour chacun des secteurs (par an).
2. Déterminez le nombre de visites que peut réaliser un vendeur (par an).
3. À quelle conclusion vous amènent les calculs précédents ? Quelles solutions pouvez-vous proposer ?

Deuxième partie : Le recrutement d'un vendeur

Corrigé ➲ p. 240

M. Le Plouennec vient de prendre la décision de recruter un nouveau commercial, chargé de prospecter en partie les départements du Morbihan et du Finistère. Il vous confie la responsabilité de cette opération de recrutement.

Travail à faire

1. Quels sont les modes de recrutement externes à votre disposition ?
2. Afin de recueillir des candidatures, vous décidez de passer des annonces de recrutement. Quels peuvent être les supports à utiliser ?
3. Présentez la maquette de l'annonce.
4. Après avoir examiné l'ensemble des réponses, deux candidats ont retenu votre attention. Vous trouverez résumées ci-après leurs principales caractéristiques. Lequel de ces deux candidats allez-vous recruter ? Pourquoi ?

Profil	Âge	Études	Expérience	Motivation	Présentation	Qualités dominantes
René	32	Licence de math	5 ans Vente de produits d'assurance	Bonne De l'ambition	Soignée Expression orale « châtiée »	Organisé, méthodique
Bernard	28	BTS commercial	2 ans Vente d'accessoires de mode	Souhaite manager une équipe	Excellente présentation Vocabulaire commercial adapté	Empathie, sens du contact

Troisième partie : La rémunération

Corrigé ➲ p. 240

Les commerciaux sont rémunérés de la façon suivante :
- fixe : 1 100 euros ;
- commission : 15 % de la marge dégagée (taux de marque de l'entreprise = 20 %) ;
- une prime sur objectif de réalisation du chiffre d'affaires : 150 euros si l'objectif est atteint, 250 euros s'il est dépassé de 25 %, 500 euros s'il est dépassé de 50 %.

Travail à faire

Calculez la rémunération brute de M. Kodan, représentant du secteur d'Ille-et-Vilaine, qui a réalisé un chiffre d'affaires HT de 36 000 euros le mois dernier. Son objectif était de 26 000 euros.

5 La société RLD

La société RLD (Régie Linge Distribution) a été créée en 1984 et exploite la marque RLD et son savoir-faire sous la forme d'une franchise industrielle. Elle propose des équipements sanitaires en location, destinés au lavage et à l'essuyage des mains dans les toilettes publiques (distributeurs de savon crème, d'essuyage coton et papier, protections d'hygiène des abattants, sèche-mains par soufflage d'air chaud, etc.), dont elle assure l'installation, l'approvisionnement, l'entretien et la maintenance. La gamme de produits offerts comporte plus de 1500 références, personnalisables pour le client.

La société couvre la totalité du territoire français. Elle compte aujourd'hui 32 établissements et occupe la troisième place sur le marché national.

Le type de location proposé par RLD se distingue très nettement des autres formes de location : elle apporte une solution par un ensemble de services intégrés, qui dégagent l'utilisateur de la quasi-totalité des soucis liés à l'utilisation de son équipement.

Vous êtes stagiaire à l'agence d'Orléans, dans le Loiret, qui emploie vingt personnes dont trois commerciaux et sept technico-commerciaux. Actuellement, la clientèle de l'agence d'Orléans est constituée de professionnels de l'hôtellerie et de la restauration, mais aussi de professionnels de la santé, d'entreprises industrielles et commerciales, ainsi que d'administrations et collectivités territoriales.

La stratégie commerciale repose sur la qualité et la fiabilité des produits, sur les services proposés, et sur une approche spécifique pour chaque segment majeur du marché. L'entreprise cherche la satisfaction maximale de ses clients, en leur proposant une gamme exclusive et évolutive d'équipements capables de s'intégrer à tous types d'environnement, un service personnalisé (intervention régulière d'un personnel stable et expérimenté), une garantie de fourniture de matériels et consommables.

La mise en place récente d'une plate-forme téléphonique et d'un site Internet viennent renforcer l'action terrain des commerciaux et technico-commerciaux, pour être encore plus proche des clients.

Première partie — Analyse de l'offre commerciale

Corrigé ➲ p. 241

À partir des informations fournies, vous répondrez aux questions suivantes.

Travail à faire

1. En quoi l'offre commerciale de RLD s'inscrit-elle dans une démarche de mercatique relationnelle ?

2. Quelle politique de gamme l'entreprise a-t-elle mis en œuvre ?

3. Quel mode de distribution a été choisi par l'entreprise ? Comment justifiez-vous ce choix ?

Deuxième partie — Le tableau de bord de l'équipe commeriale

Corrigé ➲ p. 241

Le responsable de l'entreprise RLD vous demande d'évaluer l'efficacité de l'équipe commerciale, composée de trois vendeurs, pour le mois de mai. Il vous communique les informations suivantes.

Résultats du mois de mai	Vendeur A	Vendeur B	Vendeur C
Chiffre d'affaires	30 000 €	40 000 €	25 000 €
Marge totale	6 000 €	14 000 €	4 000 €
Nombre total de visites	120	130	110
Nombre de visites de prospection	15	8	5

Résultats du mois de mai	Vendeur A	Vendeur B	Vendeur C
Nombre de nouveaux clients	5	4	0
Nombre de commandes	40	60	25
Nombre de kilomètres parcourus	7 200	5 200	9 900

Ratios à utiliser pour évaluer l'efficacité de l'équipe commerciale.

Ratios	Définition	Formules de calcul	Normes à respecter par le commercial
R1	Chiffre d'affaires par visite	Chiffre d'affaires/nombre de visites	250 € au minimum
R2	Marge par visite	Marge totale/nombre de visites	80 € au minimum
R3	Taux de marque moyen	Marge totale/chiffre d'affaires	30%
R4	Rendement de la prospection	Nombre de nouveaux clients/nombre de visites de prospection	30%
R5	Nombre de visites par commande	Nombre de visites/nombre de commandes	Inférieur à 3
R6	Chiffre d'affaires par commande	Chiffre d'affaires/nombre de commandes	Supérieur à 700 €
R7	Nombre de kilomètres parcourus par visite	Nombre de kilomètres/nombre de visites	Inférieur à 60 kilomètres

Travail à faire

1. Calculez, pour chacun des commerciaux, la valeur de ces ratios pour le mois de mai.

2. Commentez ces résultats. Quelles actions correctives faut-il envisager ?

Troisième partie Présentation d'un devis

Corrigé ➲ p. 242

L'hôtel Victoria, situé à Blois, vient d'être rénové. Son directeur, qui vise une étoile supplémentaire, souhaite équiper les toilettes de dispositifs d'essuyage des mains traditionnels en tissu coton, ainsi que de distributeurs de savon crème. Lors de votre dernier entretien téléphonique, il vous a demandé de lui faire parvenir un devis. Pour le réaliser, vous avez recueilli les informations suivantes :
– nombre de toilettes à équiper : 6 ;
– souhaite un contrat d'un an ;
– fréquentation moyenne de l'hôtel : 60 personnes ;
– remise accordée 10 % ; TVA au taux normal.

Les tarifs à appliquer sont les suivants (en HT) :

Éléments	Essuyage Coton Visio12	Savon crème Ecobag
Location matériel et maintenance	10 €/mois/unité	8 €/mois/unité
Consommables	8 € par bobine	9 € par cartouche
Fréquence d'utilisation habituelle	1 bobine/20 personnes/mois	1cartouche/20personnes/mois

Travail à faire

Présentez le devis à envoyer au directeur de l'hôtel Victoria.

6 Écojardin

L'entreprise Écojardin a été créée en 2000 à Reims par Jérôme Duquenne, inventeur d'un dispositif à la fois écologique et efficace pour débarrasser les jardins des taupes : l'Évit'Taupe. Le succès de ce produit, primé au concours Lépine et vendu dans quelques jardineries du centre-ville et magasins de bricolage de la périphérie, l'a encouragé à entreprendre de nouvelles fabrications, dans un contexte d'approche écologique en milieu urbain : repousse-nuisibles, silo à compost, récupérateurs d'eau de pluie, etc.

L'entreprise compte actuellement cinq salariés : quatre d'entre eux sont affectés à la fabrication et une salariée assure le secrétariat commercial. Jérôme Duquenne est le seul commercial de l'entreprise.

Afin de mieux rentabiliser son affaire, il souhaite étendre son marché, dans un premier temps sur la région rémoise, qui n'est pas suffisamment couverte, puis à la région Champagne-Ardennes. Il souhaite également proposer, à côté de sa gamme de produits écologiques pour le jardin, des articles électriques d'extérieur, de négoce : luminaires, projecteurs halogènes extérieurs, bornes lumineuses, etc.

À cet effet, vous avez été recruté(e) pour un partenariat de deux ans avec cette entreprise, dans le cadre de la gestion de projet en BTS NRC, pour seconder le chef d'entreprise dans les tâches commerciales. Au cours de votre période de stage, il vous confie l'étude des dossiers suivants.

Première partie — Étude du marché des articles de jardin

Corrigé ➲ p. 243

M. Duquenne souhaite évaluer avec précision la demande potentielle en articles de jardin pour la ville de Reims, afin de pouvoir mieux se situer sur son marché et définir une stratégie commerciale lui permettant de développer son entreprise. Pour réaliser cette évaluation, vous avez recueilli les informations suivantes.

Renseignements obtenus à l'Insee et à la mairie :
- Population de la ville de Reims : 187 181 habitants.
- Nombre moyen de personnes par ménage : 3,4.
- Revenu moyen : 16 461 euros par an par ménage, auquel il convient d'ajouter les revenus de transfert, évalués à 10 % du revenu total.
- La part du revenu disponible affectée à la consommation est de 80 %.
- Les dépenses de jardinage représentent 3% des dépenses de consommation dans la ville de Reims.
- Les dépenses d'articles d'extérieur représentent 5% des dépenses de jardinage. L'évasion commerciale[1] en direction d'autres zones est estimée à 30% des dépenses d'articles d'extérieur. On estime à 460 000 euros l'évasion commerciale en provenance des zones de chalandise voisines.

1. Part des achats qui s'effectue en dehors d'une zone de chalandise.

Renseignements obtenus auprès d'organisations professionnelles : une étude de concurrence a montré que les produits Écojardin représentaient en moyenne 35 % des ventes d'articles de jardinage d'extérieur sur la ville de Reims.

Travail à faire

1. Évaluez la demande potentielle en articles de jardin d'extérieur pour la ville de Reims (arrondir tous les calculs à l'entier le plus voisin).
2. Calculez le chiffre d'affaires potentiel de l'entreprise Écojardin.

3. Quels conseils pourriez-vous donner à M. Duquenne pour mettre en place une force de vente destinée à étendre son réseau de distribution ?

4. Les statistiques de vente de l'Évit'Taupe sont les suivantes :

Années	N	N+1	N+2	N+3	N+4	N+5
Ventes en unités	3 000	3 600	4 100	4 700	5 200	5 800

Coefficients saisonniers :

Mois	J	F	M	A	M	J	J	A	S	O	N	D	Total
Coefficients saisonniers	0,6	0,8	1,3	2,1	2,2	1,5	1,1	1	0,5	0,4	0,3	0,2	12

a. Déterminez les ventes prévisionnelles d'Évit'Taupe pour l'année 2006 en utilisant la méthode des points extrêmes. Justifiez le choix de cette méthode.

b. Compte tenu de la saisonnalité des ventes, déterminez les ventes prévisionnelles pour le deuxième trimestre 2006.

Deuxième partie — Analyse du portefeuille clients

Corrigé ▶ p. 244

Les clients actuels de l'entreprise Écojardin sont encore peu nombreux. Le chef d'entreprise leur rend visite assez régulièrement, mais il dispose de moins en moins de temps pour les voir tous. Il souhaite donc vous confier une partie de son portefeuille clients, en conservant les clients les plus importants. Il vous charge de l'analyser, à partir des chiffres d'affaires réalisés l'année précédente avec les clients de l'entreprise (chiffres en euros).

Clients	Chiffre d'affaires	Clients	Chiffre d'affaires
Espace Vilmorin	81 000	Créavert	5 400
Jardiland	63 000	Vertazur	3 600
Jardinerie Castorama	9 000	Central Parc	1 800
Ambiance nature	7 200	Zone verte	1 800
Arbre Vert	5 400	Marne Espaces Verts	1 800

Travail à faire

1. La loi des 20/80 s'applique-t-elle à la clientèle de l'entreprise Écojardin ? Quels sont les clients que va suivre particulièrement M. Duquenne ?

2. M. Duquenne visitait en moyenne chaque client 12 fois par an, fréquence qu'il entend maintenir pour les clients importants. En revanche, compte tenu du coût d'une visite, qu'il a estimé à 60 euros, il souhaite espacer les visites aux petits clients (4 visites par an). Quelle économie va-t-il réaliser sur les coûts des visites ?

7 Cintres Mode

L'entreprise Cintres Mode, située à Carpentras dans le Vaucluse, a été créée au début des années 1980. Elle fait partie, avec une production de plus de 60 millions de cintres par an et près de 4 000 clients, des leaders européens de ce type d'industrie. Sa gamme de produit, constituée à l'origine uniquement de cintres (plus de 600 références), s'est étendue aujourd'hui à d'autres produits : caisses, sachets, housses de protection, accessoires d'emballage, penderies, etc. Sa clientèle s'est étendue et diversifiée au fil des années : créateurs de mode de haute couture et de prêt-à-porter, distributeurs, pressings, entreprises de spectacles, hôtellerie, etc. En stage dans cette entreprise, vous avez à traiter les dossiers suivants.

Première partie La segmentation de la clientèle

Corrigé ➲ p. 245

Le responsable commercial de l'entreprise souhaite faire bénéficier certains de ses clients d'une offre de lancement d'une nouvelle gamme de produits, des cintres personnalisables et antivols destinés à l'hôtellerie de luxe. Il envisage de limiter dans un premier temps sa proposition aux clients qui présentent le plus fort potentiel (1/5e du nombre de clients). Vous êtes chargé(e) de déterminer les clients concernés par cette offre, en utilisant les critères de scorage suivants.

Critère 1	Critère 2	Critère 3
Nombre de commandes passées au cours des 12 derniers mois	Montant du chiffre d'affaires des 12 derniers mois	Taux de marge moyen réalisé avec le client
> à 4 commandes = 6 points 3 et 4 commandes = 3 points 2 commandes = 2 points 1 commande = 0 point	> à 10 000 € = 10 points Entre 5 000 et 10 000 € = 5 points < à 5 000 € = 0 point	> à 25 % = 10 points Entre 15 % et 25 % = 5 points < à 15 % = 0 point

Vous avez calculé les valeurs prises par ces trois critères pour les clients considérés.

Client	Critère 1	Critère 2	Critère 3
Hôtel Régina	2	4 000	19%
Hôtel du Parc	6	2 500	20%
Hôtel de la Gare	5	11 000	22%
Hôtel Terminus	1	3 200	13%
Hôtel d'Angleterre	2	24 000	17%
Hôtel du Golf	1	6 300	19%
Hôtel de la Plage	4	14 000	26%
Hôtel Diamant	3	7 400	23%
Hôtel Moderne	1	2 600	29%
Hôtel du Lac	5	8 400	14%

Travail à faire

1. Quels sont les critères utilisables par l'entreprise pour segmenter sa clientèle ?

2. Déterminez les clients à qui proposer cette offre commerciale en calculant les scores.

Deuxième partie La formation de l'équipe commerciale

Corrigé ➲ p. 245

Le manageur commercial, M. Loisel, a remarqué que plusieurs vendeurs de son équipe avaient des difficultés à utiliser certaines fonctionnalités de leur ordinateur portable (reporting, simulations, gestion des contacts, etc.). Afin de les rendre plus efficaces dans l'utilisation de l'outil, il a programmé un séminaire de formation de deux jours le mois prochain. Deux possibilités lui sont offertes pour réaliser cette formation :
- une formation externe, réalisée par la société Novinfo, qui a réalisé le logiciel de GRC, qui sera facturée 1 200 euros HT par salarié tout compris, hors salaires et charges sociales des personnels formés et frais d'hébergement ;
- une formation interne, réalisée par le responsable du secteur informatique de l'entreprise Cintres Mode et ses collaborateurs, dont les coûts ont été évalués comme suit :

Coûts fixes	Coûts variables par personne formée
Formateurs : 6 000 € Location de salle : 3 000 € Matériels, logiciels, documentation : 4 000 €	Salaires et charges sociales : 1 000 € Frais de repas et d'hébergement : 200 €

Travail à faire

1. À partir de quel effectif de vendeurs formés l'entreprise a-t-elle intérêt à opter pour une formation interne ?

2. Afin de prendre sa décision, M. Loisel vous demande de lui présenter les principaux avantages et inconvénients de ces deux formules de recrutement. Quelle solution pouvez-vous lui conseiller ?

Troisième partie Les règlements des clients

Corrigé ➲ p. 246

Le directeur des ventes a remarqué que les commerciaux avaient tendance à accorder de plus en plus de remises aux clients, ainsi que des délais de règlement. Le coût des conditions consenties pèse de plus en plus sur la marge. L'entreprise commence à connaître des problèmes de trésorerie, qui se soldent par des découverts bancaires, pour lesquels la banque décompte des agios au taux de 9 %. Il décide donc de réunir les commerciaux afin de les sensibiliser à la défense du prix, de la marge et des conditions commerciales. Il vous charge de présenter, lors de cette réunion, l'analyse d'un contrat conclu le mois dernier par un commercial de l'entreprise, dont il vous communique les éléments essentiels.

Date de l'achat : 10 mai N. Cintres noirs : référence H585AGY. Prix de vente brut unitaire : 18,50 € Quantité : 250.	Délai de règlement : 90 jours fin de mois. Remise 10 %. TVA au taux normal. Taux de marque : 30 %.

Travail à faire

Évaluez le coût pour l'entreprise des conditions commerciales accordées au client, en valeur absolue (euros) et en pourcentage de la marge normale.

Minicas 1. Carloni

Première partie – Étude de la demande ○ p. 213

1. et 2. Calcul de la part de marché et du taux d'évolution

Années	N–4	N–3	N–2	N–1	N
Parts de marché	25 % (1)	22,81 %	21,19 %	19,44 %	17,87 %
Taux d'évolution		– 2,66 % (2)	– 2,74 %	– 1,41 %	– 4,29 %

(1) $\frac{750}{3\,000} \times 100 = 25\ \%$.

(2) $\frac{730 - 750}{750} \times 100 = -\,2{,}66\ \%$.

La part de marché de l'entreprise diminue d'année en année : elle passe de 25 % en N–4 à 17,87 % en N, soit une perte de marché de 7,13 points. Alors que le marché dans sa globalité connaît un développement de 25 % sur la période, les ventes de Carloni chutent de 10,67 %.

3. Calcul du taux de fidélité à la marque (arrondis au pourcentage le plus proche)

Années	N–4	N–3	N–2	N–1	N
Taux de fidélité à la marque Carloni	33 % (1)	25 %	19 %	14 %	10 %

(1) $\frac{40}{120} \times 100 = 33{,}33\%$, soit environ 33%.

Le marché des spécialités se porte bien (doublement des achats des consommateurs en l'espace de 5 ans). Sur ce marché, les consommateurs sont de moins en moins fidèles à la marque Carloni (le taux de fidélité à la marque passe de 25 % à 10 %).

4. Mesure de satisfaction de la clientèle

La mesure de la satisfaction de la clientèle est difficile à réaliser avec précision. Pour pouvoir l'apprécier de manière objective, l'entreprise Carloni peut dénombrer et analyser les réclamations des clients. Elle peut également réaliser une étude de motivation ou une enquête de satisfaction.

Deuxième partie – Réorganisation et élargissement du réseau de vente ○ p. 214

1. Analyse du canal direct

Avantages	Inconvénients
Image forte de l'entreprise. Relation de proximité avec le client. Absence d'intermédiaires. Fidélité du client (par les services offerts : livraison, commandes…). Bonne connaissance du marché.	Possibilités de développement limitées (la consommation de glaces à domicile passe de 79 % en N–2 à 74 % en N, et la part de vente non sédentaire, de 15 % à 11 %). Coûts de structure et de distribution élevés. Forte saisonnalité des ventes (saisons printemps-été). Difficultés pour développer l'offre de produits (place limitée dans les véhicules de livraison).

Mesures qui pourraient permettre de le pérenniser et de mieux le rentabiliser :
– meilleure gestion des tournées : éliminer les tournées non rentables, utiliser un logiciel de gestion de tournées ;

– revoir l'assortiment : à adapter aux goûts actuels du consommateur, éventuellement élargir l'assortiment à certains autres produits (pâtisseries, confiseries, viennoiseries...), afin de réduire le caractère saisonnier des ventes ;
– favoriser les achats en quantité : promotions, offres groupées, création d'une carte de fidélité ;
– développer, à côté des ventes par tournée, d'autres formes de ventes non sédentaires : vente sur champ de foire, braderies, manifestations sportives, spectacles, parcs d'attraction, etc.

2. Élargissement du circuit de distribution à la vente sédentaire

La société Carloni peut, dans un premier temps, ouvrir son propre magasin. Compte tenu de son marché local, un premier magasin d'usine à Valenciennes semble être une bonne solution, étant donné que les magasins spécialisés connaissent une progression des ventes de 9 % en l'espace de 3 ans. Son réseau pourrait par la suite s'étendre à la ville de Denain, puis à d'autres villes de la région (en franchise par exemple). Autre possibilité : commercialiser les produits auprès de magasins spécialisés et/ou de CHR (marchés porteurs).

Troisième partie – Lancement d'une nouvelle gamme de produits ➲ p. 214

1. Détermination du prix de vente public : il s'agit du prix psychologique.

Prix en euros	Nombre de réponses		Prix excessif en %		Qualité insuffisante en %		(1) % d'acheteurs potentiels
	Prix excessif	Qualité insuffisante	% simple	(2) % cumulé croissant	% simple	(3) % cumulé décroissant	
10	0	60	0	0	30	100	0
11	0	50	0	0	25	70	30
12	20	40	10	10	20	45	45
13	30	30	15	25	15	25	50
14	40	20	20	45	10	10	45
15	50	0	25	70	0	0	30
16	60	0	30	100	0	0	0
	200	200					

% d'acheteurs potentiels = 100 – (2) – (3).
Le prix psychologique est celui qui satisfait le maximum d'acheteurs, soit 13 € pour 50 % des acheteurs potentiels.

2. Prescripteurs :

Restaurateurs, cuisiniers, magazines de cuisine, distributeurs.

3. Cibles de communication à atteindre :

Le consommateur final, mais aussi les responsables de magasin, les chefs de rayon, les artisans boulangers-pâtissiers.

4. Médias et supports :

Presse magazine régionale (par exemple *Version Fémina*), communiqués de presse professionnelle (LSA, points de vente), cinéma (publicités locales), affichage dans la zone de chalandise, site Internet de l'entreprise.

5. Communication hors média :

Publipostage adressé aux clients et imprimés sans adresse distribués en boîte aux lettres, relations publiques (visite d'entreprise avec dégustation), etc.

Minicas 2. Le projet Intex

Première partie – Préparer le financement du projet ○ p. 217

1. Tableau d'amortissement de l'emprunt

Montant de l'investissement initial = 28 000 + 645 000 + 25 000 = 698 000 €.

Emprunt = 698 000 × 80 % = 558 400 €.

Annuité constante = $\frac{558\,400 \times 0{,}05}{1-(1+0{,}05)^{-3}}$ = 205 049,26 €.

Tableau d'amortissement de l'emprunt

Année	Capital dû en début d'année	Intérêts	Amortissement	Annuité	Capital dû en fin d'année
1	558 400,00	27 920,00	177 129,26	20 5049,26	381 270,74
2	381 270,74	19 063,54	185 985,72	20 5049,26	195 285,02
3	195 285,02	9 764,25	195 285,02	20 5049,26	0,00

2. Tableau d'amortissement des immobilisations

Coût des équipements = 28 000 + 645 000 = 673 000 €.

Annuité d'amortissement : 673 000/4 = 168 250 €.

Année	Valeur d'origine	Amortissement	Amortissements cumulés	Valeur comptable nette
1	673 000,00	168 250,00	168 250,00	504 750,00
2	673 000,00	168 250,00	336 500,00	336 500,00
3	673 000,00	168 250,00	504 750,00	168 250,00
4	673 000,00	168 250,00	673 000,00	0,00

Deuxième partie – Examiner la faisabilité du projet ○ p. 218

1. Tableau de répartition des charges

Éléments	Calcul	Charges variables	Charges fixes
Location	12 000 × 12		144 000,00
Rémunération des commerciaux :			
Fixe	1 380 × 7 × 12		115 920,00
Variable	2 600 000 × 5 %	130 000,00	
Rémunération des administratifs	1 700 × 2 × 12		40 800,00
Charges sociales variables	130 000 × 43 %	55 900,00	
Charges sociales fixes	(115 920 + 40 800) × 43 %		67 389,60
Assurances			35 500,00
Charges de fonctionnement variables	(15 900 × 12) × 85 %	162 180,00	
Charges de fonctionnement fixes	(15 900 × 12) × 15 %		28 620,00
Amortissement des équipements			168 250,00
Publicité	2 600 000 × 2,5 %	65 000,00	
Intérêts de l'emprunt (1re année)			27 920,00
Frais d'établissement			25 000,00
Autres charges variables	$(48\,000 \times 12) \times \frac{2}{3}$	384 000,00	
Autres charges fixes	$(48\,000 \times 12) \times \frac{1}{3}$		192 000,00
Total		797 080,00	845 399,60

2. Seuil de rentabilité et point mort

Marge sur coût variable = 2 600 000 – 797 080 = 1 802 920 €.

Seuil de rentabilité = $\frac{2\,600\,000 \times 845\,399{,}60}{1\,802\,920}$ = 1 219 155,02 €.

Point mort := $\frac{(1\,219\,155{,}02}{2\,600\,000)} \times 12$ = 5,63 mois ; soit 5 mois et 20 jours (0,63 × 30 jours).

Point mort : le 20 juin N.

Troisième partie – Comparer deux possibilités d'investissement ○ p. 218

1. Flux nets de trésorerie (FNT)

Normandie :

Année / Éléments	1	2	3	4
Encaissements (ventes)	2 600 000,00	2 600 000,00	2 600 000,00	2 600 000,00
Dépenses (charges hors amortissements des équipements)	1 474 229,60	1 632 295,32	1 641 594,62	1 446 309,60
Amortissement des équipements	168 250,00	168 250,00	168 250,00	168 250,00
Amortissement de l'emprunt (remboursements hors intérêts)	177 129,26	185 985,72	195 285,02	
Résultat (a)	957 520,40	799 454,68	790 155,38	985 440,40

Année / Éléments	1	2	3	4
Impôt (b)	319 173,47	266 484,89	263 385,13	328 480,13
FNT (c)	629 467,67	515 234,06	499 735,24	825 210,27

(a) Encaissements – dépenses – impôt.

(b) Résultat $\times \frac{1}{3}$.

(c) Ventes – dépenses – amortissement de l'emprunt – impôt.

Sud-Ouest :

Année / Éléments	1	2	3	4
Encaissements (ventes)	2 720 000,00	2 720 000,00	2 720 000,00	2 720 000,00
Dépenses annuelles	1 900 000,00	1 900 000,00	1 700 000,00	1 700 000,00
Amortissement des équipements (a)	175 000,00	175 000,00	175 000,00	175 000,00
Résultat	645 000,00	645 000,00	845 000,00	845 000,00
Impôt	215 000,00	215 000,00	281 666,67	281 666,67
FNT	605 000,00	605 000,00	738 333,33	738 333,33
FNT actualisés	581 730,7692	559 356,5089	656 375,645	631 130,428
FNT actualisés cumulés	581 730,7692	1 141 087,278	1 797 462,92	2 428 593,35

(a) $\frac{700\,000}{4}$.

2. VAN, délai de récupération et indice de profitabilité

Normandie :

Apport initial = 698 000 × 20 % = 139 600 €.

	Calcul	Résultat
VAN	$139\,600 + \left(\frac{629\,467{,}67}{1{,}04}\right) + \left(\frac{515\,234{,}06}{1{,}04^2}\right) + \left(\frac{499\,735{,}24}{1{,}04^3}\right) + \left(\frac{825\,210{,}27}{1{,}04^4}\right)$	2 091 676,23 €
Délai de récupération	$\left(\frac{139\,600}{\frac{605\,000}{1{,}04}}\right) \times 12$	2,9 mois
Indice de profitabilité	$\frac{2\,091\,676{,}23}{698\,000}$	3

Sud-Ouest :

	Calcul	Résultat
VAN	$700\,000 + \left(\dfrac{60\,500}{1{,}04}\right) + \left(\dfrac{605\,000}{1{,}04^{2}}\right) + \left(\dfrac{738\,333{,}33}{1{,}04^{3}}\right) + \left(\dfrac{738\,333{,}33}{1{,}04^{4}}\right)$	1 205 035,65 €
Délai de récupération	$\left[\dfrac{(1\,141\,087{,}28 - 70\,0000)}{559\,356{,}51}\right] \times 12 = 9{,}46$ mois de la 2e année	1 an et 10 mois
Indice de profitabilité	$\dfrac{1\,205\,035{,}65}{700\,000}$	1,72

3. Conclusion

Le projet Normandie est beaucoup plus avantageux : il exige un apport personnel moindre, dégage une VAN plus élevée, permet de récupérer le capital avancé près de sept fois plus rapidement et a un indice de profitabilité presque deux fois plus élevé.

Minicas 3. La société DMF

Première partie – Prévisions des ventes ⊳ p. 219

1. Utilité des statistiques sur les logements neufs

Les statistiques des logements neufs pourraient présenter une forte corrélation avec les ventes enregistrées dans le passé et servir à prévoir les ventes au segment des particuliers.

2. Ventes prévisionnelles pour N+1

Ventes aux particuliers

Année	Ventes en milliers d'€ (yi)	Nombre de logements neufs	$Xi = xi - \bar{x}$	$Yi = yi - \bar{y}$	Xi 2	Yi 2	Xi × Yi
N–3	2 120	12 400	– 1 366,75	– 304,50	1 868 005,56	92 720,25	416 175,38
N–2	2 233	13 020	– 746,75	– 191,50	557 635,56	36 672,25	143 002,63
N–1	2 545	14 322	555,25	120,50	308 302,56	14 520,25	66 907,63
N	2 800	15 325	1 558,25	375,50	2 428 143,06	141 000,25	585 122,88
Total	9 698	55 067	0	0	5 162 086,75	284 913,00	1 211 208,50
Moyenne	2 424,50	13 766,75					

Coefficient de corrélation $r = \dfrac{260\,087{,}33}{\sqrt{7\,357\,268{,}67 \times 9\,442{,}92}} = 0{,}99.$

$r = \dfrac{1\,211\,208{,}5}{\sqrt{5\,162\,086{,}75 \times 284\,913}} = 1.$

La corrélation est parfaite ; il est donc possible de prévoir les ventes aux particuliers en fonction de la prévision de construction de logements neufs.

$a = \dfrac{1\,211\,208{,}5}{5\,162\,086{,}75} = 0{,}235.$

$b = 2\,424{,}5 - (0{,}235 \times 13\,766{,}75) = -810{,}69.$

Équation de la droite de tendance : $y = 0{,}235\,x - 810{,}69$.

Prévision des ventes pour l'année N+1 : $y = 0{,}235 \times 17\,500 - 810{,}69 = 3\,301{,}81$ milliers d'€.

Ventes aux professionnels

Une représentation graphique des ventes annuelles montre qu'elles évoluent de manière linéaire ; il est donc possible d'utiliser la méthode des points extrêmes pour effectuer la prévision des ventes.

x = 1	x = 4
y = 1 595	y = 2 320

$2\,320 - 1\,595 = 4a - 1a.$

$a = \dfrac{(2\,320 - 1\,595)}{3} = 241{,}67.$

$1\,595 = 241{,}67 \times 1 + b.$

$b = 1\,353{,}33.$

Équation de la droite de tendance : $y = 241{,}67\,x + 1\,353{,}33$.

Prévision des ventes pour l'année N+1 : $y = 241{,}67 \times 5 + 1\,353{,}33 = 2\,561{,}68$ milliers d'€.

3. Ventes prévisionnelles trimestrielles pour N+1

Ventes aux particuliers

Le report sur un graphique des trimestres en abscisses et des ventes trimestrielles en ordonnées permet de constater des variations saisonnières avec un minimum au 3e trimestre et un maximum au 4e trimestre de chaque année.

Trimestre	N–3	N–2	N–1	N	Total	Moyenne	Coefficients saisonniers (mensuels)	Ventes prévisionnelles mensuelles
1	470	520	580	610	2 180	545,0	0,9	742
2	630	680	765	840	2 915	728,8	1,2	992
3	290	313	400	430	1 433	358,3	0,6	488
4	730	720	800	920	3 170	792,5	1,3	1 079
Total	2 120	2 233	2 545	2 800	9 698	2 424,5	4,0	3 302

Moyenne générale = $\frac{2\,424{,}5}{4} = 606{,}13$.

Coefficient du trimestre 1 = $\frac{545}{606{,}13}$.

Vente prévisionnelle du trimestre 1 = $\frac{3301{,}81}{4} \times 0{,}9$.

Ventes aux professionnels

Une représentation graphique des ventes trimestrielle permet de constater que celles-ci sont régulières sur l'année (absence de variations saisonnières).

Prévision moyenne trimestrielle = $\frac{2\,561{,}68}{4} = 640{,}42$ milliers d'€.

Deuxième partie – Fixation des objectifs quantitatifs ⊳ p. 220

1. Nombre de visites

Nombre de clients particuliers = $\frac{745\,000}{1\,600} = 466$ clients.

Nombre de clients professionnels = 1 200 × 14 % = 168 clients.
Nombre de visites nécessaire = (466 + 168) × 2 = 1 268 visites.

Nombre de semaines travaillées dans un trimestre = $\frac{(52 - 5 - 1)}{4} = 11{,}5$ semaines.

Nombre de visites réalisable par les quatre commerciaux = (5 × 7 × 11,5) × 4 = 1 610 visites.
Conclusion : les commerciaux pourront assurer les 1 594 visites nécessaires.

2. Objectifs individuels des commerciaux

Objectifs	Duteil		Froger		Gabriel		David	
	Calcul	Objectif	Calcul	Objectif	Calcul	Objectif	Calcul	Objectif
Ventes en milliers d'€	40% × 745	298	60% × 745	447	640,42 × 50 %	320,21	640,42 × 50 %	320,21
Prospection	$\frac{298\,000}{1\,600}$	187	$\frac{447\,000}{1\,600}$	280	168 × 50 %	84	168 × 50 %	84
Nombre de visites	187 × 2	374	280 × 2	560	84 × 2	168	84 × 2	168

Troisième partie – Analyse de l'équilibre financier d'un client ○ p. 220

1. Analyse financière de Delmer

FRNG = 6 696 + 1 628 –8250 = 74 milliers d'€.
BFR = 1 387 + 585 –690 –120 = 1 162 milliers d'€.
Trésorerie nette = 74 – 1162 = – 1 088 milliers d'€.
La trésorerie nette est négative : l'entreprise a un FRNG positif mais insuffisant au regard de son BFR. Cela s'explique par des dettes fournisseurs insuffisantes pour financer les stocks et les créances clients.

Ratio de liquidité générale = $\frac{1\,606}{810}$ = 1,98 (soit 198 %).

L'entreprise est très solvable à court terme ; elle peut avec son actif circulant payer deux fois ses dettes circulantes.

Ratio d'autonomie financière = $\frac{6\,696}{9134}$ = 0,73 (soit 73 %).

L'endettement ne représente que 27 % (soit : 1 – 0,73) des ressources totales de l'entreprise, ce qui traduit une grande indépendance financière.

Rendement des capitaux propres = $\frac{2\,694}{3\,050}$ = 88 %.

2. Informations pour approfondir l'analyse

Les informations supplémentaires suivantes permettraient d'affiner l'analyse :
1. Les bilans des années passées afin d'analyser l'évolution de la situation de Delmer dans le temps (dégradation, amélioration ?).
2. Le compte de résultat, qui permettrait d'analyser les produits et les charges.
3. Une grille de ratios pour établir des comparaisons entre Delmer et d'autres entreprises du même secteur d'activité.

Minicas 4. Vêt 2000

Première partie – L'organisation de l'équipe commerciale Ouest ○ p. 221

1. Nombre de visites à réaliser pour chacun des secteurs

Nombre de visites aux clients actuels	Morbihan	Finistère	Côtes-d'Armor	Ille-et-Vilaine	Loire-Atlantique
Entreprises	250 × 1 = 250	300 × 1 = 300	240 × 1 = 240	200 × 1 = 200	220 × 1 = 220
Coopératives	180 × 2 = 360	170 × 2 = 340	120 × 2 = 240	110 × 2 = 220	120 × 2 = 240
Distributeurs	70 × 4 = 280	60 × 4 = 240	30 × 4 = 120	35 × 4 = 140	40 × 4 = 160
Total visites clients	890	880	600	560	620
Nombre de visites de prospection (1)	$\frac{890}{5} = 178$	$\frac{880}{5} = 176$	$\frac{600}{5} = 120$	$\frac{560}{5}$ 112	$\frac{620}{5} = 124$
Nombre total de visites (2)	1 068	1 056	720	672	724

(1) Une visite de prospection pour cinq visites aux clients actuels.

(2) Nombre total de visites clients + nombre total de visites de prospection.

2. Nombre de visites que peut réaliser un vendeur par an

Nombre de semaines de travail par an : 52 – 5 (congés) – 1 (formation) – 1 (salons) – 1 (congés divers) = 44 semaines de travail par an.
Nombre de jours de visites par semaine : 5 – 1 (vendredi) = 4 jours de visites par semaine.
Nombre de jours de visites par an : 44 semaines × 4 jours = 176 jours de visites par an.
Nombre de visites par jour : (9 heures – 1 heure repas)/2 = 4 visites par jour.
Soit 176 jours de visites × 4 visites par jour = 704 visites par an.

3. Conclusion et solutions

Les commerciaux des départements des Côtes-d'Armor, de l'Ille-et-Vilaine, et de la Loire-Atlantique peuvent effectuer correctement leurs visites (704 visites possibles et respectivement 720, 672, et 724 visites à réaliser sur ces trois départements). Par contre, les deux représentants qui prospectent le Morbihan et le Finistère ne peuvent pas couvrir correctement leur secteur. On constate un écart de :
– 1068 – 704 = 364 visites pour le Morbihan ;
– 1056 – 704 = 352 pour le Finistère.
Soit globalement 364 + 352 = 716 visites, ce qui correspond approximativement à un poste de commercial supplémentaire. La meilleure solution consisterait à recruter un nouveau représentant. Étant donné que les départements du Morbihan et du Finistère sont voisins, il serait donc possible de rééquilibrer les secteurs en confiant au nouveau recruté un territoire à cheval sur ces deux départements.
Autres possibilités (si un recrutement ne s'avère pas possible) : réduire la fréquence des visites, les quotas de prospection, développer d'autres canaux de contact (mercatique directe, Internet…), ce qui oblige à rééquilibrer tous les secteurs.

Deuxième partie – Le recrutement d'un vendeur > p. 222

1. Modes de recrutement externes

On peut citer principalement : les candidatures spontanées, les annonces, les organismes extérieurs (ANPE, APEC, salons de recrutement), les organismes de formation, les cabinets de recrutement, Internet et le cyberrecrutement.

2. Supports pour les annonces de recrutement

Les supports à utiliser sont principalement la presse locale et régionale (journal *Ouest France*, par exemple) ; il faudra prévoir plusieurs parutions. La presse nationale paraît inadaptée (coût important), étant donné que le commercial devra très certainement résider sur son secteur. Il est possible de passer une annonce sur le site Internet de l'entreprise

3. Maquette de l'annonce

L'annonce devra comporter les informations suivantes : présentation de l'entreprise (nom, importance, logo), du poste à pourvoir (secteur géographique, clientèle prospectée, produits à vendre, statut VRP, lieu de travail, lieu de résidence souhaité), éventuellement salaire et avantages, modalités de réponse avec documents à fournir.

4. Examen des deux candidatures

Le premier candidat, René, a une formation de base généraliste et s'est plutôt spécialisé dans la vente de produits financiers. Si sa présentation est soignée et son langage très correct, ses qualités dominantes sont l'organisation, la méthode. Il semble donc avoir un profil plus administratif que commercial.
Le second candidat, Bernard, a une formation initiale commerciale, il a acquis une expérience dans un domaine similaire à celui du poste à pourvoir (les accessoires de mode). Il a une excellente présentation, utilise un langage commercial. Son sens du contact et ses qualités sont également essentiels pour ce type de poste. En conséquence, la candidature de Bernard devra donc être préférée à celle de René, même si son expérience et son niveau d'études sont moins importants.

Troisième partie – La rémunération > p. 222

Calcul de la rémunération brute de M. Kodan
Calculs préalables :
Marge dégagée sur le chiffre d'affaires réalisé : $36\,000 \times 0{,}20 = 7\,200$ €.

Pourcentage de dépassement de l'objectif : $\frac{36\,000 - 26\,000}{26\,000} \times 100 = 38{,}46\ \%$

Éléments	Calcul	Montant (en €)
Fixe	1 100	1 100
Commission	7 200 × 0,15	1 080
Prime	250	250
Total salaire brut		**2 430**

Minicas 5. La société RLD

Première partie – Analyse de l'offre commerciale ○ p. 223

1. L'offre commerciale de RLD s'inscrit dans une démarche de mercatique relationnelle. En effet, RLD cherche à construire une relation durable avec ses clients, en leur proposant une offre de produits et services associés de qualité, des solutions comportant un ensemble de services intégrés, qui accompagnent le client dans l'utilisation des produits (approche spécifique pour chaque segment de marché, gamme d'équipement exclusive et évolutive).
L'entreprise propose une offre spécifique à chaque client et établit avec eux une relation durable. Le développement de nouveaux canaux de contact marque cette volonté de satisfaire les clients et les fidéliser.

2. RLD a mis en œuvre une politique de gamme longue (1500 références), afin d'offrir davantage de choix aux clients et pouvoir exploiter plusieurs segments de marché. L'entreprise souhaite adopter une image de spécialiste sur son marché, afin de se différencier de ses concurrents.

3. RLD a choisi d'assurer elle-même la distribution de ses produits auprès de la clientèle, par le biais de 32 agences réparties sur le territoire national, auxquelles est rattachée une équipe commerciale composée de commerciaux « purs » et de technico-commerciaux qui assurent la livraison, l'installation, l'approvisionnement et la maintenance du matériel loué par les clients Elle utilise donc exclusivement le canal de la vente directe.
Ce choix lui permet d'uniformiser et de mieux contrôler la distribution de ses produits, de mieux diffuser la culture et la politique commerciale de l'entreprise, d'autant plus qu'il s'agit de produits techniques, destinés exclusivement à une clientèle de professionnels. Le choix d'un réseau intégré permet de conserver une nécessaire proximité avec la clientèle.

Deuxième partie – Le tableau de bord de l'équipe commerciale ○ p. 223

1. Calcul des ratios pour chacun des commerciaux (mois de mai)

Ratio	Vendeur A		Vendeur B		Vendeur C	
	Calcul	Valeur	Calcul	Valeur	Calcul	Valeur
R1	$\frac{30\,000}{120}$	250 €	$\frac{40\,000}{130}$	307,69 €	$\frac{25\,000}{110}$	227,20 €
R2	$\frac{6\,000}{120}$	50 €	$\frac{14\,000}{130}$	107,69 €	$\frac{4\,000}{110}$	36,36 €
R3	$\frac{6}{30}$	20 %	$\frac{14}{40}$	35 %	$\frac{4}{25}$	16 %
R4	$\frac{5}{15}$	33 %	$\frac{4}{8}$	50 %	$\frac{0}{5}$	0 %
R5	$\frac{120}{40}$	3	$\frac{130}{60}$	2,17	$\frac{110}{25}$	4,4
R6	$\frac{30\,000}{40}$	750	$\frac{40\,000}{60}$	666,67	$\frac{25\,000}{25}$	1000
R7	$\frac{7\,200}{120}$	60	$\frac{5\,200}{130}$	40	$\frac{9\,900}{110}$	90

2. Commentaires et actions correctives à envisager

Vendeur A : il atteint tout juste l'objectif fixé de chiffre d'affaires par visite (R1) et dépasse le minimum de chiffre d'affaires par commande (R6). Par contre, ses objectifs de marge et de taux de marque moyen ne sont pas atteints (R2 et R3). Son activité n'est donc pas suffisamment rentable pour la société RLD. Peut-être accorde-t-il trop de réductions commerciales ? Il respecte ses objectifs de conquête de nouveaux clients et de limitation de ses déplacements.

Vendeur B : ce vendeur dépasse toutes les normes définies par l'entreprise, mis à part pour le ratio R6, dont la valeur semble un peu faible. Il doit s'efforcer d'augmenter le montant de ses commandes.

Vendeur C : des trois, c'est le vendeur le moins bon. Il n'atteint pas les objectifs fixés, sauf pour le ratio R6. Ce vendeur est peu efficace, tant en ce qui concerne ses visites aux clients en portefeuille que ses visites de prospection. Il n'est pas rentable (R2 et R3, R4 et R5). Les réductions accordées aux clients sont trop importantes. Il manque d'organisation, comme en témoignent le nombre élevé de visites clients et le nombre trop important de kilomètres parcourus (R1 et R7). En revanche, il arrive à obtenir des commandes d'un montant moyen supérieur à la norme.

Il conviendrait de s'interroger, dans un premier temps, sur l'adéquation entre les objectifs fixés par l'entreprise, de façon uniforme pour l'ensemble des commerciaux, avec les particularités de leur secteur. Un deuxième élément devrait être pris en considération : l'âge et l'expérience de chacun de ces vendeurs : le vendeur B est peut-être un vendeur confirmé ? Le vendeur C, un vendeur junior ? Néanmoins, l'analyse de ces résultats montre que des actions de formation et d'animation des secteurs s'avèrent nécessaires afin de soutenir ces commerciaux dans leur action et les motiver. Un accompagnement terrain du manageur commercial complétera utilement l'analyse du tableau de bord.

Troisième partie – Présentation d'un devis ➲ p. 224

Devis à envoyer au directeur de l'hôtel Victoria

Les calculs sont à présenter pour une année (durée du contrat un an).

Éléments	Calculs	Montants (en €)
Location et maintenance matériel : – Poste Essuyage Coton Visio12 – Distributeur savon crème Ecobag	 10 € × 6 toilettes × 12 mois 8 € × 6 toilettes × 12 mois	 720,00 576,00
Bobines Essuyage Coton Visio12	3 bobines par mois × 12 mois × 8 €	288,00
Cartouches savon crème Écobag	3 cartouches par mois × 12 mois × 9 €	324,00
Total brut		1 908,00
Remise 10 %		190,80
Net commercial		1 717,20
TVA à 19,6 %		336,57
Net à payer		2 053,77

Minicas 6. Écojardin

Première partie – Étude du marché des articles de jardin ➲ p. 225

1. Demande potentielle en articles de jardin d'extérieur pour la ville de Reims

– Nombre de ménages de la ville de Reims : $\frac{18\,7181}{3,4} = 55\,053$.

– Revenu disponible total (revenus des ménages + revenus de transfert) :

$55\,053 \times 16\,461 \times 1,10 = 996\,850\,176$ €.

– Part du revenu disponible affectée à la consommation : $996\,850\,176 \times 80\% = 724\,981\,946$ €.

– Dépenses de jardinage dans la ville de Reims : $724\,981\,946 \times 0,03 = 21\,749\,458$ €.

– Dépenses d'articles d'extérieur : $21\,749\,458 \times 0,05 = 1\,087\,472$ €.

Compte tenu de l'évasion commerciale (il faut enlever l'évasion commerciale vers d'autres zones et ajouter l'évasion commerciale en provenance d'autres zones) et de la part de marché des produits Écojardin, la demande potentielle de la ville de Reims peut être évaluée à : $1\,087\,472 - (1\,087\,472 \times 0,30) + 460\,000 = 1\,221\,230$ €.

2. Chiffre d'affaires potentiel de l'entreprise Écojardin

Les produits Écojardin réalisent 35% des ventes, soit $1\,221\,230 \times 35\% = 427430$ € de chiffre d'affaires potentiel.

3. Conseils à M. Duquenne

La distribution des produits est pour le moment limitée à quelques jardineries et magasins de bricolage de la périphérie, prospectés en direct étant donné l'étroitesse du marché et sa proximité géographique. M. Duquenne souhaite étendre son réseau à la région Champagne-Ardennes, voire peut-être par la suite à d'autres régions françaises. Il ne pourra donc plus assurer seul la distribution de ses produits Il lui faudra recourir à une force de vente :

– propre, travaillant exclusivement pour le compte de l'entreprise (VRP exclusif, représentant de droit commun), ce qui risque d'être coûteux, tout au moins dans un premier temps ;

– ou déléguée, c'est-à-dire travaillant pour le compte de plusieurs sociétés (commerciaux multicartes, agents commerciaux).

Cette solution s'avérera moins coûteuse que la précédente, étant donné que ces vendeurs ne sont rémunérés qu'à la commission et ne coûtent que s'il y a des ventes ; de plus, ils proposent généralement d'autres produits complémentaires, disposent d'un portefeuille de clients et sont rapidement opérationnels.

Ces commerciaux auront à prospecter tous les points de vente fréquentés par les propriétaires de jardins : jardinerie, graineteries, coopératives agricoles, grandes surfaces spécialisées dans le bricolage rayons jardinerie des hypermarchés… M. Duquenne pourrait se réserver la négociation avec les centrales d'achat de la grande distribution et les comptes clés.

4. Analyse et prévision des ventes

a. La méthode de prévision par les points extrêmes peut être utilisée étant donné que les points sont presque parfaitement alignés (construire un graphique chronologique).

Premier point : $x = 1, y = 3\,000 \Rightarrow 3\,000 = a \times 1 + b$ (1).

Deuxième point : $x = 6, y = 5\,800 \Rightarrow 5\,800 = a \times 6 + b$ (2).

(2) – (1) $\Rightarrow (5\,800 - 3\,000) = (6a - a) + (b - b) \Rightarrow 5a = 2\,800 \Rightarrow a = 560$.

$b = 3\,000 - a = 3\,000 - 560 = 2\,440$.

Équation de la droite de tendance : $y = 560\,x + 2\,440$.

Prévision pour l'année N+6 ($x = 7$) : $y = (560 \times 7) + 2\,440 = 6\,360$ unités

b. Ventes prévisionnelles pour le deuxième trimestre N+6 : avril : $6360 \times \left(\frac{2,1}{12}\right) = 1\,113$ unités, mai : $6\,360 \left(\frac{2,2}{12}\right) = 1\,166$ unités et juin : $6\,360 \left(\frac{1,5}{12}\right) = 795$ unités.

Deuxième partie – Analyse du portefeuille clients ▸ p. 226

1. Loi des 20/80

clients	CA en milliers d'euros	% CA total	% nombre de clients $\left(= \frac{1}{\text{nombre de clients}} \times 100\right)$	% cumulé nombre de clients	% cumulé CA total
Espace Vilmorin	81 000	45 %	10 %	10 %	45 %
Jardiland	63 000	35 %	10 %	20 %	80 %
Jardinerie Castorama	9 000	5 %	10 %	30 %	85 %
Ambiance Nature	7 200	4 %	10 %	40 %	89 %
Arbre Vert	5 400	3 %	10 %	50 %	92 %
Créavert	5 400	3 %	10 %	60 %	95 %
Vertazur	3 600	2 %	10 %	70 %	97 %
Central Parc	1 800	1 %	10 %	80 %	98 %
Zone verte	1 800	1 %	10 %	90 %	99%
Marne Espace Verts	1 800	1 %	10 %	100 %	100 %
Total	180 000	100 %	100 %		

M. Duquenne devra suivre particulièrement deux clients (Espace Vilmorin et Jardiland), qui représentent 20 % du nombre de clients et 80 % du chiffre d'affaires.

2. Économie réalisée sur le coût des visites

Coût des visites	calcul	Coût total annuel
Organisation actuelle	10 clients × 12 visites × 60 €	7 200 €
Organisation envisagée	(2 clients × 12 visites × 60 €) + (8 clients × 4 visites × 60 €)	3 360 €
Économie réalisée sur l'ensemble des visites		3 840 €

Minicas 7. Cintres Mode

Première partie – La segmentation de la clientèle ○ p. 227

1. Critères utilisés par l'entreprise pour segmenter sa clientèle

Cette entreprise ne s'adresse pas aux particuliers. Sa clientèle se compose uniquement de professionnels (entreprises privées et publiques), administrations et collectivités territoriales, et associations. Elle peut donc utiliser des critères spécifiques tels que le secteur d'activité, la taille, le mode d'achat, le volume d'achat, les types de produits achetés, couplés éventuellement avec des critères géographiques.

2. Calcul des scores de chaque client

Client	Critère 1	Critère 2	Critère 3	Score total
Hôtel Régina	2	0	5	7
Hôtel du Parc	6	0	5	11
Hôtel de la Gare	6	10	5	21
Hôtel Terminus	0	0	0	0
Hôtel d'Angleterre	2	10	5	17
Hôtel du Golf	0	5	5	10
Hôtel de la Plage	4	10	10	24
Hôtel Diamant	3	5	5	13
Hôtel Moderne	0	0	10	10
Hôtel du Lac	6	5	0	11

Étant donné que l'entreprise souhaite limiter son offre à 1/5e des clients, soit 10 clients $\times \frac{1}{5}$ soit 2 clients, celle-ci sera proposée aux clients Hôtel de la Plage et Hôtel de la Gare, qui ont obtenu les scores les plus importants.

Deuxième partie – La formation de l'équipe commerciale ○ p. 228

1. Détermination de l'effectif de vendeurs formés en interne

Désignons par x le nombre de vendeurs à former. Déterminons les équations de coût total en fonction du nombre de vendeurs pour chaque type de formation.

• Formation interne

Coûts fixes de formation : coût des formateurs + location de salles + matériel, logiciels et documentation soit 6 000 + 3 000 + 4 000 = 13 000 €.

Coûts variables (par vendeur formé) : salaires et charges sociales + frais de repas et d'hébergement = 1 000 + 200 = 1 200 €.

Coût total des x vendeurs formés : $y_1 = 1\,200x + 13\,000$.

• Formation externe

Coût de la formation : 1 200 €.

Salaires et charges sociales et frais d'hébergement : 1 000 + 200 = 1 200.

Coût total pour x personnes formées : $y_2 = 2\,400x$.

La formation interne deviendra moins coûteuse que la formation externe lorsque nous aurons : $y_1 = y_2$ soit $1\,200x + 13\,000 = 2\,400x$

$\Rightarrow 2\,400x - 1\,200x = 13\,000 \Rightarrow 1\,200x = 13\,000 \Rightarrow x = \frac{13\,000}{1\,200} = 10{,}83$ soit 11 vendeurs formés.

2. Avantages et inconvénients des deux formules de recrutement

a. Formation interne

Avantages	Inconvénients
Simplicité d'organisation. Faible coût. Bonne connaissance du métier. Adaptation plus facile du contenu et de la forme. Contrôle possible.	Difficultés à sortir du quotidien. Liens hiérarchiques entre participants et formateurs. Locaux et matériels parfois indisponibles ou inadaptés. Problème de compétence en matière de formation. Coût élevé si le nombre de vendeurs à former est peu important.

b. Formation externe

Avantages	Inconvénients
Bonne qualification des intervenants. Disponibilité totale des participants. Large choix de stages. Possibilité de créer un évènement (lieu prestigieux = plus motivant).	Stages pas toujours adaptés à des besoins spécifiques. Méconnaissance par les intervenants des produits, du secteur. Coût élevé de la participation. Pas de contrôle.

Conseils à M. Loisel : si le nombre de vendeurs à former est supérieur à 11, il semble préférable de choisir la formation interne. Si le nombre de participants s'avère peu important ou si l'entreprise ne dispose pas des moyens matériels et humains nécessaires, il faudra plutôt choisir la formation externe.

Troisième partie – Les règlements des clients ○ p. 228

1. Coût des conditions commerciales pour l'entreprise

Marge normalement réalisée sur la vente :
– marge unitaire 18,50 × 0,30 = 5,55
– marge totale : 5,55 × 250 = 1 387,50
⇒ Coût de revient unitaire = PV – marge = 18,50 – 5,55 = 12,95 €.
Marge effectivement réalisée :
– PV unitaire du produit compte tenu de la remise de 10 % = 18,50 × 0,90 = 16,65
– marge unitaire : 16,65 – 12,95 = 3,70.
Marge globale : 3,70 × 250 = 925.
De cette marge il faut déduire le coût du crédit accordé, qui porte sur le montant TTC de la facture, soit 16,65 × 250 × 1,196 = 4 978,35 €, et une période de 113 jours (90 jours fin de mois = 90 jours à compter de la fin du mois de mai, soit un règlement du client au 31 août = 21 jours en mai, 30 en juin, 31 jours en juillet et 31 jours en août), soit un coût de découvert de $\frac{(4\,978{,}35 \times 9 \times 113)}{36\,000} = 140{,}64$ €.

Compte tenu de la remise et du délai de règlement accordés, la marge réellement dégagée sur la vente est de 925 – 140,64 = 784,36 €.
Le coût des conditions accordées au client est donc de 1 387,50 – 784,36 = 603,14 € soit en valeur relative

$$\frac{603{,}14}{1\,387{,}50 \times 100} = 43{,}47\ \%.$$

BTS Négociation et Relation client

Management et gestion d'activités commerciales. Session 2010.

Durée de l'épreuve : 5 heures **Coefficient : 4**

Dossier 1 : Analyser le portefeuille des clients professionnels (entreprises et administrations)
Ce dossier vise à apprécier votre capacité à : – Analyser un fichier client – Sélectionner les cibles *Pour le dossier 1 : annexes n° 1 et n° 2*

Dossier 2 : Évaluer et piloter l'activité commerciale
Ce dossier vise à apprécier votre capacité à : – Évaluer l'activité de la commerciale – Mesurer la réalisation des objectifs fixés – Piloter l'activité commerciale – Mettre en œuvre un nouveau système de rémunération *Pour le dossier 2 : annexes n° 3 à n° 10*

Dossier 3 : Développer les ventes
Ce dossier vise à apprécier votre capacité à : – Analyser l'offre de l'entreprise – Évaluer la rentabilité d'une activité de vente – Développer un outil de fidélisation *Pour le dossier 3 : annexes n° 11 à n° 18*

Douceurs d'Ange

Cuisinière de formation et véritable entrepreneur dans l'âme, Angèle Sevestre a décidé en 2000 de reprendre avec son mari, David Sevestre, une ancienne pâtisserie dans le quartier de Créteil Village (94). Baptisée « Douceurs d'Ange Pâtissier-Chocolatier-Traiteur », l'enseigne rencontre un succès croissant grâce à la complémentarité et au talent du couple. Disposant d'un laboratoire de création culinaire, Douceurs d'Ange innove constamment et lance ses propres créations, souvent primées par la profession. Sur ce marché très concurrentiel, Douceurs d'Ange se différencie avec un positionnement haut de gamme et une politique de communication très active (site Internet, blog, newsletter, participation au salon du chocolat, à la semaine du goût, relations publiques).

Avec un effectif de 18 personnes, l'entreprise a réalisé en 2009 un chiffre d'affaires total de 1,3 million d'euros réparti de la façon suivante :
– 60 % pour la vente en magasin et l'activité salon de thé ;
– 40 % pour les ventes à l'extérieur (activité traiteur, organisation de cocktails, vente de plateaux-repas) aux particuliers, entreprises et administrations (majorité de particuliers).

Angèle Sevestre se charge de la partie commerciale (ventes en magasin et à l'extérieur) et David Sevestre de la partie production. Rapidement, Angèle Sevestre se fait aider par Sofia Marin.

Embauchée au départ comme vendeuse magasin, Sofia Marin n'a pas de formation commerciale mais fait preuve d'une grande motivation et d'une envie de progresser. Aussi, Angèle Sevestre lui confie la cible des entreprises.

Aujourd'hui (février 2010), face au développement du chiffre d'affaires, Angèle Sevestre décide de réorganiser l'activité commerciale. Angèle et David Sevestre souhaitent se consacrer à la production, à la vente en magasin et au salon de thé et vous recrutent, en tant que jeune diplômé(e) BTS NRC, comme responsable commercial(e) des ventes à l'extérieur. Sofia Marin, placée sous votre responsabilité, vous aidera à développer la cible des entreprises.

Dossier 1 – Analyser le portefeuille des clients professionnels (entreprises et administrations)

La clientèle professionnelle de Douceurs d'Ange est constituée d'entreprises et d'administrations. Il s'agit essentiellement de la vente de prestations comme des buffets, des cocktails, des petits déjeuners.

Mme Sevestre vous a fixé comme objectif de développer cette cible et vous recherchez la meilleure stratégie pour l'atteindre.

Annexe 1 : Portefeuille des 93 clients professionnels 2009
Annexe 2 : Éléments d'information sur le portefeuille clients professionnels en 2008

Travail à faire

1 Analyser l'évolution du portefeuille des clients professionnels en termes d'effectifs, de chiffre d'affaires et de rentabilité entre 2008 et 2009.

2 En déduire les cibles à développer en priorité.

Dossier 2 – Évaluer et piloter l'activité commerciale

Partie 1 : Évaluer l'activité de prospection de Sofia Marin et ses résultats commerciaux

Sofia Marin a pour objectif de développer le portefeuille clients des entreprises privées (87 clients actuels) en prospectant celles situées dans les 7 espaces économiques du Val-de-Marne : Plaine Centrale, Val-de-Bièvre, Haut Val-de-Marne, Plateau Briard, Est Parisien, Pôle Orly-Rungis et Seine-Amont. Sofia a débuté son action début janvier 2010.

Lors de votre prise de fonction en tant que responsable commercial(e) des ventes à l'extérieur, vous dressez un premier bilan de l'action de Sofia Marin auprès des entreprises.

Annexe 3 : Résultats de la démarche de prospection de Sofia Marin sur le Val-de-Marne
Annexe 4 : Objectifs de performances et plan d'action pour janvier-février 2010
Annexe 5 : Performances de Sofia Marin pour janvier-février 2010
Annexe 6 : Agenda hebdomadaire de Sofia Marin (semaine du 01/02/2010 au 06/02/2010)
Annexe 7 : Carte du Val-de-Marne
Annexe 8 : Informations sur la circulation en région parisienne
Annexe 9 : Extrait de l'entretien d'évaluation de Sofia Marin du 01/03/2010

Travail à faire

1. Évaluer l'efficacité de la démarche de prospection de Sofia Marin. Conclure.
2. Réaliser le tableau de bord des performances de Sofia Marin pour la période janvier-février 2010. Conclure.
3. Analyser la gestion du temps et la gestion du plan de tournées de Sofia Marin.
4. À partir du bilan ainsi dressé, proposer des axes de progression.

Partie 2 : Piloter l'activité commerciale de Sofia Marin

Vous réfléchissez à un nouveau système de rémunération permettant de piloter l'activité commerciale de Sofia Marin.

Annexe 10 : Systèmes de rémunération actuel et futur

Travail à faire

5. Comparer la rémunération de Sofia Marin pour le mois de février 2010 dans l'ancien et le nouveau systèmes.
(Vous prendrez en compte les objectifs et les performances de Sofia Marin donnés dans les annexes 4 et 5).
6. Lister les intérêts et les limites du nouveau système de rémunération.
7. Proposer des modifications permettant de le mettre en œuvre.

Dossier 3 – Développer les ventes

Partie 1 : Développer l'offre plateau-repas

Mme Sevestre vous demande d'étudier l'opportunité de développer l'activité de vente de plateaux-repas aux entreprises. Ce marché se développe rapidement avec des acteurs à forte notoriété comme Class'croûte ou L'affiche et une multitude de traiteurs locaux comme Douceurs d'Ange.

La problématique principale de ce marché est liée aux problèmes de livraison. Les zones de chalandise sont donc assez restreintes afin de limiter le coût facturé au client. La ville de Créteil, où se situe Douceurs d'Ange est au cœur du département du Val-de-Marne. C'est un atout pour conquérir ce département peu exploité par la concurrence.

Annexe 11 : Informations sur l'offre de plateaux-repas Douceurs d'Ange
Annexe 12 : Dossier de veille sur les plateaux-repas
Annexe 13 : Carte des menus de plateaux-repas Douceurs d'Ange
Annexe 14 : Éléments de calcul de la rentabilité d'une offre plateau-repas

Travail à faire

1 Au regard des attentes du marché, analyser les points forts et les points faibles de l'offre plateau-repas de Douceurs d'Ange.

2 Calculer la rentabilité prévisionnelle de l'activité de vente de plateaux-repas en 2011 dans les deux hypothèses proposées. Conclure.

Partie 2 : Développer un outil de fidélisation

La vente de plateaux-repas suppose la fidélisation de clients importants. Compte tenu de l'enjeu représenté par chaque client, il est bon de pouvoir rassembler dès à présent toutes les données concernant chacun d'eux. Sofia Marin utilise pour le moment une feuille de calcul Excel. Elle conserve par ailleurs un certain nombre d'informations sur son cahier.

Annexe 15 : Extrait du cahier de Sofia Marin
Annexe 16 : Capture d'écran du ficher Excel utilisé par Sofia Marin

Travail à faire

3 Repérer les inconvénients de la solution utilisée actuellement par Sofia Marin.

Vous jugez plus pertinent de créer une base de données relationnelle sous Open Office Base[1] incluant pour quelques clients toutes les informations compilées par Sofia Marin. Vous élaborez une base test sur quelques-uns de ces clients.

Annexe 17 : Schéma des tables de la base de données relationnelle test Douceur d'Ange
Annexe 18 : Résultat d'une requête « dossier client » effectuée sur la base de données relationnelle test Douceurs d'Ange

Travail à faire

4 Présenter les avantages que Sofia Marin pourrait retirer de la base de données relationnelle proposée.

(1) Open Office est une suite bureautique gratuite disponible en téléchargement sur Internet.

Annexe 1 – Portefeuille des 93 clients professionnels 2009

	Type de client	CA annuel HT en €
Chambre de commerce	Administration	50 106
Mairie Maisons-Alfort	Administration	10 003
Mairie Plessis Trévise	Administration	27 715
MGP	Administration	9 686
Service Initiative	Administration	43 736
Université Paris	Administration	38 322
Bledinand	Entreprise	13 408
Elyon	Entreprise	7 050
MSD	Entreprise	3 373
Pro BTP	Entreprise	13 860
Rassempont couverture	Entreprise	6 748
Système U Bonneuil	Entreprise	7 203
Système U Créteil	Entreprise	13 479
Petites entreprises privées*	Entreprise	40 912
93 clients		284 881

* 80 petites entreprises privées réalisant avec Douceurs d'Ange un chiffre d'affaires inférieur à 800 € par an.

Annexe 2 – Éléments d'information sur le portefeuille clients professionnels en 2008

Au niveau des clients professionnels
Il y avait 84 clients en portefeuille en 2008.
Environ un tiers de ces clients a repassé au moins une commande en 2009.

Au niveau du chiffre d'affaires
Le chiffre d'affaires total pour 2008 a été de 258 358 € HT.
Par souci de simplification, on ne tiendra pas compte de la TVA et donc des dernières modifications fiscales concernant la TVA dans la restauration.

Répartition du chiffre d'affaires en 2008

Type de client	Part dans le chiffre d'affaires
Administrations	58 %
Entreprises	32 %
Petites entreprises	10 %
TOTAL	100 %

En 2008, le chiffre d'affaires le plus élevé a été réalisé avec la Chambre de Commerce pour un montant de 84 925 € HT.

Au niveau de la rentabilité
L'entreprise pratique en général un taux de marque moyen de 22 % sur la vente des prestations. Cependant, il faut tenir compte d'un certain nombre d'éléments qui affectent la rentabilité :

- En ce qui concerne les administrations : elles offrent une garantie de paiement mais les délais sont très importants. Pour cette cible, l'entreprise a donc recours à une société d'affacturage afin de financer sa trésorerie. Cette solution lui permet d'obtenir sous 2 jours après facturation les règlements clients.
  Seules les créances des administrations sont concernées par l'affacturage. Le coût de l'affacturage a pour effet d'abaisser le taux de marque à 17 %.
- En ce qui concerne les petites entreprises privées : les frais administratifs sont importants et diminuent la marge. Compte tenu de ces coûts supplémentaires, le taux de marque pour cette cible n'est que de 15 %.

C'est pourquoi la marge totale en 2008 a été de 47 576 € HT, et le taux de marque moyen observé de 19 %.

Annexe 3 – Résultats de la démarche de prospection de Sofia Marin sur le Val-de-Marne

Étapes de la démarche de prospection	Résultats
Contacts fichier	92
Contacts utilisables	85
Contacts téléphoniques	52
Rendez-vous pris	30
Visites avec rendez-vous	30
Commandes réalisées*	11
Visites sans rendez-vous	17
Commandes réalisées*	2

* une commande réalisée = un nouveau client

Annexe 4 – Objectifs de performances et plan d'action pour janvier-février 2010

Objectifs de performance	Plan d'action	Moyens attribués
• Augmentation de 7 % du CA par rapport au CA de janvier-février 2009 (37 520 €)* • Conquête de 20 % de nouveaux clients (87 clients en 2009) • Coût d'acquisition d'un client : 40 € • Taux de marque : 22 %	• Envoi d'un mailing (avec présentation des dernières innovations de l'activité traiteur : les menus diététiques, la nouvelle gamme de plateaux-repas et les nouvelles idées de buffets personnalisés) • Relance téléphonique • Prise de RDV	• Remboursements des frais kilométriques et des repas • Mise à disposition d'un ordinateur, d'un fax et d'un téléphone

* En 2009, le CA réalisé en février a été de 17 520 €.

Annexe 5 – Performances de Sofia Marin pour janvier-février 2010

Commerciale : Sofia M. Secteur : Val-de-Marne Période : Janvier-février 2010

	Janvier 2010	Février 2010	Janvier-février 2010
Nouveaux clients	7	6	13
Chiffre d'affaires HT réalisé	20 000 €	21 884 €	41 884 €
Coût de prospection (frais kilométriques, repas, parking, plaquettes, échantillons)	336 €	288 €	624 €
Marge réalisée			8 230 €

Annexe 6 – Agenda hebdomadaire de Sofia Marin (semaine du 01/02/2010 au 06/02/2010)

Sofia MARIN

lun. 1 févr. - sam. 6 févr. 2010 (Paris)

lundi 1/2
- Réunion — 08:00 - 11:00
- Réponse aux demandes d'information, aide au magasin — 13:00 - 15:00
- RDV à 16 h avec l'entreprise Mousset (prospect chaud) 94360 Bry-sur-Marne — 15:00 - 18:00

mardi 2/2
- Invitation à La Chambre de Commerce et d'Industrie de Créteil, rencontre sur la promotion de l'artisanat et du commerce de proximité — 08:00 - 12:00
- RDV à 15 h avec l'entreprise Bledinand . 94 240 L'Haÿ-les-Roses — 14:00 - 16:00
- RDV à 17 h avec l'entreprise Caillot. 94 440 Santeny — 16:30 - 18:00

mercredi 3/2
- RDV à 10 h avec l'entreprise Mayon. 94310 Orly et RDV à 11 h 30 avec l'entreprise MC Can 94300 Vincennes — 08:00 - 11:30
- Mise à jour fichier prospects-clients + relance téléphonique de 8 suspects suite au mailing — 13:00 - 15:00
- Qualification BDD, gestion des impayés — 16:00 - 17:30

vendredi 5/2
- RDV à 9 h 15 avec l'entreprise Poussain (prospect chaud) 94230 Cachan et RDV à 11 h avec l'entreprise Mallet 94440 Santeny — 08:00 - 11:00
- Aide au magasin — 12:00 - 13:00
- Prospection sans rendez-vous zone Chevilly-Larue, L'Haÿ-les-Roses, Rungis — 13:00 - 16:00
- Préparation des plaquettes St-Valentin — 16:30 - 17:30

samedi 6/2
- Prospection sans RDV zone économique du Plateau Briard (Mandres-les-Roses et Marolles-en-Brie) — 08:00 - 12:00
- Gestion des devis — 13:00 - 16:00
- Qualification BDD, gestion des impayés — 16:30 - 17:30

Annexe 7 – Carte du Val-de-Marne

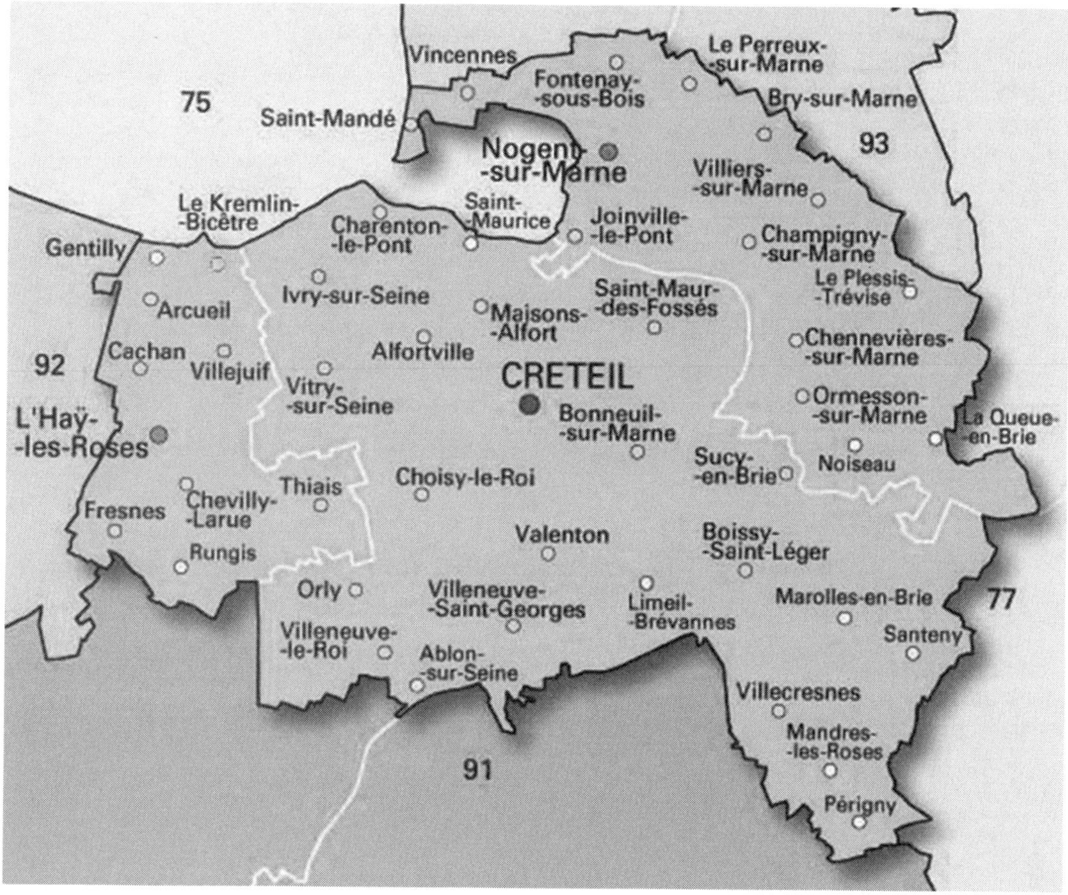

Annexe 8 – Informations sur la circulation en région parisienne

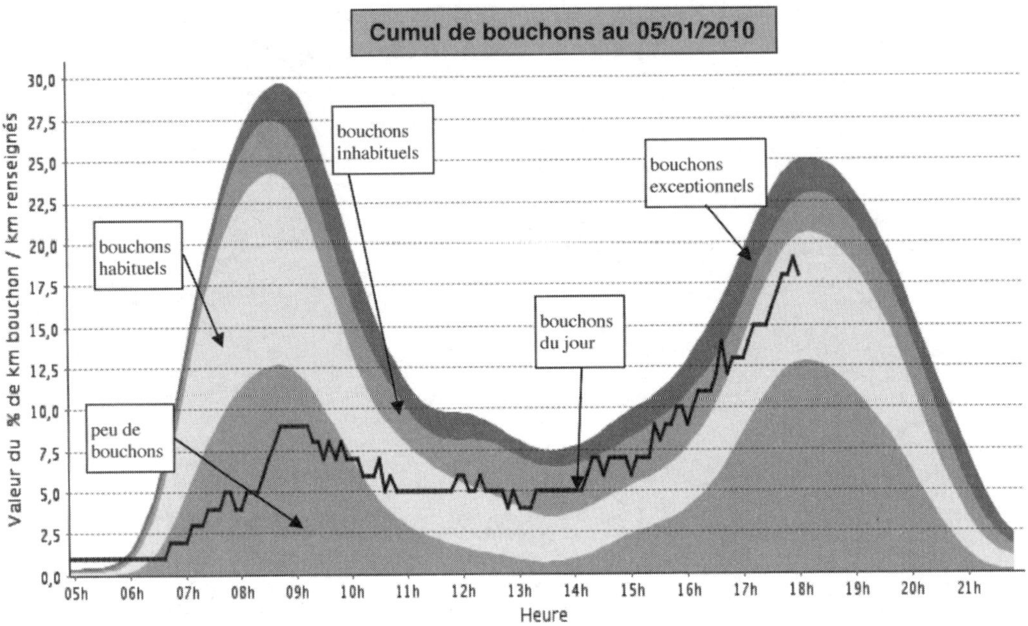

Source : www.sytadin.fr (l'état du trafic en Île-de-France en temps réel)

Annexe 9 – Extrait de l'entretien d'évaluation de Sofia Marin du 01/03/2010

Le manageur : « Comment expliquez-vous les écarts par rapport aux objectifs fixés sur votre mission de prospection des entreprises situées dans les espaces économiques du Val-de-Marne ? »

Sofia Marin : « J'ai obtenu très peu de retours sur le courrier envoyé aux entreprises des zones d'espace économique du Val-de-Marne (avec quelques NPAI). J'ai donc relancé par téléphone puis visité les entreprises intéressées par notre offre plateaux-repas ou d'organisation de buffets-séminaires. Mais, bien souvent, j'ai préféré les voir directement plutôt que de les contacter par téléphone pour gagner du temps. Mais la prospection physique m'a pris du temps : embouteillages et difficultés à me repérer… De plus, je devais être réactive pour décrocher de nouveaux contrats car certaines entreprises souhaitaient des buffets dans des délais très courts ! Je gérais les devis le vendredi après-midi par manque de temps… »

Annexe 10 – Systèmes de rémunération actuel et futur

Système de rémunération actuel

Fixe : 1 250 € brut

Variable : 4 % du CA

Système de rémunération futur

Fixe : 1 250 € brut

Variable :

Commission :
– Aucune commission en dessous de 80 % de réalisation de l'objectif de CA
– 4 % du CA compris entre 80 et 100 % de l'objectif de CA
– 6 % du CA compris entre 100 et 120 % de l'objectif de CA
– 8 % du CA au-dessus de 120 % de l'objectif de CA

Primes sur objectifs :
– Prime de 30 € pour tout nouveau client acquis *(une commande = un nouveau client acquis)*
– Prime de 200 € selon le barème suivant :
- 60 % de la prime si coût de prospection d'un client supérieur à 42 €
- 100 % de la prime si coût de prospection respecté (entre 38 et 42 € par client)
- 130 % de la prime si coût de prospection d'un client inférieur à 38 €

Rappel : les charges sociales patronales représentent 50 % sur fixe, primes et commissions.

Annexe 11 – Informations sur l'offre de plateaux-repas de Douceurs d'Ange

La carte des menus est renouvelée chaque saison. Le cuisinier s'approvisionne trois fois par semaine au marché international de Rungis*. L'offre de plateaux-repas est consultable sur le site de l'entreprise (site vitrine) mais les commandes se font uniquement par téléphone. Douceurs d'Ange n'est pas référencé sur des sites spécialisés.

Les commandes se font du lundi au samedi. Le délai de préparation est de 48 heures, sauf pour le plateau du jour (possibilité de commander le jour même avant 10 h).

* Le marché international de Rungis est un marché d'intérêt national (MIN) situé dans le département du Val-de-Marne. Il constitue le marché central de Paris, destiné à alimenter les professionnels de toute la région. C'est aussi le plus grand marché de produits frais au monde.

Annexe 12 : Dossier de veille sur les plateaux-repas

Traiteurs, buffets, salades, plateaux-repas… : en quête de naturalité, d'originalité et du meilleur rapport qualité-prix.

Si du côté des organisateurs de réception, le marché connaît un ralentissement dû à la conjoncture économique, l'activité des boutiques et des produits « traiteur » continuent à afficher de très bons résultats. Côté organisation de réception, le marché est fortement ralenti et l'année s'annonce imprévisible et difficile car les clients tardent à prendre des décisions. La tendance va vers les buffets debout où l'on multiplie la mise en scène et la créativité. Seule l'activité plateaux-repas semble résister, les entreprises privilégiant ce type de prestation au détriment des restaurants. Bref, ici encore, c'est l'originalité et le rapport qualité-prix qui fait la différence, sans oublier l'aspect nutritionnel des plateaux-repas pour lesquels on privilégie les produits de saison et un conditionnement écolo. Mais, pour les prestataires, le volet logistique inhérent à ces prestations demeure un réel frein.

http://www.lhotellerie-restauration.fr, lundi 16 février 2009.

Snacking*: les évolutions du produit

(…) Certains industriels du snack se sont engagés sur la voie du bio pour répondre aux craintes des consommateurs concernant la sécurité alimentaire et la préservation de l'environnement.

L'allégé progresse, car si 99 % des consommateurs considèrent le goût comme essentiel, 42 % estiment que manger est un acte de santé. En associant acte de santé et notion de plaisir, les professionnels du marketing comblent ainsi toutes les attentes en nous rassurant quant à nos péchés de gourmandise.

Pour l'actif pressé mais gourmet : le plateau-repas
Sur le marché du *snacking*, s'affrontent les traiteurs et leurs plateaux-repas. Ces derniers, prêts et livrés en 45 minutes, font leur chemin avec une progression de 25 % du chiffre d'affaires en 1 an. Les magazines font désormais des comparatifs des plateaux-repas en jugeant leur présentation (esthétique, solidité, facilité d'utilisation) et la qualité des produits proposés (qualité gustative, cuisson, quantité et diversité).

http://www.egf.ccip.fr

Déjeuner au bureau : « Et si on s'offrait un plateau-repas ? »

Votre réunion se prolonge, le déjeuner approche, votre équipe se déconcentre. La prochaine fois, faites livrer des plateaux-repas. Efficacité garantie.

Commander et se faire livrer un plateau-repas au bureau ? Rien de plus facile à Paris, où les grands traiteurs (Flo, Fauchon, Lenôtre...) se sont adaptés à cette demande croissante. Leur offre est accessible sur Internet directement ou *via* des sites spécialisés (comme Selectionrepas). On peut également commander à un restaurant traditionnel sur des sites comme Chronoresto (250 adresses en région parisienne et dans le Nord) ou Alloresto (500 restaurants recensés à Paris et à Lyon). Car la mode du déjeuner au bureau fait tâche d'huile en province, où l'on a parfois recours tout simplement à son restaurant de quartier.

Côté gastronomie, le choix s'élargit aux cuisines du monde (italienne, chinoise, indienne, japonaise, etc.), souvent concoctées par des restaurants locaux et livrées par des sociétés spécialisées du Net. Autre tendance forte, la diététique. La société « Déjeuner livré » propose ainsi dix menus thématiques élaborés par des nutritionnistes et livrés en région parisienne : menu « Tige » pour la vitalité et la forme (avec saumon poché au pesto -23,21 euros), ou le menu « Fleur » (magret de canard fumé et mozzarella -26,38 euros), pour marier détente et fraîcheur...

http://www.lentreprise.com le 29/01/2008.

* *Snacking* : mode d'alimentation fractionné tout au long de la journée

Les repas livrés ne connaissent pas la crise

Les traiteurs repensent leur gamme pour s'adapter aux exigences et envies des professionnels.

En cette période économique difficile, comment se portent les traiteurs, à l'heure des réductions budgétaires et des économies drastiques dans les entreprises ? Si du côté de l'organisation des réceptions, leur activité connaît un certain ralentissement, les repas livrés eux, se portent bien. En effet, dans un souci de diminution des coûts et d'efficacité, les repas d'affaires sont souvent remplacés par un déjeuner pris au sein de l'entreprise. L'offre en matière de restauration livrée aux professionnels s'élargit, permettant à chacun de varier les plaisirs.

Bio et écologique

Menus diététiques, produits de saison et/ou bio, recettes élaborées à partir des produits du marché : au bureau aussi, les salariés font attention à leur alimentation. Certains prestataires, comme Lignerestauration (www.lignerestauration.fr) ou Repas Diététiques (www.repas-dietetiques.fr) en ont même fait un credo, en livrant en 48 heures des repas équilibrés et faibles en calories, à domicile ou en entreprise. Autre tendance : le développement durable. Partant du principe que la majorité des plateaux-repas sont très copieusement packagés, certains fournisseurs de restauration livrés communiquent sur leur souci environnemental. Lenôtre, Déjeuner Livré ou Pause Déjeuner proposent ainsi des coffrets et couverts recyclables.

http://www.super-secretaire.com/magazine

Plateaux-repas, comment se simplifier la vie ?

Beaucoup de salariés sont déjà adeptes du sandwich de midi livré au bureau et avalé face à l'écran de l'ordinateur. À l'opposé, nombre d'entreprises font appel à des sociétés de traiteurs à l'occasion des soirées de lancement de produits, pour la signature d'un contrat ou un séminaire interne, etc.

Les pauses déjeuners à l'extérieur ont souvent tendance à casser le rythme des réunions de travail interne. Dans ce cas de figure, offrir des plateaux-repas à ses collaborateurs présente une alternative heureuse à la solution du « sandwich en dix minutes sur un coin de table » ; surtout s'il s'agit aussi de remercier ses collègues pour leurs efforts ou de les remotiver sur de nouveaux objectifs.

D'une dizaine d'euros pour un repas complet, avec entrée, plat et dessert ou fromage, qui peut parfaitement convenir à une réunion interne, les prix vont jusqu'à 30, 40 ou même 50 euros, pour de véritables menus gastronomiques, avec sélection de vin par un sommelier, pour recevoir, avec les honneurs, y compris en salle de réunion, les clients les plus exigeants.

Exemples de prix HT de prestataires sur Paris et région parisienne :

- Lenôtre de 28 à 50 euros – Paris, départements 92 et 78
- L'affiche de 18 à 43 euros – Paris et proche banlieue
- Makyann de 21 à 33 euros – Paris et sa région
- Stohrer de 20 à 30 euros – Paris intramuros

http://www.journaldunet.com/management, 23/10/2007.

Annexe 13 – Carte des menus de plateaux-repas Douceurs d'Ange

Menus diététiques

VÉNUS
HT 19,43 € – TTC 20,50 €

Salade blanche du nord

Filet de dinde aux herbes
& légumes vapeur

Fromage à pâte cuite
& méli-mélo de salade

Fruis frais en brochette

CASSIOPE
HT 21,80 € – TTC 23 €

Croustillant méditerranéen

Filet blanc du nord citronné
sur lit d'asperges vertes

Fourme d'Ambert et miel, salade

Crème brûlée vanille bourbon

PSYCHÉ
HT 24,92 € – TTC 26,30 €

Roulade de saumon à l'aneth

Émincé de canard à l'orange
et flan multicolorc

Brie affiné et fruits frais

Caresse de mangue et passion,
cocktail de fruits rouges

DIANE
HT 19,90 € – TTC 21,00 €

Tomates confites
aux petits légumes croquants

Dinde tandoori
& taboulé aux herbes

Brochette emmental,
raisin & salade multicolore

Macaron

ATHÉNA
HT 22,84 € – TTC 24,10 €

Éclair aux crevettes
à la fondue maraîchère

Poulet fumé
sur lit de haricots verts
et sésame grillé

Chèvre & cumin

Tarte aux noix caramélisées

ARTHÉNIS
HT 25,87 € – TTC 27,30 €

Foie gras sur toast
de pain d'épices

Pavé de bœuf dans le filet,
pois gourmand

Trio de fromages affinés

Diablotin tout chocolat

ARIANE
HT 20,85 € – TTC 22 €

Dariole de légumes et son coulis

Crumble de saumon
tombée de courgettes grillées

Duo de fromage,
pommes fruit & salade

Fondant et alchimie de framboise

APHRODYTE
HT 23,88 € – TTC 25,20 €

Tartare de la mer,
coulis passion

Raie aux olives tagliatelles

Duo de fromages
et mélo de salades

La gourmande
aux éclats de noisettes

CYBELE
HT 27,29 € – TTC 28,80 €

Médaillon de langouste
et fruits exotiques

Gambas géantes,
asperges vertes safranées

Fromage pané croustillant

Cinq fours frais et macarons

PLATEAU DU JOUR
HT 21,33 € – TTC 22,50 €

COMMANDÉ LE JOUR MÊME

AVANT 10 h

Boissons

Evian	33 cl	1,50 €
Badoit	33 cl	1,50 €
Jus de fruit	25 cl	1,90 €
Soda	33 cl	1,70 €
Vin rouge	75 cl	10 €
Vin rosé	75 cl	10 €
Champagne Douceur d'Ange		26 €

FORMULE PLUS

1 € de plus par menu =
une bouteille de 33 cl « Badoit »
ou « Évian »

Profitez-en…

Annexe 14 – Éléments de calcul de la rentabilité d'une offre plateau-repas

En prévision du développement de l'activité plateaux-repas, un nouveau véhicule a été acheté pour les livraisons. Le choix s'est porté sur un Kangoo Express neuf acheté 11 750 € HT le 15 novembre 2010. L'amortissement est linéaire sur une durée de 5 ans.

Prévision de ventes pour 2011 :

– Vente de 2 000 plateaux-repas
– On estime à 5 le nombre moyen de plateaux par vente
– Coût de revient unitaire du plateau : 16 € (hors livraison)
– Prix de vente moyen HT du plateau : 25 €

La livraison sera facturée au client 12 € (HT) par vente, ce qui correspond au coût de revient de livraison pour Douceurs d'Ange hors amortissement du véhicule.

• **Hypothèse 1**
La livraison est facturée systématiquement.

• **Hypothèse 2**
La livraison est offerte à partir d'une commande de 6 plateaux-repas (soit 40 % des ventes). La plupart des entreprises concurrentes ont adopté cette pratique.

Annexe 15 – Extrait du cahier de Sofia Marin

Chambre de Commerce 94.

- le 12/11/09 :
  - appel Tel chambre de Commerce
    RV OK pour le 18 à 11h. VENUS ?
    Badget 2500 € . 9/12/09.
- le 18/11/09.
  - résultat : ok. 125 Venus.
    - 5 %. pour le 9/12/09.
  - à recontacter en janvier.
- le 2/01/10.
  - RV, le 8/01/10 à 15h.
    quel projet ?
- le 8/01/10.
  - Devis à établir.
    - 250 personnes.
    - budget 6000 € ?
    - Plateau Haut de Gamme.
    - Date 30/01/10
      URGENT !

15/01/10 Relance Tel Long !

- le 16/01/10.
  - Demande – 10 % sur proposition.
    250 x Cybèle = 6822,50 €.
- le 20/01/10.
  proposition – 9 %.
  => Client OK.
  CA = 6208,48 €.

Annexe 16 – Capture d'écran du fichier Excel utilisé par Sofia Marin

Partie gauche

Microsoft Excel - Bdd_Douceurs d'ange.xls

Fichier Edition Affichage Insertion Format Outils Données Fenêtre ?

Tapez une question

100%

K2 relance par tel, rv le 8/01/2010, 15h

	A	B	C	D	E	F	G	H	I	J	
1	Type client	Nom société	Adresse	Nom responsable	Téléphone	Relance	date contact	date contact 2	résultat contact2	date contact 3	résulta
2	A	Chambre de commerce	9 pl Salvador Allende 94000 CRETEIL	Mme Ben Othmen	01 43 99 29 5	RV OBTENU LE 18/11/09	12/11/2009	18/11/2009	devis acordé remise 5%, à recontacter en janvier	02/01/2010	relance rv le 8/ 15h

Partie droite

Microsoft Excel - Bdd_Douceurs d'ange.xls

Fichier Edition Affichage Insertion Format Outils Données Fenêtre ?

Tape

100%

S12

	J	K	L	M	N	O	P	Q	R	S
1	date contact 3	résultat contact	date contact4	resultat4	date contact 5	résultat 5	date contact 6	résultat6	date contact 7	résultat 7
2	02/01/2010	relance par tel, rv le 8/01/2010, 15h	08/01/2010	devis à établir	15/01/2010	relance devis du 8/01, en attente	16/01/2010	accord devis mais - 10% demandés	20/01/2010	accord à -9%
3										
4										

Annexe 17 – Schéma des tables de la base de données relationnelle test Douceurs d'Ange

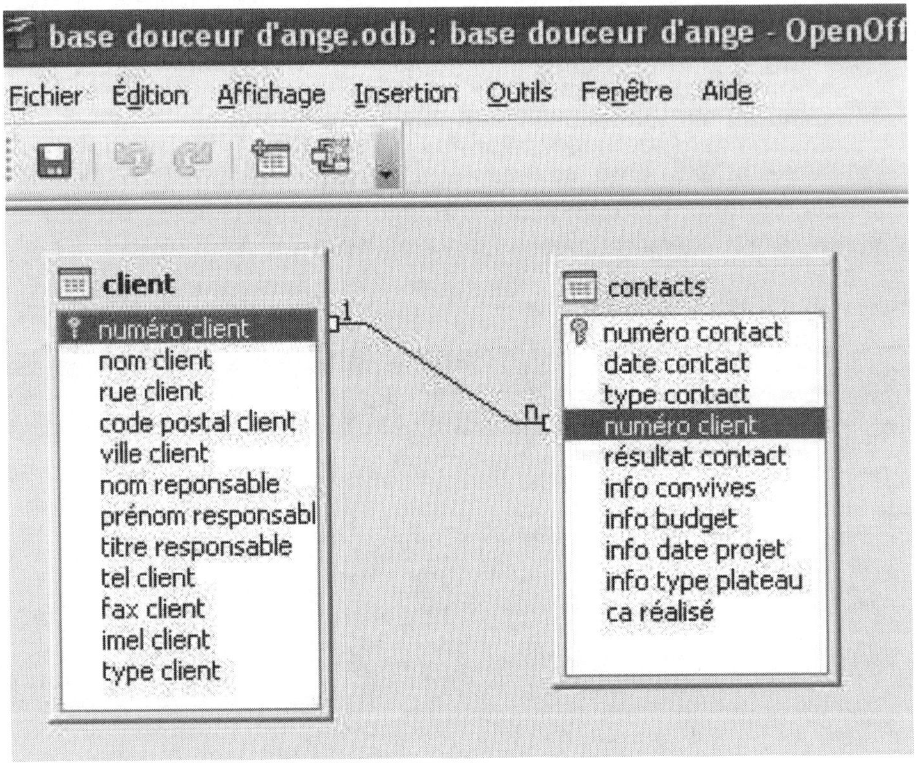

Annexe 18 – Résultat d'une requête « dossier client » effectuée sur la base de données relationnelle test Douceurs d'Ange

Nom client : Chambre de commerce							
Date contact	**Type contact**	**Résultat contact**	**Info convives**	**Info budget**	**Info date projet**	**Info type plateau**	**CA HT réalisé**
12/11/09	Tél.	RV obtenu le 18/11/09	125	2 500	9/12/09	VÉNUS	
18/11/09	Face à face	Devis accepté remise 5 % À recontacter en janvier	125	2 500	9/12/09	VÉNUS	2 307,31 €
2/01/10	Tél.	Relance par tél. RV 8/01/10, 15 h	?	?	?	?	
8/01/10	Face à face	Devis à établir	250	7 000	30/01/10	Haut de gamme	
15/01/10	Tél.	Relance sur devis du 8/01/10 en attente accord					
16/01/10	Réception appel client	Accord devis 10 % commandés					
20/01/10	Face à face	9 % accordés	250	Selon devis signé	30/01/10	CYBÈLE	6 208,48 €

Corrigé de l'épreuve de Management et gestion d'activités commerciales – Session 2010

Dossier 1 – Analyser le portefeuille des clients professionnels (entreprises et administrations)

1. Analyser l'évolution du portefeuille clients professionnels en termes d'effectifs, de chiffre d'affaires et de rentabilité entre 2008 et 2009.

• Évolution du portefeuille clients entre 2008 et 2009

Le portefeuille clients comptait 84 clients professionnels en 2008 (annexe 2). En 2009, le nombre de clients professionnels est passé à 93 (annexe 1). Le nombre total de clients a donc augmenté de (93 – 84) / 84 × 100 = 10,71 %.

Seule une analyse globale de l'évolution du portefeuille en termes d'effectifs est possible, car nous ne disposons pas d'informations quant à la répartition des effectifs par catégories de clients pour l'année 2008. L'évolution des effectifs est globalement satisfaisante.

• Évolution du chiffre d'affaires

Le CA total est passé de 258 358 € HT en 2008 à 284 881 € HT en 2009. Il a donc augmenté de (284881 – 258358) / 258358 × 100 = 10,27 % On retrouve pour le chiffre d'affaires une évolution équivalente à celle des effectifs.

Il est possible de mesurer l'évolution pour chaque catégorie de clients, car les annexes 1 et 2 permettent de calculer la part dans le chiffre d'affaires de chaque catégorie de clients :

Répartition du chiffre d'affaires en pourcentage en 2009 et évolution par rapport à 2008

	CA 2009	% en 2009	% en 2008	Évolution
Administrations	179 568(1)	63,03 %(3)	58	+ 5 points(4)
Gros clients entreprises	65 121(2)	22,86 %	32	– 9 points(5)
Petits clients entreprises	40 192	14,11 %	10	+ 4 points
TOTAL	284 881	100 %	100 %	

(1) 50 106 + 10 003 + 27 715 + 9 686 + 43 736 + 38 222.
(2) 13 408 + 7 050 + 3 373 + 13 860 + 6 748 + 7 203 + 13 479.
(3) 17 9568 / 28 4881 × 100.
(4) 63,03% – 58 % = + 5,03 % arrondis à + 5.
(5) 22,86 – 32 = – 9,14 arrondis à – 9.

La part des administrations et des petits clients a augmenté au détriment des gros clients entreprises.

Douceurs d'Ange réalise l'essentiel de son chiffre d'affaires avec la clientèle des administrations. Ce type de client présente l'avantage d'une garantie de paiement, mais les délais de règlement sont très importants, ce qui risque d'occasionner des problèmes de trésorerie à l'entreprise. Le recours à une société d'affacturage, s'il offre l'avantage d'alléger la trésorerie, risque d'alourdir les charges financières.

La clientèle des entreprises représentait (32 % + 10 %) = 42 % en 2008 contre (22,86 % + 14,11 %) = 36,97 % en 2009, soit une diminution de près de 5 points.

La Chambre de commerce reste le plus gros client avec un chiffre d'affaires de 50 106 € en 2009, mais celui-ci est en baisse par rapport à 2008 (annexe 2 : 84 925 €), soit une baisse de (84 925 – 50 106) / 84 925 × 100 = 41 %.

En 2008, ce client représentait 84 925 / 258 358 × 100 = 32,87 % du CA, soit près du tiers du chiffre d'affaires total. En 2009, il représente 50 106 / 284 881 × 100 = 17,59 %.

L'entreprise Douceurs d'Ange est donc moins dépendante de ce gros client.

• Évolution de la rentabilité

NB : la mesure de l'évolution de la rentabilité nécessite les calculs de la marge, à partir du taux de marque, pour les années 2008 et 2009.

Pour 2009, le calcul est possible :
– à partir de l'annexe 1 : calcul par type de client, en utilisant les taux de marque fournis en annexe 2 (taux de marque de 17 % pour les administrations et de 15 % pour les petites entreprises privées ; nous retiendrons le taux de marque moyen de 22 % pour les entreprises) ;
– à partir des données du tableau précédent (répartition du chiffre d'affaires en 2009) et des taux de marque recalculés pour 2008.

Le taux de marque se calcule en utilisant la formule suivante :

Taux de marque = (marge / chiffre d'affaires HT) × 100

Calcul de la marge par type de client en 2009

	Nombre de clients	Type de client	CA	CA par type de client	Répartition CA par type client	Taux de marque	Marge par type client	Répartition marge par type client
Chambre de commerce	1	A	50 106	179 568	63,03 %(1)	17 %(2)	30 526,56(3)	59,99 %(4)
Mairie Maisons-Alfort	1	A	10 003					
Mairie Plessis-Trévise	1	A	27 715					
MGP	1	A	9 686					
Service Initiative	1	A	43 736					
Université Paris	1	A	38 322					
Bledinand	1	E	13 408	65 121	22,86 %	22 %(2)	14 326,62	28,16 %
Elyon	1	E	7 050					
MSD	1	E	3 373					
Pro BTP	1	E	13 860					
Rassempont couverture	1	E	6 748					
Système U Bonneuil	1	E	7 20					
Système U Créteil	1	E	13 479					
Divers (moins de 800 €)	80	E	40 192	40 192	14,11 %	15 %(2)	6 028,80	11,85 %
TOTAL	**93**		**284 881**	**284 881**	**100 %**	**17,86 %**	**50 881,98**	**100 %**

(1)(179 568 / 284 881) × 100.

(2)Données de l'annexe 2.

(3)179 568 × 17 %.

(4)(30 526,56 / 50 881,98) × 100.

• Calcul de la marge pour les années 2008 et 2009

Pour l'année 2008, on utilisera les chiffres fournis en annexe 2. La marge des administrations et des petites entreprises s'obtient facilement en appliquant le taux de marque indiqué en annexe. La marge réalisée avec les autres entreprises est obtenue en retranchant de la marge globale indiquée en annexe 2 la marge réalisée par les deux autres catégories de clients. Ce dernier calcul nécessite de recalculer le taux de marque. Le résultat obtenu (22,04 %) diffère assez peu du taux de marque moyen (22 %) annoncé en annexe.

Résultats pour l'année 2008 :

Catégorie	Part dans le CA	CA HT	Taux de marque	Marge
Administrations	58 %	149 847,64(1)	17 %(2)	25 474,10(3)
Entreprises	32 %	82 674,56	22,04 %(6)	18 226,53(5)
Petites entreprises	10 %	25 835,8	15 %	3 875,37(4)
TOTAL	100 %	258 358	**19 % (18,41 %)**(7)	**47 576,00**(2)

(1) 258 358 × 58 %.
(2) Donnée de l'annexe 2.
(3) 149 847,64 × 17 %.
(4) 25 835,80 × 15 %.
(5) 47 576 – (25 474,10 + 3 875,37).
(6) (18 226,53 / 82 674,56) × 100.
(7) (47 576 / 258 358) × 100 = 18,41 % ou 19 % (d'après l'annexe 2 : taux de marque moyen observé).

Pour l'année 2009, les calculs se fondent sur la répartition du chiffre d'affaires obtenue dans le premier tableau et sur les taux de marque utilisés pour l'année 2008. Le taux de marque moyen s'obtient en rapportant la marge globale dégagée au chiffre d'affaires HT réalisé.

Résultats pour l'année 2009 :

Catégorie	Part dans le CA	CA HT	Taux de marque	Marge
Administrations	63,03 %	179 568	17 %	30 526,56
Entreprises	22,86 %	65 121	22,04 %	14 352,66
Petites entreprises	14,11 %	40 192	15 %	6 028,8
TOTAL	100 %	284 881	**17,87 %**(1)	**50 908**

(1) (50 908 / 284 881) × 100.

Évolution de la rentabilité

Indicateurs de rentabilité	2008	2009	variation
Marge	47 576	50 908	+ 3 332(1)
Taux de marque moyen	19 %(2)	17,87 %	– 1,13 %

(1) 50 908 – 47 576.
(2) Donnée de l'annexe 2.

Si on retient un taux de marque de 22 % pour les entreprises en 2009 au lieu de 22,04 %, la variation de la marge est alors de 50 881,98 – 47 576 = 3 305,98.

• Analyse

La marge en 2008 était de 47 576 € ; elle passe à 50 881,98 € en 2009 (ou 50 908 € selon le mode de calcul), soit une augmentation de [(50 881,98 – 47 576) / 47 576] × 100 = 6,95 % (7 % avec 50 908).

Sur la même période, le chiffre d'affaires a augmenté de 10,27 %.

La progression de la marge a donc été plus faible que celle du chiffre d'affaires.

Le taux de marque moyen est passé de 19 % en 2008 à 17,87 % en 2009.

L'augmentation du chiffre d'affaires se fait au détriment de la rentabilité.

Cette dégradation de la rentabilité est due au développement de la clientèle des administrations, dont la part dans le chiffre d'affaires a augmenté avec un taux de marque inférieur à la moyenne, et au développement de la part des petits clients, dont la rentabilité est moins bonne que celle des gros clients (taux de marque de 15 % en moyenne).

2. En déduire les cibles à développer en priorité.

• Au niveau de la fidélisation

Les clients qui ont commandé en 2009 doivent être fidélisés (il faut faire au moins aussi bien que l'an passé où un tiers des clients était fidèle). Douceurs d'Ange est très dépendante des administrations et de quelques gros clients à fidéliser en priorité. Les grandes entreprises sont à fidéliser car elles sont les plus rentables (22,86 % du CA en 2009 mais 28,16 % de la marge).

• Au niveau de la conquête

Il faut prospecter en priorité les grandes entreprises, dont la rentabilité est supérieure aux autres catégories (taux de marque de 22 % en moyenne).

La cible des administrations n'est pas à abandonner : elle représente près des deux tiers des ventes et offre des garanties de paiement, même si les délais de règlement sont très importants.

Il est nécessaire de rééquilibrer le portefeuille pour éviter de devenir trop dépendant de quelques gros clients. Les petits clients ne doivent pas être négligés, car ils sont l'avenir du portefeuille et ils contribuent au développement de la notoriété de l'entreprise. Des moyens d'approche différents (téléphone, e-mailing, etc.) peuvent permettre d'alléger le coût administratif des contacts et donc d'améliorer la rentabilité de cette cible de clientèle.

Dossier 2 – Évaluer et piloter l'activité commerciale

Partie 1 – Évaluer l'activité de prospection de Sofia Marin et ses résultats commerciaux

1. Évaluer l'efficacité de la démarche de prospection de Sofia Marin. Conclure.

Ratios	Calculs	Résultats
Taux de qualification du fichier (validité du fichier)	85/92	92,4 %
Taux de prospection téléphonique	52/85	61,2 %
Taux de prise de rendez-vous	30/52	57,7 %
Taux d'approche	13/85	15,3 %
Taux de transformation : • Visites avec rendez-vous • Visites sans rendez-vous • Total	 11/30 2/17 13/47	 36,7 % 11,8 % 27,7 %

Conclusion

Le fichier prospects est très bien qualifié. Cependant, les relances téléphoniques, suite à l'envoi du publipostage, ne débouchent pas sur un résultat satisfaisant.

Certes, Sofia est efficace dans ses appels car elle réussit à obtenir un rendez-vous plus d'une fois sur deux ; mais 17 visites sont sans rendez-vous, ce qui a nuit au taux de transformation car ces visites spontanées sont moins qualifiées et moins bien préparées. Les visites avec rendez-vous sont en effet 3 fois plus efficaces que les visites sans rendez-vous.

2. Réaliser le tableau de bord des performances de Sofia Marin pour la période janvier-février 2010. Conclure.

Éléments	Objectifs prévus		Performances réalisées		Écart (réalisation – objectif)	Taux de réalisation	
	Calcul	**Objectif**	Calcul	**Réalisation**		Calcul	**Taux**
Chiffre d'affaires	37 520 × 1,07	**40 146,4**	–	**41 884**	**1 737,6**	41 884/ 40 146,40	**104,3 %**
Conquête de nouveaux clients	87 × 1,20	**18**	–	**13**	**– 5**	13/18	**72,2 %**
Coût de prospection d'un client (en €)	–	**40**	624/13	**48**	**+ 8**	8/40	**+ 20 %**
Taux de marque		**22 %**	8 230/ 41 884	**19,7 %**	**– 2,3 %**		

Conclusion

Éléments	Appréciation	Commentaire
Chiffre d'affaires	☺	Seul objectif atteint par Sofia
Conquête de nouveaux clients	☹	Les visites sans rendez-vous peuvent expliquer ce manque de performance
Coût de prospection d'un client (en €)	☹	Mauvaise performance probablement en raison de la gestion inefficiente des tournées (frais kilométriques…)
Taux de marque	☹	La marge réalisée par Sofia Marin est rognée en partie par les coûts excessifs de ses visites. Peut-être accorde-t-elle aussi trop de réductions à ses clients.

3. Analyser la gestion du temps et la gestion du plan de tournées de Sofia Marin.

Gestion du temps :

– Sofia effectue des tâches diverses dans une même journée ; elle y perd en productivité.

– Elle ne repère pas bien les priorités :
- le traitement des devis, qui est une tâche importante et urgente, n'est effectué qu'en fin de semaine ;
- les impayés sont gérés le mercredi ; c'est une tâche certes importante mais non urgente et qui peut donc être différée.

– Elle ne consacre pas assez de temps aux relances téléphoniques ; or, cela améliorerait la préparation des rendez-vous par une meilleure connaissance des clients, donc le taux de concrétisation.

– Les horaires de déplacement pour aller à ses rendez-vous ne sont pas judicieux car ils correspondent aux pics de circulation.

Plan des tournées :

Aucun plan ne semble être mis en place par Sofia. Cela engendre des pertes de temps et une aggravation des coûts de prospection. Elle parcourt ainsi le département de Vincennes du sud au nord le mercredi et du sud-ouest au sud-est le vendredi.

4. À partir du bilan ainsi dressé, proposer des axes de progression.

Axe n° 1 : améliorer la gestion du temps

Sofia Marin devrait :
– s'inspirer de la matrice d'Eisenhower pour repérer les priorités et leur accorder plus de temps. Il en est ainsi des relances téléphoniques et de la gestion des devis, qui sont des tâches importantes et urgentes ;
– regrouper les tâches par nature afin de gagner en productivité ;
– déléguer ou différer certaines tâches comme la gestion des impayés ; cela lui permettrait de se consacrer davantage à ses activités propres (gestion des BDD, relances téléphoniques, visites…) ;
– s'équiper d'outils d'aide à la planification comme les plans d'action ou les agendas électroniques.

Axe n° 2 : défendre les marges

– Maîtriser les coûts grâce à une meilleure gestion des tournées :
- s'inspirer des modèles de circuit qui permettent d'optimiser les tournées. Le circuit dit en « zones de prospection » lui permettrait d'approfondir l'exploitation de chaque zone de concentration de clients tout en réduisant les déplacements ;

• s'équiper d'un logiciel spécialisé dans la gestion de tournées ou consulter des sites d'aide à la planification des tournées ;
• s'équiper d'un GPS.

– Défendre ses marges : outre les gains en termes de coûts, Sofia Marin devrait mieux négocier les prix avec ses clients en veillant à ne pas accorder trop de réductions.

Partie 2 – Piloter l'activité commerciale de Sofia Marin

5. Comparer la rémunération de Sofia Marin pour le mois de février 2010 dans l'ancien et le nouveau systèmes.

Les éléments nécessaires au calcul des commissions dans le nouveau système sont les suivants :
– objectif de chiffre d'affaires pour février 2010 = 17 520 × 1,07 = 18 746,40 € (voir annexe 4) ;
– chiffre d'affaires réalisé en février 2010 = 21 884 € (voir annexe 5) ;
– taux de réalisation = 21 884 / 18 746,40 = 116,7 %.

Sofia a donc réalisé et dépassé son objectif ; elle percevra des commissions selon les tranches de chiffre d'affaires précisées dans l'annexe 10.

Comparaison des deux systèmes :

Élément	Ancien système		Nouveau système	
	Calcul	Montant	Calcul	Montant
Fixe		1 250,00		1 250,00
Commissions :	21 844 × 4 %	875,36		
– en dessous de l'objectif			0	0
– entre 80 % et 100 % de l'objectif			(18 746,40 × 20 %) × 4 %	149,97
– entre 100 % et 120 % de l'objectif			(21 884 – 18 746,40) × 6 %	188,26
Primes sur objectifs :				
– Nouveaux clients	–	–	6 × 30 €	180,00
– Prime sur coût de prospection d'un client (coût de 48 € calculé dans la question 2)	–	–	200 × 60 %	120,00
Rémunération totale hors charges sociales		2 125,36		1 888,23
Coût total (charges sociales comprises)	2 125,36 × 1,50	**3 188,04 €**	1 888,23 × 1,50	**2 832,35 €**

Conclusion

Le nouveau système permet à l'employeur de réduire le coût total de 355,69 €, soit une diminution de 11,16 % (355,69 / 3 188,04).

6. Lister les intérêts et les limites du nouveau système de rémunération.

La partie fixe étant identique dans les deux systèmes, nous n'examinerons que la rémunération variable.

	Pour l'entreprise	Pour la commerciale
Intérêts	– Les commissions par tranches permettent de stimuler les efforts en termes de chiffre d'affaires. – La prime de 30 € devrait encourager Sofia à conquérir de nouveaux clients. – La prime par quotas devrait inciter la commerciale à maîtriser ses coûts de prospection. Au final, ce système intègre 3 des 4 objectifs énoncés dans l'annexe 4.	Rémunération stimulante car proportionnelle aux résultats obtenus qui récompense ainsi les efforts fournis.
Limites	– Gestion plus complexe que l'ancien système : le nouveau système nécessite la mise en place d'un contrôle des résultats de la commerciale. – Le système occulte l'objectif de marge non atteint par Sofia (cf. question 2). – Le système ne prend pas en compte les efforts de qualification de la BDD fournis par la commerciale.	– Système plus lourd nécessitant davantage d'attention. – Risque de démotivation si les objectifs sont trop ambitieux. Cela est accentué par les taux de commissions qui donnent un montant total inférieur à celui de l'ancien système pour le même chiffre d'affaires. – La rémunération variable (commissions et primes) est plus aléatoire. Une conjoncture défavorable peut provoquer une baisse des revenus et décourager Sofia, qui semble s'investir beaucoup.

7. Proposer des modifications permettant de le mettre en œuvre.

En résumé, les limites du nouveau système sont une baisse de la rémunération de la commerciale et la complexité du système. Diverses propositions peuvent être avancées pour y remédier :

Augmenter la rémunération	Simplifier le système
• Fixer des taux de commissions plus élevés • Augmenter les montants des primes • Augmenter la rémunération fixe • Instaurer un système de stimulation fondé sur les avantages en nature ou sur les récompenses	• Baser le calcul des commissions sur des tranches de chiffre d'affaires en euros et non en pourcentage • Verser une prime unique sur les objectifs de prospection de nouveaux clients

Dossier 3 – Développer les ventes

Partie 1 – Développer l'offre plateau-repas

1. Au regard des attentes du marché, analyser les points forts et les points faibles de l'offre plateau-repas de Douceurs d'Ange.

Attentes du marché	Points forts	Points faibles
Les besoins des entreprises – Augmenter l'efficacité du travail	Produit rapidement consommé et livré à l'entreprise	
Les plats – Diversité des plats	9 menus différents et carte changée chaque saison	
– Aspects nutritionnels (produits frais, de saison, qualités gustatives) – Développement de la demande de plats diététiques, allégés, équilibrés	Menus diététiques et approvisionnement journalier en produits frais à Rungis	
– Développement de la demande de plats bio		Pas de produits bio ni allégé (forte augmentation de la demande)
L'emballage – Sensibilité à l'aspect écologique de l'emballage		Les emballages ne sont pas recyclables
Les prix – Recherche du meilleur rapport qualité/prix (fourchette de prix de 20 à 50 €)	Prix conforme aux attentes du marché (22,50 € à 28,80 €)	
La commande – Possibilité de commander sur Internet directement auprès du fournisseur – Possibilité de consulter des sites spécialisés (comparateurs)	Possibilité de commander le jour même avant 10 h pour le plateau du jour	– Pas de possibilité de commander sur le site de l'entreprise – Pas de référencement sur site spécialisé – Délai de 48 heures pour la préparation/livraison

Pour développer sa part de marché, Douceurs d'Ange doit accentuer ses efforts sur les composantes environnementales du produit (produits bio, emballages recyclables), ainsi que sur les modalités de commandes sur Internet (référencement, commandes en ligne). Le site vitrine doit ainsi évoluer vers un site marchand ; cela permettra à l'entreprise d'être plus réactive, donc de diminuer le délai de livraison.

2. Calculer la rentabilité prévisionnelle de l'activité de vente de plateaux-repas en 2011 dans les deux hypothèses proposées. Conclure.

Hypothèse 1 : vente de 2 000 plateaux (soit 2 000 / 5 = 400 ventes) et livraison facturée aux clients.

	Calcul	Montant
Chiffre d'affaires	**(2 000 × 25 €) + (400 × 12 €)**	**54 800**
Coût		**39 150**
Amortissement du véhicule	11 750 / 5 = 2 350 €	
Coût de revient des plateaux-repas	16 × 2 000 = 32 000 €	
Coût de la livraison	12 × 400 = 4 800 €	
MARGE	**54 800 – 39 150**	**15 650**

Hypothèse 2

Les coûts sont identiques mais la livraison est offerte pour 40 % des ventes ; le coût est donc supporté par l'entreprise. Celle-ci facture donc 60 % des livraisons effectuées aux clients.

Vente de 2 000 plateaux (soit 2 000 / 5 = 400 ventes).

	Calcul	Montant
Chiffre d'affaires	**(2 000 × 25 €) + 0,6 × (400 × 12 €)**	**52 880**
Coût		**39 150**
Amortissement du véhicule	11 750 / 5 = 2 350 €	
Coût de revient des plateaux-repas	16 × 2 000 = 32 000 €	
Coût de la livraison	12 × 400 = 4 800 €	
MARGE	**52 880 – 39 150**	**13 730**

On peut également raisonner de façon différentielle :

– Coût supplémentaire lié à la livraison 400 × 0,40 × 12 = 1 920 €.

– Marge = 15 650 – 1 920 = 13 730 €.

Dans l'hypothèse 2, le manque à gagner pour l'entreprise (du fait de la livraison gratuite à partir de 6 plateaux) est de 15 650 – 13 730 = 1 920 €, soit une baisse de (1 920 / 15 650) × 100 = 12,27 % de la marge prévisionnelle. Cependant, les concurrents pratiquent ce type de remise et ne pas le faire pourrait être préjudiciable pour Douceurs d'Ange. En effet, le coût de la livraison (12 €) risque de freiner les petits clients : une commande de 4 plateaux-repas se solderait par un coût de livraison de 3 €, ce qui mettrait le plateau repas à 28 €. Douceurs d'Ange se situerait alors parmi les prestataires les plus onéreux.

Partie 2 – Développer un outil de fidélisation

3. Repérer les inconvénients de la solution utilisée actuellement par Sofia Marin.

Plusieurs inconvénients peuvent être mis en avant :

– Excel n'est pas un logiciel permettant une gestion de base de données relationnelle mais un logiciel permettant de réaliser des calculs et des graphiques.

– Sur la feuille figurent deux relations : la relation client et la relation contact. Il en résulte des inconvénients pratiques importants :

- nécessité d'ajouter des colonnes contact 5, 6, 7, etc., et résultat contact 5, 6, 7, etc., au fur et à mesure de la relation client avec les prospects ; à terme, cette solution est intenable ;
- pour avoir le dossier d'un client, on est obligé d'éditer toute une ligne de la feuille de calcul.

– La solution existante disperse les informations, d'une part sur la feuille de calcul Excel, et d'autre part sur le cahier, d'où un allongement du temps d'accès aux données.

– De plus, cela pose un problème de sécurité des données et de mémorisation des données sur un objet personnel de la commerciale et non sur un support professionnel conservé au sein de l'entreprise.

4. Présenter les avantages que Sofia Marin pourrait retirer de la base de données relationnelle proposée.

Le système offre plusieurs avantages :

– Les deux tables « Client » et « Contacts » sont mises en relation au sein d'un véritable SGBDR (système de gestion de base de données relationnelle).

– Le logiciel SGBDR est gratuit.

– La saisie d'un contact nouveau est simple à réaliser par le biais d'un formulaire facile à créer.

– La requête présentée permet de récupérer de manière claire et synthétique tout l'historique de la relation client, ce qui peut servir de support à la préparation des entretiens.

– Il y a une seule source de données au sein de l'entreprise ; cette base peut être sauvegardée régulièrement et l'accès aux données est rapide.

– Les informations contenues dans la base sont plus complètes que celles fournies par la feuille de calcul ou par le cahier et elles sont rationnalisées : outre les renseignements généraux sur les clients et l'historique de la relation, elles listent les coordonnées des interlocuteurs du vendeur, les négociations en cours (besoins et exigences du client, état des propositions, projets du client…).

– Si la commerciale est équipée d'un portable, la saisie des informations se fait face au client ou à l'issue de chaque visite : ainsi, les gains en termes d'image, de nomadisme et de productivité sont certains.

CPI
AUBIN IMPRIMEUR

Achevé d'imprimer en décembre 2011
N° de projet 10176935 - LASERGRAPHIE
N° d'impression 1111.0566
Dépôt légal, janvier 2012
Imprimé en France